刘诗白 — 著

刘诗白选集

第三卷

社会主义政治经济学研究

·下册·

四川人民出版社

图书在版编目（CIP）数据

社会主义政治经济学研究：全2册 / 刘诗白著. — 成
都：四川人民出版社，2018.12
（刘诗白选集；第三卷）
ISBN 978-7-220-10866-2

Ⅰ.①社… Ⅱ.①刘… Ⅲ.①政治经济学—文集
Ⅳ.①F0-53

中国版本图书馆CIP数据核字（2018）第184503号

SHEHUIZHUYI ZHENGZHI JINGJIXUE YANJIU XIACE

社会主义政治经济学研究（下册）

刘诗白　著

责任编辑	王　茵
封面设计	陆红强
版式设计	戴雨虹
责任校对	舒晓利　袁晓红
责任印制	王　俊
出版发行	四川人民出版社（成都槐树街2号）
网　　址	http://www.scpph.com
E-mail	scrmcbs@sina.com
新浪微博	@四川人民出版社
微信公众号	四川人民出版社
发行部业务电话	（028）86259624　86259453
防盗版举报电话	（028）86259624
照　　排	四川胜翔数码印务设计有限公司
印　　刷	成都东江印务有限公司
成品尺寸	170mm×240mm
印　　张	22.5
字　　数	270千
版　　次	2018年12月第1版
印　　次	2018年12月第1次印刷
书　　号	ISBN 978-7-220-10866-2
全套定价	3000.00元（全13卷）

目 录（下册）

政治经济学的研究对象①

一、不仅要研究生产关系的本质特征和规律，而且要研究社会的宏观经济结构、经济组织结构，即进行体制分析

原来的社会主义经济学，着重于公有制生产关系的本质，即较抽象地论述社会主义的基本经济规律。有计划规律，按劳分配规律，高速度规律，再生产的两部类比例关系规律等。研究社会主义经济机体，应该研究对于一切社会主义国家共同的社会制度、基本框架、构成，抽象去非基本的组成、要素。但这只是研究经济机体的第一步，分析公有制本质特征，只是第一步，而不是政治经济学分析的全部，它应该由抽象上升为具体，公有制上升到公有制的具体形式所有制体制，即全民所有制集体所有制、全民所有制的国家所有制形式或其他经营形式、租佃制、经营责任制等，最后上升到社会所有制结构中存在的非社会主义所有制形式。要探讨各种层次的所有制结构、组织形态，包括公有制内部的结构，银行内部，全社会所有制内部，等等。

---

① 写于1998年。

通过对不同所有制要素结合的量的方面的分析，去揭示其质的特征，例如公有制为主体的结构，绝对独占统治单一结构等不同形态，即区分出社会主义所有制结构的诸种类型，论述其内在的机制、矛盾，以及优点、缺点。

上述的研究，较之于干巴巴的公有制本质特征的阐述，公有制优越性空泛的论述，有更现实的意义。

二、不仅要研究生产关系的本质，而且要研究经济运行的机制

如经济计划性，不能只是空泛论述有计划性的原因、必然性、优越性——无危机性，更重要的是要研究国民经济计划化的内在机制，经济（企业）如何驱动，生产的质与量（什么、多少）决定机制，投资决策机制，微观的生产决定机制与宏观的产品供给量，产品结构，部门结构，再生产比例的规定，资源约束的生产机制和投资饥饿的机制，产业结构失衡的倾向，以及中央计划维持均衡——定期调整——的方式。

对于社会主义商品经济体制、经济运行机制的研究更是十分重要。

商品经济中企业成为生产的基本单位，国民经济的发展，运行，其是基本的企业的活动。有计划的商品经济运行，首先应揭示企业的生产活动的决定，企业生产行为的动因——价格机制。

三、竞争中的企业生产活动

供>求→价格下降，供<求→价格上升，供求均衡点——均衡价格（=成本+平均利润，即价值）。因此，社会主义商品经济的运行规律，要求企业适应市场的状况积极地作出反应：生产上的反应，价格上的反应，投资上的反应。这就是研究市场机制，即价格机制，研究各种各样的生产经营条件（资源条件）与需求条件，价格决定方式（自由竞争价格，垄断竞争价格），等等。国家利用经济杠杆对宏观经济进行调控。因此，对有计划的商品经济的运行规律的阐明，就绝不能停留于有计划、按比例规律的表述与空泛论述，而是应该主要着眼于整个复杂的市场机制与计划机制（通过国家宏观控制机制）来阐明。

这应该包括：（1）价格如何决定企业生产的机制（包括企业生产的决定，高速机制）。（2）价格如何对失衡的比例进行自动调整的机制。（3）国家如何利用市场，制定参数，用参数调控生产，国家如何拟订预定的计划。这些是政治经济学中要重点讨论的内容，对于社会主义的按劳分配，也应该着眼于其机制的阐明，如商品经济中各种收入的形式，价格与收入关系。市场机制使职工收入不再是完全取决于自己的劳动，而是可以通过市场价格变动，而通过国民收入的再分配，领取到来自社会总产品中的一份。国家的调节措施，税收政策与对过大收入差距的抑制，因而通过市场与计划机制，社会将从总体上保持按劳分配的性质。可见，对消费品分配的性质的阐明，不是简单地理解有关按劳分配的抽象原则，而是着眼于细致地分析决定企业的收入与职工收入的市场机制与计划机制。

经济运行机制、方式、特征取决于经济机体、经济组织结构，因此，应该联系经济结构，特别是所有制结构来研究经济运行，要通过结构的完善来调整经济运行。

经济的运行机制和经济的社会结构绝对分不开，在一定意义上，前者不过是人们从运动中看到的结构，而后者又无非是处于"静止状态的机制"。

我们研究经济组织结构，不是孤立地为研究经济组织而研究经济组织，更不是为了某种道德准则、公平原则如"一大二公"来设计经济组织，重要的是基于生产关系，要适合生产力性质规律的要求，要使经济组织结构形式、体制有利于组织好社会主义经济活动的顺利发展，即有健康的畅通的经济运行。例如为了使微观经济运行顺畅化，使企业获得正常的、适当而有效的驱动力，使市场价格变动能引起企业的积极反应；使市场价格能发挥正常而有效的引导、抑制作用，以发挥市场机制的自动调节功能。总之，为了形成使社会主义经济中的一种十分有效的市场机制，使社会主义经济拥有一个自行发动、发展和调节的十分灵敏的、覆盖广泛的神经系统与经络体系，就必须有适当的经济组织结构。首先是适当的所有制结构，其次是适当的分配结构。这既是社会公共占有的，但是又是实行国家、集体（企业）、个人利益相结合的。而不是那种单纯着眼于国家利益，无视企业、个人利益的全民所有制体制，这种体制下，企业失去内在动力，对市场状况不作反应，因而是压制与排斥市场机制的。

可见，有计划商品经济运行机制畅通无阻地发生作用，而不是残缺不全，线路紊乱，接触不良，需要的是适当的占有与分配结构，企业间的经济组织、结构，国家管理方式，为此，有必要为了经济运行机制而调整经济组织结构，深化企业改革，寻找适当的、多样化的两权分离形式，以完善社会主义全民所有制体制、结构，如实行职工收入与企业经济效益挂钩，拉开工资差距，按劳分配和其他分配形式的多样的分配结构，等等。还需要健全社会主义经济的市场与计划相结合的经济机制。社会主义商品经济机制的健全，不仅仅在于市场机制的强化与企业活动制约要素的市场化，同时还在于计划机制的完善化与对企业活动的计划指导功能的有效化。当前企业在市场机制作用下的行为短期化与活动的盲目性的增强，如乱发奖金，重复建设，盲目生产，乱涨物价，出现了那种类似自由资本主义市场机制的状况，这表明市场机制尚未与计划机制有机结合，这种经济运行上的缺陷，也反映了经济组织结构的缺陷，它很大程度上是企业还未摆脱传统的旧体制有关。

社会主义商品经济的实践表明，社会主义政治经济学应该从不同的角度来研究。

社会主义经济活动的内在联系，互相依存的各个环节，以及这些环节是如何互相推动经济运行的。

纵向的：总体与局部，宏观与微观。微观是基础，微观经济即企业经济活动是如何运行的；微观的运行如何制约着宏观经济的运行；企业的活力为什么是整个社会主义宏观经济的活力的本源，企业的活力的界限：什么样的十分有活力，但"超限的"企业独立活动表现为宏观经济的盲目性。通过这种分析，找到使社会主义经济具有活力，去搞活微观企业的有效办法，使宏观经济不具有政府性质，在适当的与合理的范围内搞活微观。

横向的：生产运行的机制如价格与企业生产决策；交换运行的机制，如价格与市场购销；分配运行的机制，价格与分配；消费运行的机制的研究。

横向研究，在于揭示如何形成一个生产活动、交换活动、分配活动、消费活动的不停顿的畅流，形成诸内在环节，环环相扣，互相适应，互相促进的，有条不紊的社会主义扩大再生产；如何使交换市场适应生产，使分配适应生产与交换，使消费适应生产、分配与交换。例如一个加速的生产高峰期—市场活跃—消费增长—分配联动。在生产受限、物质缺乏期，就不可能有十分松动的分配和迅速增长的消费。

要有经济运行的观点。要把经济生活作为一个不断发展，递次演进的过程，要按照不停顿发展的原则来自组织社会主义经济，排除内部的阻滞、摩擦，避免发生卡壳和流而不畅，甚至流不动，即经济运行的障碍。这样才能使社会主义经济表现出很高的生产效率，取得良好的经济效益，用最少劳动获得最大效果。

为什么要使流通适应生产？产品生产出来，应该经过流通媒介，进入消费领域，传统体制下，讲求生产，不主张产品的流通，即通过商业，物资部门而转移到生产消费或个人消费之中，流通机制的不灵：物质分配与统购包销的计划机制的僵化不灵，使大量物资与消费品积压于仓库之中，即流通领域的余积，成为传统体制的一个十分突出的特征。

在大量积压的另一方面，是企业因物质供应匮乏而不能正常生产，消费者因难以购得适销对路的商品而严重消费不足，即消费的紧缺、匮乏。市场上长长的排队和越来越多的消费品凭票供应，以及由此出现的黑市交易情况不仅是十分严重的，而且长期存在，几乎可以说是传统经济体制固有的痼疾。奇怪的是，对于这种产品不能流通的现象，人们长时期是视而不见。人们把社会主义当作是单一的生产，为生产而生产，满足于总产值的增长，但是人们却不重视产品的顺畅流通和消费的增长，这就表明，人们缺乏经济运行的观点和不懂得组织顺畅经济运行的重要性和迫切性。

　　流通余积的一个重要原因是供应不对路，产品不适销。这是由于人们习惯于按照上级下达的指令性计划生产，而不关心市场需求，只要能看到产值，不必管它生产出来的是紧缺商品或是次品或是废品，人们在进行生产时，不必考虑市场销售，不必考虑消费需要，孤立的生产观，缺乏生产流通、消费相统一的经济运行的观念。

　　以上情况表明，把生产、流通、消费统一起来和互相联结起来，即从经济运行的角度来考察某一个经济活动，从互相推移，递次演进的链条的角度，把生产、流通、分配、消费诸活动作为一个与其他环节有密切关联的局部环节，并由此来安排与组织社会经济活动，是十分重要的。而这种剖析经济运行的内在机制的方法，就是分析研究社会主义经济的一项基本的方法。

走向21世纪新时期

中国政治经济学研究之我见[①]

　　经济学是随着时代的发展而不断发展变化的。马克思主义经济学是发展的科学,自从19世纪中叶马克思经济学形成以来,它经历了一系列的发展阶段,20世纪80年代以来中国改革开放的伟大实践和以邓小平思想为指导的中国共产党进行的理论创新,正在把马克思主义经济学推上一个新阶段。

　　党的十一届三中全会以来的廿年,在中国出现了经济学的繁荣景象,其表现是:讨论的大活跃,理论的大突破,学科的大发展,队伍的大成长。作为经济学的核心的政治经济学,更是经历了一场意义重大的理论更新,正在由社会主义计划体制的政治经济学,转变为社会主义市场体制的政治经济学,由斯大林时代的苏式社会主义政治经济学,逐步改造和正在转变为中国社会主义政治经济学。启动这一理论变革的是党的改革开放路线,是改革的总设计师邓小平的卓越思想,

---

① 原载《学术月刊》1999年第3期。

是党的十四大和十五大中对有中国特色的社会主义理论的深刻阐述。

作为中国社会主义政治经济学的理论支柱是：解放和发展生产力的理论，共同富裕的理论，社会主义初级阶段的理论，社会主义公有制为主体和多种所有制共同发展的理论，公有制多种实现形式和多种分配形式的理论，依靠市场力量配置资源和完善政府调控的理论，全面对外开放与独立自主的理论，物质文明与精神文明并举的理论。在中国，依靠上述新命题和新原理，正在实现社会主义经济理论的一次根本性的变革。以社会主义市场理论为基石的新的中国经济学，正在使社会主义经济学摆脱陈旧教条和主观臆造，变成反映社会主义本质特征和体制转型规律的科学，使这门经济学成为真正的科学。

经济理论的发展和创新，仍然是当务之急。这是由于社会主义市场经济的构建是一场史无前例的和全面的制度创新，实现这一场极其深刻的历史变革，需要有深入彻底的理论创新。20年来经济理论创新并不是已经到顶，还有许多重大经济理论需要进一步探讨，解放思想的任务尚未完成，体制转轨中新情况、新问题不断发生；国有企业改革的艰难课题迄今尚未在理论上完成"求解"，当前全面改革的推进，不仅要求有政策措施的添加，更要求有理论的新阐明和新发展。经济的全球化和中国经济扩大开放，全面加强与世界经济的联系是不可抑阻的发展趋势。走向21世纪的世界出现许多新情况，如知识经济的发展，欧洲经济一体化，欧元的即将推出，亚洲金融风险及其对全球经济的影响。可见，中国的经济建设需要进一步面对和适应世界经济的变化，及时采取灵活机动的对策。我们正在进行的以经济建设为中心的伟大事业，需要有更完善的社会主义经济理论，不仅仅需要进一步发展有关社会主义的经济理论，而且需要有建立和形成更具有概括性的中国政治经济学理论，如像社会主义政治经济学的构建不能照抄马克思原著和师承苏东理论一样，中国政治经济学理论的构建也不能照抄西方本本。因而，中国社会主义经济理论和政治经济学理论的发展，都要求进一步总结实践经验，进行经济理论的创新。

当前研讨如何形成和发展中国的政治经济学这一问题，首先要从时代的经济特征出发。走向21世纪的世界，尽管东亚金融危机及其严重影响给世界发展蒙上阴影，但是世界科技进步不会停顿，迈向知识经济的步伐还要加快，适应生产力的发展，在世界各国——尽管情况不一，程度不同——都出现了一个社会经济调整的潮流，这就是：（1）科技的进步、技术结构的升级和产业结构的调整；（2）企业组织结构与经营方式的调整；（3）以市场化为内容的经济体制的调整和改革；（4）更深层的生产关系的变革；（5）政府功能的调整与变革；（6）人的素质的铸造与提高。上述正在进行中的社会经济的变革和调整，其影响是十分深远的，它不仅影响着资本主义世界，而且也影响到我国的社会主义建设。我们处在一个经济大变革的时代，需要从理论上阐明世界经济发展的前景。迄今业已形成的政治经济学理论是否已经对这些新情况、新问题进行了深入的研究，现成的经济理论是否已经足以对新的经济发展做出圆满的阐明？显然的，答案应该是否。实践走在理论前面，无论是马克思主义政治经济学和西方经济学都面对着更深入地更有说服力地阐明新时代经济发展的趋势和规律的任务，都需要进行理论的发展和创新。中国的政治经济学的理论创新，是时代的要求。

如何进行政治经济学的改革和发展，在这里需要重述一下政治经济学学科的性质。我认为，政治经济学是一门理论经济学，它是揭示社会生产关系即经济制度结构以及经济活动——包括生产、交换、分配、消费——的组织结构、运行方式的基本规律的一门学科，这门学科是人们用以自觉完善经济活动的组织，调整和变革生产关系，提高经济运行质量，解放和发展生产力，由此来提高社会福利，满足人的物质与精神需要，促使人得到全面发展。这门学科是多种具体、部门经济学的理论基础。

基于上述定义，那么，政治经济学就是要揭示社会经济关系与社会经济活动的基本规律，形成学科基本理论、基本范畴和基本方法，由此构建起一个逻辑严谨的理论体系。由于它是以阐明学科基本理论和基本方法为特征，使它不同于其他的具体的部门经济学，而显示出理论经济学的特点。

基于政治经济学以社会生产关系、社会经济活动为研究对象和范围，那么，这门学科需要：（1）研究生产关系，揭示社会经济制度的性质和结构，形成的依据及发展变化的规律，对生产关系的研究是马克思经济学的一项根本任务，走向21世纪的世界，在新科学技术转化为生产力催化和加速国民财富增长的条件下，解决分配不公（包括国家间的贫富差别）成为更加迫切的问题，因此，对生产关系的研究仍然是政治经济学的重大任务。（2）研究经济活动的组织结构，包括生产、交换、分配、消费的组织形式或经济体制，如自然经济，简单交换经济，发达的商品经济即市场经济等。走向21世纪的世界，面对着进一步发展和完善市场经济的潮流，经济全球化中引发的东亚金融危机与世界性的经济动荡，促使人们思考如何进一步完善本国的市场体制和使之与有效的政府调控相结合。进一步构建国际经济、金融秩序，加强对国际资本流动的监控，防范世界性的金融和经济危机这一课题已经提到日程上来。为此，就要求进行体制的改革和创新。加强对经济活动的组织形式，即经济体制的研究，应该成为政治经济学的重大课题。（3）研究经济活动的技术结构和由此决定的经济活动组织方式，如小农经济，手工业经济，传统农业经济，传统工业经济，现代大工业经济，以信息技术与知识为基础的经济或知识经济。信息等新科学技术的应用，带来的经济活动组织形式，以及社会生活的新变化，是当前世界上意义十分重大与影响十分深远的新事物。由于知识经济只是初见端倪，人们对它的认识还很粗浅，加强对知识经济的研究，揭示现代科技对微观组织，对营销方式，对宏观管理，对生活方式和人的思想意识的影响，一句话，揭示现代科技对经济、社会进步的作用，以及最有效发挥现代科技的经济、社会进步作用，防止其误用，无疑是政治经济学的研究的一项崭新的课题。（4）研究经济活动的微观组织和运行以及宏观组织、调节方式与运行。计划经济主体是政府，主要需要研究的是政府的行为即计划机制，市场经济的主体是企业及个人，市场微观主体的运行机制的研究成为主要的研究对象。现代科技及其使用而产生的知识经济，带来了微观组织的新变化，如劳动力的智力化，生产规模的随机和灵活变易，企业的小型化，等等，因而对微观运行机制的新特征的研究是十分重要的。现代市场经济是金融经济，新金融工具不断出现，货币、信用功能的强化，既促进增长又增大风险和不稳定性，因而，政府的宏观调控不仅是不可缺少的，而且需要强化的。但是政府调控与干预是"双刃的"，既可以润滑经济运行，又可能扭曲市场功能，出路是政府功能的优化，如何才能做到政府经济功能的加强和优化，需要经济学家予以解答。（5）要研究经济活动的效果。政治经济学是致用之学，是完善经济以促进社会进步的科学，它不仅要研究人们在做什么，而且要指出应该如何做。因而政治经济学要研究和评价经济关系和活动的效果，并由此找出提高其积极效应的方法和途径。大体地说，政治经济学要研究经济关系和经济活动的经济效率效应、社会公正效应、生态环境效应、社会福利效应、人的素质（包括思想道德等）效应。

政治经济学旨在通过完善社会经济制度与活动组织，以解放和发展生产力，因而研究经济体制、活动组织对提高经济效率的作用，就是十分重要的，而且是首要的。在当代世界资本主义，财富分配不公问题仍然十分尖锐，新的知识经济的分配机制也存在分配公正化的问题，经济全球化进程中，特别是亚洲金融危机又一度加剧了国际南北矛盾，而且国际资本的攫取投机暴利和经济被冲击国家的群众遭受的损害问题越发为人们所关注，可见，对经济制度与经济活动组织的社会公正的效应的研究是十分必要的。

社会福利是社会进步的特色，市场经济的经济运行和就业的风险，当代世界分配不公与环境、生态的恶化，带来的阶级矛盾与社会不稳，使各国越加重视社会保障体系的构建和完善社会福利政策。实行市场体制的社会主义国家，更要重视人民的福利和生活权益，要构建和形成健全的社会保障体系，使全体社会成员就学、就业、就医、养老能得到切实的保障，体现出社会主义的优越性，因而政治经济学应该更体现"福利经济"的色彩。

环境与生态问题，过去是发展经济学与未来学中的内容，很少进入政治经济学的领域，在环境急剧恶化的新时代，植树造林、防止污染、节约水资源等生态问题已经以关系到地球村人们共同生存和社会经济持续发展的严重问题而被提出来的当代，对社会经济活动从环境、生态的效应上进行政治经济学的研究，探索构建一个效率高，既能实现公正，又能优化环境，实现人类与自然的协调，社会可持续发展的良好的、进步的社会经济活动组织形式，已经成为政治经济学理论必要的组成部分。

将经济活动的人的素质效应的研究，纳入政治经济学研究范围之中，是基于：（1）社会意识与社会存在是既相统一，又相矛盾的，社会意识随着社会经济进步而不断提升，但是意识有相对独立性，意识的发展提高并不与生产力进步同步。（2）市场经济有着强大的解放与发展生产力的效应，它也有增进人的思想素质效应，能提高人的竞争精神和发掘人的创造性，从而培育人的新的健康的思想风貌。但市场经济并不自发地形成人的先进思想与先进伦理。利益驱动的经济机制与激烈而严厉的竞争机制，往往会滋生利己意识，物质文明的发展，也会强化物质引诱。在制度缺陷与思想缺乏正确导向下，就会出现"黄""毒""黑"等行为与生活方式的猖獗，特别是计算机、网络技术也有可能成为传播不健康的思想、行为的媒体。因而，现代市场经济与现代科学技术的使用中有可能出现伦理陷阱，缺乏健全的社会抑制机制，特别是缺乏强有力的文化精神的诱导和思想伦理的自我抑制机制下，往往会有利己主义、享乐主义观念的泛滥。物质的富裕与思想伦理的贫乏已经越来越成为当代世界一些思想家关注的问题。基于此，一些学者提出了培育和提升人的思想道德品质，作为制约主体行为的"第三只手"的经济学理论。

马克思主义政治经济学的根本的和最终的任务，是通过社会变革，实现"人的解放"，人的解放不仅在于生产关系的变革，而且要通过人的全面发展，包括思想素质的提升。走向21世纪的世界，应该把经济活动的组织的人的思想素质效应问题，作为经济学研究的一项内容。特别对于实行向市场机制转轨和观念大变革的时代，认真研究经济关系、组织与机制对人的思想素质提升的效应，把"人学"纳入政治经济学研究之中，看来是有着现实意义的事。

最后，我要将以上论述，归结到一点：中国的政治经济学应该拓宽其研究范围，在社会经济发展中，生产关系的适合性是关键性的，马克思主义经济学把生产关系作为对象的方法没有过时。但是在社会发展不同时期，基于不同的矛盾和情况，技术基础、体制结构、企业组织、政府功能、环境状况，以及人力因素，均可以成为对经济发展起重要作用的环节。特别是在走向21世纪的越加发展和成熟的经济中，经济要有数量增长，但质量越发重要；在知识经济时代，知识、人的智力素质越发重要；在市场经济风险增大，特别是国际金融风险增大的时代，制度完善，政府职能更加重要；在我国体制改革时代，微观组织的完善，产权制度的优化，全面体制创新越发重要；在市场经济条件下，在物质文明，富裕化取得巨大进展条件下，实现健康的经济与社会发展，人的思想素质的提高越发重要。可见，政治经济学的研究，不能只是局限于生产关系而应该有更广阔的视野，要拓展研究范围，使政治经济学真正成为广义的政治经济学。

社会主义政治经济学研究
需要加强理论创新①

一、创新是马克思主义学术的基本品格

科学活动的灵魂在于创新，在于立足于新的实践或实验，进行创造性地思维，做出新概括，形成新原理，在理论创新中不断推动科学的发展。

马克思的科学活动，为我们提供了进行理论创新的典范。马克思以毕生精力创造的经济学，实现了资本主义初始阶段兴起的政治经济学理论的一次大创新。马克思立足于对19世纪英国和西欧资本主义经济的深入理论思考，通过对当时流行经济学思潮进行细致地梳理，特别是对资产阶级古典经济学基本理论进行批判地继承，经过长年累月的学术积累和不倦的思维求索，写出了世界经济学宝库中最为光辉夺目的名著《资本论》，完成了马克思经济学的创建。

---

① 原载《天府新论》2002年第6期。

　　创新是马克思学术思维的基本品格。马克思从古典政治经济学、早期社会主义理论和黑格尔哲学中，以及历史上一切积极的学术成果中，寻找和开发可供汲取的思维资料。马克思从不满足和停留于前人的思想眼界，而是立足于不断变化的现实，通过思维扬弃（aufheben），吸取前人学术成果的合理内核，抛弃其不合理成分，不断地进行理论创新。马克思在深入系统地研究、批判、继承资产阶级古典经济学的劳动价值理论的基础上，对商品使用价值与价值、抽象劳动与具体劳动、社会平均必要劳动等范畴进行了独特的阐述，创建了完整的科学的劳动价值论。马克思通过对劳动力商品的使用价值和价值的独创性分析，确立了剩余价值范畴，并且通过生产价格和平均利润率形成的理论模式，阐述了剩余价值再分配的理论。

　　马克思创建了以唯物辩证法的方法论为指导，以劳动价值理论、剩余价值理论为基石，以对资本—雇佣劳动关系的分析为轴心的作为资本主义生产方式的理论表述的新经济学。1867年出版的《资本论》第一卷，就是马克思经济学的集中体现。这一新经济学说深刻地揭示了资本主义经济的社会本质、基本矛盾和向更高的社会形态过渡的历史规律。此外，马克思经济学理论体系中还包括对市场经济的运行机制的精湛的分析。《资本论》这一政治经济学经典著作，无论是在基本经济范畴内涵阐述的精确性上，还是在理论分析逻辑的严谨性上，以及在理论结构安排的完整性上，都是一切先前的经济学著作不可比拟的。这一著作以其理论创新，实现了政治经济学发展中的革命，使政治经济学真正成为科学，成为工人阶级和一切进步人类认识世界和改造世界的理论工具。

二、以创新精神来研究当代资本主义

经济理论总是要适应社会经济的发展而不断地发展和变化,马克思经济学也不例外。《资本论》自出版以来已经135年,世界资本主义经济的基本制度结构,生产、分配的基本规律,以及经济的基本矛盾没有变,马克思经济学仍然闪耀着真理的光辉,仍然是唯一能科学地分析当代资本主义经济的深层矛盾和发展规律的理论工具。但是世界资本主义经济也是处在发展变化之中。20世纪以来资本主义国家生产的物质技术基础的快速创新,带动了生产方式的进步、企业组织形式和产业结构的变化,以及经济运行方式和政府职能的变化。特别是20世纪末出现的信息革命和科技创新的大潮,推动了经济的高科技化和向知识经济迈进。这一切变化使当代资本主义在劳动、分配关系以及财产权结构上都有了某些新的变化,如当前的精神生产商品化,知识产品产权和高智力阶层兴起,等等,都是19世纪资本主义中不曾有的新情况和新现象。基于冷静的理智思考,人们不应该只是把上述变化仅仅归结为资本主义所有制有了新的具体实现形式,而且还应该看到资本主义社会生产关系出现了局部调整和某些更新,并以此激发出新的生产力。

马克思不可能分析当代发达的资本主义形态。我们不应该要求马克思针对初始资本主义所作出的理论概括,以及他在当时做出的对某些经济范畴内涵的规定、某些经济规律的阐述,能完全适合当代发达的资本主义。因此,把马克思经济学的基本理论应用于当代资本主义的新实际,进行创造性的研究,进一步发展和丰富马克思主义的经济学说,是十分必要的。

三、在理论创新中发展社会主义政治经济学

我国当前已经初步形成了社会主义市场经济体制与运行机制。社会主义市场经济是一个崭新事物，是1979年以来中国共产党进行的理论创新和体制创新结出的硕果。邓小平同志在深入总结国内国际社会主义实践经验与教训的基础上，摒弃了传统社会主义理论，提出了建设有中国特色社会主义的理论。这一理论在改革实践中不断发展和丰富，特别是以社会主义市场经济为目标模式的中国特色的社会主义经济理论研究成果斐然。在有关社会主义市场经济的性质，社会主义市场经济制度多元性结构，公有制具体形式多样性，国有企业产权制度和公司化改造，按劳分配与按要素分配等一系列重大理论和重大实践问题的活跃讨论中，活跃了学术思想，破除了传统观念，形成了新的经济命题、论断。实践表明，经济理论的创新对我国体制改革的推进起了重要的指导作用。

中国进入了崭新的发展阶段，当前我们面对着加快体制转轨，构建更加成熟、完善的社会主义市场体制的迫切任务。我们需要进一步加强对社会主义市场经济理论的研究，对我国新时期改革、开放、发展中的重大理论问题和实践问题做出科学回答。社会主义市场经济理论作为社会主义政治经济学的主要内容，它应该在努力提高理论与实际结合的紧密性、理论阐述的深刻性、反映现实的准确性和理论结构的完整性上下功夫，我们的经济学家要写出作为中国社会主义市场经济的理论表现的质量更高、更具有说服力的社会主义政治经济学学术专著。

我们已经具有撰写社会主义政治经济学理论精品的现实条件。（1）面对着一个有血有肉的社会主义市场经济的雏形，我们有了进行

观察、对比和理论分析的丰富的实践资料；体制创新的成功的实践，也成为人们对各种经济理论观点进行取舍和评判其"是""非"的现实基础。（2）20多年来经济理论创新，结出了许多公认的成果，为进一步把理论研究引向深层领域打下了基础。（3）多门类应用经济学与部门经济学研究的发展，西方经济学研究的加强及其方法的引进，为理论经济学的研究范围的拓宽和方法的完善，提供了积极的资料。当前社会主义经济理论研究的卓有成效的推进和科学水平提高的关键，在于发扬马克思主义的理论创新精神，立足于实际，对我国经济中的新情况、新现象、新关系，予以创造性地阐明。要坚持马克思经济学的基本理论，但要结合新实际，在发展上下功夫。马克思有关商品、价值、生产劳动等基本范畴，仍然是进行理论分析的有效工具，但是许多范畴的内涵需要加以丰富和刷新。我国崭新的社会主义市场经济体制，需要有新的理论来加以阐明；具有新的性质和特点的商品生产关系还需要有新范畴的构建；正在进一步向深层领域开展的体制创新，需要进行更加有深度的理论的创新。总之，在社会主义经济理论研究中贯彻与时俱进，锐意理论创新，既是时代的需要，也是社会主义理论经济学本身健康发展的需要。

进行社会主义市场经济理论创新，需要全面总结实践经验，把无比丰富的具体实践上升到理论；需要进行大量调查研究，掌握实际状况，进行多方观察、对比，进行细致理论分析和表述；需要对不断发展变化中的世界经济实践进行研究；需要汲取西方经济学积极的成果。这一切需要人们付出艰苦的劳动，进行长期的学术积累，而不可能一蹴而成。因此，经济学人应该树立学术雄心，潜心致志，不懈耕耘，力争多出精品，切戒心态浮躁和急功近利。

发掘中国智慧，搞好理论创新[①]

　　中国的改革开放和社会主义建设取得辉煌成就。GDP很快将超过美国，成为世界第一大国。中国用30多年时间，实现了资本主义国家300年发展的水平，这是一个奇迹。这个奇迹从哪儿来？就是来自中国特色的社会主义。就是这9个字的科学命题，指引中国走上了社会主义发展的新道路，创造了中国奇迹。经过实践经验积累，当前我们已经有条件来更好地总结实践经验，构建中国社会主义政治经济学。我们要着眼于理论的科学性、系统性，逻辑的严谨性；着眼于加强中国特色、中国智慧，写出高质量、高水平的中国社会主义经济理论。我们也应该充分吸收西方经济学的优秀成果。萨缪尔森、斯蒂克利茨的经济学都值得参考。以习近平为核心的党中央高度重视中国特色社会主义经济理论的建设，要求全方位地编写中国特色的哲学社会科学教科书，高校要积极响应。把中国特色社会主义经济理论构建好，需要长时间的深入研究，需要很好吸收中国传统思想。虽然传统的经济学理论是西方的，但中国不是没有经济学。春秋战国时期，齐国、秦国的

[①]　原载《经济学家》2017年第2期。

振兴之道就是在于他们有管仲、商鞅等大的经济学家。要吸收好传统思想，使我们的经济学具有来自中国的概念和理论元素。比如中国自古讲求财富：富民是中国的思想，公正也是中国的思想，优秀的经济思想最早来自中国。《礼记·礼运》篇提出了"老有所终，壮有所用，幼有所长，鳏寡孤独废疾者，皆有所养"的大同概念。这是卓越的中国智慧和宝贵的理论资源，在发展中国特色的哲学社会科学理论时，我们应该充分加以发掘和利用。

中国实行社会主义市场经济，社会主义经济的本质特征是既富裕又公平。市场经济存在市场机制的扩大收入差别和占有差别效应。因而，如何搞好坚持公有制为主体，实现财富共享和分配公正就是社会主义政治经济学的重大论题。社会主义市场经济条件下，如何深化国有制改革，使国企既从属于盈利最大化的机制，又能充分承担社会责任，这是政治经济学的另一重大命题。

在社会主义市场经济条件下，既要放手发掘中国市场配置资源的作用，又需要政府进行经济规制和宏观调控，保持经济平稳运行。为此，需要构建有力、高效的政府。总之，我们应以中国当前重大实践为中心，进行深入的理论探索和学术创新，把体现中国智慧的中国社会主义政治经济学编写好。

社会主义生产的本质特征[①]

　　社会主义生产的目的是满足社会全体成员不断增长的物质与文化生活的需要，这是马克思主义经典作家早就阐明了的。

　　新中国成立30年来，我国社会主义经济建设取得了巨大成就，但是有些时期，我们没有做到自觉地按社会主义生产的目的办事，以致出现为生产而生产的倾向与做法。如片面追求高指标、高速度，重积累、轻消费，重生产、轻生活，片面地追求生产资料的优先增长，忽视消费资料的发展，孤立地发展重工业，忽视轻工业和农业等。"四人帮"则利用这些"左"的东西，并加以恶性发展，他们叫嚷"生产的目的是革命"，用极左的口号来反对马克思主义的基本原理。他们把对群众生活的关心和为提高人民福利的努力污蔑为"福利主义""修正主义"。宣扬"发展商品经济会产生资产阶级"。他们把生产与消费对立起来，推行一条压制与破坏人民的消费需要的极左路线，在计划工作上凭主观意志办事，使我国经济结构更加畸形，造成了国民经济比例严重失调。另一方面他们反对有计划地给职工提高工

---

① 原载《社会科学研究》1979年第3期。

资，发放奖金，关心群众生活福利。他们不许社队经营副业生产，取消社员家庭副业，关闭集市。他们的倒行逆施，使广大职工和农民的生活水平不断下降。斯大林说："跟满足社会需要脱节的生产会衰退和灭亡的。"①"四人帮"的极左路线把生产和需要完全割裂，使我国社会主义国家经济倒退和濒于崩溃，给人民带来严重灾难。

我国30年来生产发展几起几落的深刻教训，使我们认识到必须在一切经济工作中进一步树立起满足群众需要，提高人民福利的自觉性。社会主义社会不仅意味着生产资料公有制，而且意味着生产力的高度发展。社会主义制度的优越性不仅在于它埋葬了资本主义剥削制度，而且在于它在社会化大生产的基础上，使社会生产力迅速发展，从而使广大劳动人民不再遭受劳动折磨与生活贫困，逐步达到富裕与文明。社会主义现代化大生产的发展必将表现为超出于资本主义的更高的劳动生产率，必将创造出日益丰饶的消费品，必将给全体社会成员带来无比幸福的生活。正是如此，劳动人民生活水平的不断改善，正是社会主义事业兴旺发达的表现。在无产阶级夺得政权的国家，社会主义不能只是向人民描绘未来的美好，不能仅仅是期许明天生活的富裕，而必须给人民实惠，要切实保证人民的实际生活水平的不断得到提高。而社会主义生产正是提供出日益丰饶的物质生活资料，实现人民群众共同富裕的唯一手段与桥梁。

马克思主义者十分重视社会主义生产，要求人们以极大气力聚精会神地来抓生产，组织亿万群众同心同德，奋不顾身地为发展社会主义现代化的大生产而斗争，这正是因为社会主义生产是人民福利的源泉，是人们日益增长的需要得到满足的物质条件。

---

① 斯大林：《苏联社会主义经济问题》，人民出版社，1961年，第60~61页。

社会主义生产完全能实现满足群众需要的目的。优越的社会主义制度能保证在先进技术的基础上使生产不断增长和不断完善，能够在既定的人力、物力、财力的条件下生产出最大限度的消费品，来满足人民群众的不断增长的物质与文化生活的需要。社会主义国家的经济管理机构，在领导与组织社会主义生产时，如果不能充分运用社会主义制度所提供的一切可能，充分挖掘各个领域的潜力，搞好计划管理和宏观平衡，保证社会生产的不断增长，就没有完成人民托付给它的任务。社会主义企业如果不能按照自身的职能分工，最有效地为完成消费品的生产、交换和分配服务，为最充分地满足人民的消费服务，就没有完成自己的任务。归根到底，社会主义制度下，生产如果不能使劳动者的生活日益富裕、日益文明，使他们的体力智力越来越全面发展，这种生产就失去了社会主义生产的本质特征，而这样的社会主义制度就不成其为优越的社会制度，它不会充满吸引力，不能为全世界劳动人民所向往。

当前，在贯彻国民经济调整、改革、整顿、提高的方针中，我们必须深入研究当前我国国民经济比例关系的严重不协调的表现和造成这种不协调的原因，努力从理论上搞清楚社会主义生产的目的，反对为生产而生产。我们一定要按照社会主义基本经济规律办事，使国民经济结构更加合理，社会主义生产关系更能适合生产力的发展。这样，我国社会主义生产就能持续高速度地发展，人民的生活水平就能不断地提高。

论不发达的社会主义经济特征①

一

根据唯物辩证法的发展观，任何事物都处在一个发生、发展到衰亡的运动的过程中，事物在向上运动的阶段，都要经历一个初生期，以后才进入它的盛年。而处在初生时期的事物，它不可避免地会带有不成熟的特点，与处在盛年时期的事物的更为成熟的形式有所不同。

社会主义经济也要经历一个发展的初始阶段和发达的阶段，在社会主义成熟程度不同的这两个阶段，社会主义经济也会具有不同的特征。马克思和恩格斯曾经对社会主义的本质特征作了原则性的论述。他们指出了社会主义在所有制上是全社会公有制，即一切生产资料归全体社会成员占有，不存在生产资料的集体占有，更不存在生产资料私有制；在交换上实行由社会中心来调节的统一的产品交换，不存在等价的商品交换；在消费品的分配上实行以产品经济为基础的全社会统一的按劳分配，等等。以上情况表明，马克思和恩格斯设想了一个纯粹的社会主义

---

① 原载《学术月刊》1984年第8期。

公有制的经济模式。马克思和恩格斯在考察社会主义经济时，是以19世纪后半期最发达的资本主义国家——英国的具体条件为背景，他们设想的是一个奠基于高度物质技术基础之上的发达的社会主义。因此，他们关于纯粹社会主义公有制经济的设想就是不足为奇的了。但是，世界社会主义革命的胜利——无论是第一个社会主义国家或是第一批社会主义国家——都不是开始于经济发达的国家，而是发生在经济比较落后的国家，这些国家在走上社会主义道路后，都曾有一个程度不同地模拟马克思的纯社会主义模式的时期，但是这种实践并未获得成功，人们在经历曲折中不断地总结经验、不断探索和创新，把社会主义事业推向前进。在当前，我们看见不是从书本上摹写和照搬来的，而是为实践经验所哺育和壮大起来的社会主义，都不同程度地脱离了那种纯社会主义经济模式。实践中的社会主义，大体说来，均带有公有化经济不完全与不成熟的性质，存在着旧经济的残余与痕迹，因而，它们是一种初始期的社会主义经济。它的特点是：

第一，公有化的不完全与不成熟。就所有制而言，社会主义国家均未能实现真正的全民范围内的公有化，它不仅表现为社会主义公有制采取全民所有制和集体所有制两种形式，而且，现阶段的全民所有制企业也还带有某些产品的局部占有的痕迹，还体现有企业自身的特殊的利益（这种利益通过企业自有资金、职工的劳动报酬与企业经济效益挂钩而实现），这种经济关系表明全民占有的不成熟和不完全；就社会主义按劳分配来说，由于集体所有制企业是在集体内部实行按劳分配的，它不能做到内外一律同工同酬；又由于全民所有制企业的按劳分配要采取诸如工资浮动等将劳动报酬与企业收入相挂钩的措施，这样就使按劳分配在一定程度上带有企业局部范围内的按劳分配的特点，因而，全社会范围内的按劳分配还难以实现；以社会主交换来说，它远远不是由社会中心来组织的直接的产品交换，而是相对独立的经营单位之间的商品交换（包括社会主义企业间的商品交换与个体经营单位之间的商品交换）；以社会主义消费来说，社会主义劳动者之间还不能立即实现"共同富裕"，而还有富裕程度的不同，还有先富与后富的差别。可见，实践中的社会主义，无论是在生产关系，还是在分配关系、交换关系、消费关系中，其"公有化"均是不完全的。

第二，旧经济的痕迹在更大范围内的存在。如果说，从一个具有高度发达的物质生产力的资本主义社会脱胎出来的成熟的、完全的社会主义经济尚且不能不带有某些旧社会的痕迹和影响，只不过这种痕迹和影响不带有广泛性，而只是存在于一个特定的领域，主要是存在于按劳分配的领域中，它表现为通行于社会主义按劳分配中的等量劳动与等量劳动相交换这一资产阶级式的权利，那么，马克思所确立的社会主义模式，尽管还不是完全消灭了旧社会痕迹的高纯度的社会主义，但它毕竟是较为纯粹的。然而实践中的、从经济不发达的国家产生的社会主义，则已经突破与修正了上述的较纯粹的社会主义模式。在这些国家产生的初始的社会主义经济，旧经济痕迹与传统却是表现得较为鲜明，存在的范围也较为广泛，从而是一种带有鲜明的不纯粹的社会主义。就我国现阶段社会主义来说，这种旧经济的传统和痕迹，不仅表现在消费品的分配领域中，而且还表现在所有制领域中，如较为广泛存在的个体所有制和一定范围内的小业主所有制这种旧私有制关系的残余，甚至在某些特殊领域（如特区）还存在国家资本主义性质这种不完全的资本家所有制的残余；在交换领域，旧经济残余表现在较为广泛存在的个体小商品交换中。这种旧社会的痕迹在社会主义消费中也还有其表现。

可见，现阶段的初始期的社会主义，旧经济的因素痕迹广泛地存在于生产、分配、交换等方面，因而，可以说，旧经济的痕迹贯穿于我国现阶段社会主义经济结构之中，它成为我国社会主义经济结构的一个外在的层次。

综上所述，一方面是公有化的不完全，一方面是旧经济的残余的存在，更概括地说，社会主义的不成熟和不纯粹，就是原先经济较为落后的国家产生的初始期的社会主义的特征。而具有中国特色的社会主义在很大程度上，就表现在这种社会主义的不成熟与不纯粹上。

二

关于社会主义经济还带有某些不成熟的性质和表现为不纯粹的，是马克思主义经典作家早就指出了的。马克思在假定和论述一个较为完全和成熟的社会主义的场合，他说：这种社会主义社会，"在各方面，在经济、道德和精神方面都还带着它脱胎出来的那个旧社会的痕迹"[1]。对于一个在人民群众大革命的烈火中诞生的崭新的新社会却还包含有旧社会的痕迹和残余，这往往不易为人们所充分理解。人们会提出这样的疑虑：是不是人们采取的改造旧世界的行为有了差错？！或者是由于革命还搞得不彻底？！事实并不是这样。这种情况之所以产生，完全体现了旧事物转化为新事物的辩证法。

唯物辩证法阐明了：（1）任何事物的发展，总是要由逐渐的量变，经过若干局部质变，而进至根本的质变（飞跃），而在根本质变发

---

[1] 《马克思恩格斯选集》第3卷，人民出版社，1972年，第10页。这里"痕迹"严格的译法应该是"胎记"。

生以前（以及局部质变发生以前）发展的主要形式表现为量变，即新质的逐步积累和旧质的逐步衰亡。（2）局部质变是事物向前发展中的一个关节点，它是渐进性的除旧布新进程的加速，它是新质迅速地增长和排挤旧质。在局部质变这个关节点，尽管事物业已具有新的性质，但是旧事物的某些重要性质仍然存在，还未完成破旧立新。（3）根本质变是事物发展中最重要的关节点，是致命的一跃，它是渐进性的除旧布新过程的中断，开始了新质跃进性地增长，急剧地排挤和取代旧质，最终完成了一轮破旧立新。但是，根本质变固然是对旧事物的致命打击和破坏，但也不一定是对旧事物的彻底的和全盘的否定，它常常是根本克服旧事物的内在本质而保留了它的某些形式，或是破坏了旧事物的基本结构而保存了它的某些附属部件，因而这种作为这一破旧立新的伟大产儿的新事物，也仍然不是自然科学意义上的纯之又纯的东西，它往往不免要包含有旧事物的某些痕迹和残余。这种情况表现在自然物理现象和生物现象中，如金无足赤；合成的新物质的崭新性质要体现它的合成成分的性质；经过许多代的遗传和自然变异而形成的动植物新品种，总是要包含原种的某些痕迹；借助遗传工程而创造的生物新品种，也总是要保存其原生体的某些特征，等等。上述情况也表现在人类社会的发展中，我们看见，在奴隶制社会基本确立后的很长时期，公有制残余还是在经济生活中广泛地存在。而无论是在初始期的封建制社会或是初始期的资本主义社会，在社会经济结构中也存在着旧经济的残余。正如列宁指出："无论在自然界或在社会中，实际生活随时随地都使我们看到新事物中有旧的残余。"[1]

我们业已指出，上述旧质向新质转化的方式，乃是根本克服了旧

---

[1] 《列宁选集》第3卷，人民出版社，1972年，第256页。

质，在改造旧事物的基础上保留了它的某些形式，它摧毁了旧事物的基本结构而保留了它的某些附属部件，这里，发展既是旧事物到新事物的飞跃，但同时又存在着新旧之间的某种内在的联系，因而这是一种新旧交替的辩证运动，黑格尔称之为否定之否定或扬弃。他说："否定的东西，也同样是肯定的；……这样一个否定并非全盘否定，……而是规定了的否定；于是在结果中，本质上就包含着结果所得出的东西。"①显然地，事物的发展，由旧变新，乃是体现了这种破旧立新但新中有旧（残余）的辩证法，而不是简单地破除一切，而这种新事物以"扬弃"方式取代旧事物的辩证运动是具有普遍意义的，它不仅适合自然物质的运动，而且是适合社会的运动以及思维的运动。这种辩证法也在人类社会经济形态的由旧到新的转变中鲜明地表现出来。我们看见，经过革命爆发而诞生的新社会，它的初始时期的经济结构中就存在着旧经济残余。马克思指出，资本主义社会就是借已经覆灭的"社会形式的残片和因素建立起来，其中一部分是还未克服的遗物，继续在这里存留着"②。他又说：资产阶级社会"那些早期的各种关系，在它里面常常只以十分萎缩的或者漫画式的形式出现"③。因此，马克思也常常使用"扬弃"一词来说明社会的发展和变革，他说：资本主义生产方式是"建立在扬弃封建生产方式的基础上"④；又说："资本主义生产扬弃了商品生产的基础，扬弃了孤立的、独立的生产和商品所有者的交换或等价交换。资本和劳动力的交换变成了形式上的。"⑤

---

① 黑格尔：《逻辑学》上册，商务印书馆，1977年，第36页。

② 《马克思恩格斯选集》第2卷，人民出版社，1972年，第108页。

③ 《马克思恩格斯选集》第2卷，人民出版社，1972年，第108页。

④ 《马克思恩格斯全集》第49卷，人民出版社，1982年，第143页。

⑤ 《马克思恩格斯全集》第49卷，人民出版社，1982年，第6页。

由资本主义经济形态向社会主义经济形态的过渡，乃是私有制向公有制的质变，这是私有制产生以来，人类历史上的生产关系的一次最深刻的、最彻底的变革。但是，这种生产关系的质变也要遵循上述新旧替代的辩证法。首先，它要用革命手段摧毁旧的资本家私有制的经济制度，即采取爆发和急剧地破旧立新方式。但是，某些特定情况下根据生产力的状况及其发展的要求，可以采取赎买，通过和平的逐步改造的形式，把资本主义私有制经济改造为社会主义经济。特别是对个体所有制经济的社会主义改造，更要采取逐步过渡的形式，即使是在社会主义制度确立以后，在很长的时期内还要充分发挥个体经济的积极作用。可见，旨在彻底消灭一切私有制的经济关系、社会关系及私有意识形态的这一场最伟大的社会主义革命，也不能在一次人民革命的风暴中一举完成上述任务。社会主义的实践业已表明，这一革命既要采取变革的形式，以革命强力迅即地摧毁旧经济的核心结构，但也还需要采用渐进的形式，要在某些私有制关系领域中进行逐步的变革。这就表明，社会主义取代资本主义，也要遵循新事物在扬弃旧事物中成长的辩证法，正是在这种意义上，马克思指出，以社会主义革命发端的社会主义生产方式取代资本主义生产方式，乃是"扬弃资本主义生产方式"[①]。而这样，在社会主义社会的初始阶段，社会经济结构中的某些旧经济残余的存在也就是不可避免的了。

如果说，对于一个从经济高度发展的资本主义的母体中脱胎而出的，业已具有充分的物质基础的社会主义经济来说，它尚且会带有某些旧的传统与痕迹，从而会带有某些不成熟与不纯粹的性质，那么，对于当今的产生自经济不发达的国家的社会主义，在它的初始阶段要

---

① 《马克思恩格斯全集》第49卷，人民出版社，1982年，第126页。

带有更加鲜明的不成熟和不纯粹的特征，这不仅不是难以理解的，而且是完全合乎规律的。

中国是一个经济落后的半殖民地半封建国家，经过新民主主义革命的胜利，转变和发展到社会主义革命与建设的轨道上来。在我国，社会经济结构由私有制到公有制的质变，一部分（资本家私有制中的大资本即官僚资本）是通过暴力没收，即采取迅猛的突变形式（爆发形式）来实现的，另一部分（资本家私有制中的中小资本即民族资本）是通过赎买，即采取渐进的形式来实现的，这种质变的渐进形式，是以旧经济残余较长期的存在为特点的，它表现在资本主义所有制改造基本完成后，作为资本关系的残余的定息还将在一定时期继续存在。此外，私有制的另一部分——个体私有制，它转化为公有制要采取特殊的逐步过渡形式，如农村个体所有制的合作化所要采取的过渡形式是以将改造了的旧质纳入新事物之中为其特征。以上情况表明，在我国具体条件下，私有制向公有制的转变，并不是可以依靠一次决定性的打击、依靠一个运动就能彻底完成，而是要经历一个公有化的历史过程，它既包括发展的突变形式，也包括发展的渐进形式。它的基础与核心部分（即资本家私有制）的公有化，将通过爆发形式迅即地完成，但它的某些外围部分（即个体私有制）却将以被改造的形式继续存在，也就是说，在我国这样的原先经济不发达的国家中出现的生产关系由私到公的历史性的飞跃，带有鲜明的扬弃的形式，它在否定与根本改造旧事物中，还要将某些具有积极意义的旧形式，摄纳入新事物之中。

由私有制向公有制转化的上述特点，决定了从资本主义到社会主义的过渡时期结束后，在我国社会主义社会的所有制结构中，除了占统治的社会主义公有制而外，在某些范围内还存在着作为补充的私有制经济的残余（在社会主义公有制的渗透、改造下，它们中的很大部分业已和将会转化为带有公有制因素的过渡性的与中间性的经济）。可见，我国社会主义社会的经济结构带有某种不纯粹的性质，完全是不可避免的。

经济的不纯粹性，总是体现了经济发展的不成熟，它是由社会的物质技术基础的不成熟所决定的。当然，在社会主义制度下，随着生产力水平的提高和社会主义物质技术基础的壮大，社会主义生产关系将进一步完善和成熟化，体现私有制残余的过渡性经济形式中的公有制因素将逐步增长，私有制因素将逐步削弱和走向消失，并且最终会退出历史舞台，社会主义公有制将成为唯一的和独占统治的形式，社会主义社会经济结构不纯粹性也将由此消失。

总之，社会主义经济的不纯粹的性质，乃是从原先经济落后的国家诞生的不成熟的与不发达的社会主义的特征，这种社会主义社会经济结构的性质，是由生产关系一定要适合生产力性质的客观规律所决定的。因此，那种把初生期的社会主义看成是"纯之又纯"，仿佛不存在任何旧经济的残余的观点就是错误的。持这种观点的同志把从私有制向社会主义公有制的转变，视为简单地否定一切，而没有任何旧事物的暂时的保持，这样就割断了发展中的新与旧的内在联系，把极其繁杂的社会经济结构发展变化的机制，作了简单化的理解。

三

社会主义经济结构中还存在旧经济的痕迹，十分鲜明地体现在农村集体所有制的合作经济中，对这一问题，我们要在此进一步加以分析。

马克思主义的农业合作化理论阐明了：农民的个体私有制，是一种劳动人民的、不体现人对人的剥削关系的个体所有制，因此，对这种劳动农民的私有财产，是不能采用剥夺的方法，而只能在自愿的基础上，吸引他们逐步地联合起来，组成"联合起来的生产方式"即社会主义的合作经济。农村的生产资料公有化必须通过合作化来实现，而合作化乃是一个渐进性的发展过程，它要通过一系列体现新质逐步地积累和旧质逐步地衰亡的过渡性与中间性的经济形式，最后完成由个体所有制到社会主义集体所有制的转变。具体地说，它要通过：个体所有制→集体占有因素与个体占有因素并存的过渡性的所有制形式→集体所有制。如在我国由农民的个体所有制→带有社会主义因素的互助组→半社会主义的初级社→完全社会主义的高级社。

农业合作化过程中产生的社会主义集体所有制的合作经济，应当采取什么样的组织形式？这是实践向人们提出来的迫切需要加以解决的具有理论意义和现实意义的重大课题。应该说，在这个问题上还存在许多认识上的模糊不清。传统的经济理论，把农业合作化取得基本胜利后建立起来的集体经济，视为不存在生产资料个体所有制的因素与残余的纯粹的集体所有制（传统理论把集体经济中的家庭副业也仅仅视为一种特殊的"个人所有制"，否认它存在有生产资料个体所有制的残余），这种纯集体经济论是一种社会主义速成论，它脱离农村生产力的发展水平而设想可以一举彻底消灭个体所有制经济，追求一蹴而就的纯粹的集体所有制经济，这种理论不符合农村集体所有制产生和取代个体所有制的规律。

农业的合作化是农村经济由私有制向公有制转变，这是人类历史上经历了几千年的以私有制为基础的农村生产关系的一次最深刻的破私立公的革命。对于农村的这一场生产关系的革命，应该看到以下两个方面：一方面，要看到农村在手工工具和手工劳动的基础上存在着建立社会主义集体所有制合作经济的必要性和可能性，因而，应当坚定不移地领导农业合作化，引导广大农民群众联合起来，在农村实现由个体所有制到社会主义集体所有制的变革。但是另一方面也应该看到：生产关系必须适应生产力的性质，较成熟的社会主义公有制总是与较高的生产力水平相适应，而不成熟的社会主义公有制总是与较低的生产力水平相适应。对于我国这样的原先经济十分落后的国家，特别是在我国农村还是以手工工具、畜力动力为技术基础的条件下，通过合作化，只能建立起与这种较低的生产力水平相适应的不成熟与不完全的社会主义集体所有制，即以基本生产资料的集体所有制为基础，以社会主义联合劳动为内容，但又带有较为鲜明的个体经济的痕迹的社会主义合作经济。

我国农村的家庭联产承包制，就是这种不成熟与不完全的社会主义集体所有制。家庭承包制，就所有制来说，它是以农业的最基本的生产资料（土地及水利设施、电力设施等）的集体所有制为基础，但又存在某些生产资料归农民占有（自有的农业机具、运输工具及其他劳动手段）；在生产与经营方式上，它既存在联合劳动者集体的统一经营，又存在农民家庭的分散经营（在当前是以家庭经营为基础）；在劳动方式上，它既有一定范围内的集中的协作劳动，又实行家庭的分散劳动（在当前是以分散劳动为主）；在分配方式上，它既体现了社会主义联合劳动者之间的多劳多得的按劳分配关系，又存在着以家庭自有资金为基础的收入分配（对土地投资的级差收益的占有），等等。可见，家庭承包制，是以土地的集体所有为基础、以联合劳动为特征的社会主义性质的合作经济，但是它又在占有、经营、劳动、分配等方面体现了作为它的前身的个体经济的某些特点和痕迹。

家庭承包制这种社会主义的合作经济中个体经济的痕迹的存在，体现了由个体所有制到集体所有制的质变的特点：这一旧质到新质的"飞跃"中仍然包含有某些量变因素，因为在这里，旧事物、旧结构并不是被抛弃，而是为新事物所克服、改造，失去了它固有的本性，它的某些外在层次的性质和它的某些形式方面，却被保存和摄纳入新事物之中。更具体地说，在我国农业合作化基本实现后的社会主义性质的合作经济中，由于土地这一最基本的农业生产资料归集体所有，因而，它就消灭和摧毁了千百年来的个体旧经济结构的基础；在土地集体所有的基础上，原先的个体农民的私人劳动转化为社会主义的联合劳动，产生了集体的统一经营。这一切意味着完成了个体所有制到集体所有制的"关键的一跃"。但是在这里，个体经济并不是简单地被抛弃，它的某些外在的层次和形式——如某些生产资料的个人所有、家庭分散经营、分散劳动、自有资金收益的个人占有，等等——仍将保留和被包摄于集体所有制新经济之中，成为社会主义性质的集体所有制合作经济中的个体经济的痕迹。

基于以上的分析，我们可以得出两点认识：（1）农业合作化是历史的必然。建成社会主义不仅必须通过合作化把使用先进劳动手段的农民个体所有制转化为集体所有制合作经济，而且必须把使用手工工具的农民个体所有制转化为集体所有制的合作经济，否认我国的农业合作化的必要性是错误的。（2）社会主义集体所有制的具体形式要适合生产力的性质。基于我国农村的较为低下的物质生产力水平，我国初始期的社会主义集体所有制不能不带有某些不成熟与不完全的性质，它不仅不能做到很高的公有化，即"一大二公"，甚至还会带有某些个体经济的痕迹，体现出质变的不完全的特征，这种情况完全是合乎规律的。否认集体所有制经济中旧经济的痕迹的存在，把残存的这些旧经济形式与社会主义集体经济对立起来，把现阶段的集体所有制当成是纯粹的集体所有制经济的观点是值得商榷的。

有关社会主义初级阶段的两个问题^①

要顺利地进行社会主义建设，就要搞清楚社会主义发展的阶段性，更重要的是要搞清楚人们现在所处的社会发展阶段的性质和特征。因为，人们在经济工作中、在制定经济政策中，要严格从现阶段的性质和要求出发，而不能从主观愿望出发，从某种美好的共产主义理想出发，更不能超越阶段，提出和勉强去做今后的、高级阶段才能办的事。在这方面，我国以及许多其他社会主义国家都有不少的教训和为之付出了许多代价。中国共产党在十一届三中全会后，把社会主义发展阶段性的重大理论问题提出来，指出了我国当前处在社会主义初级阶段，这是一个具有重大理论意义与实践意义的科学论断，它进一步发展了马克思主义关于共产主义两阶段的学说，使科学社会主义的理论更加丰富了。深入研究社会主义发展的阶段性，切实弄清社会主义初级阶段的特征，对于当前正确地和全面地贯彻党的十一届三中全会的路线，对于坚持四项基本原则反对资产阶级自由化和坚持改革、开放、搞活的总方针，进一步深化我国的体制改革都有着头等重

_____

① 原载《财经科学》1987年第6期。

要的意义。本文着重就划分社会主义发展阶段的标准以及社会主义初级阶段的基本经济特征，谈一点不成熟的意见。

一、社会主义发展的阶段性以及划分阶段的标准

（一）阶段性是事物运动的普遍规律

根据唯物辩证法的发展观，任何事物都处在量变到质变的运动过程之中，而这些不同的质态就使事物的运动呈现出阶段性。马克思和恩格斯运用上述唯物辩证法的发展观来分析人类社会的运动，创立了关于人类社会要经历五种社会形态——原始公社制、奴隶制、封建制、资本主义、社会主义和共产主义——的科学理论。但是马克思主义的历史唯物论，不仅仅把人类社会的上升运动划分为五个大阶段，表现为五种社会形态，而且还要把同一社会形态再划分为几个小阶段。这些小阶段，就其根本的质来说是相同的，但是它们另一方面还存在着某些重大的差别，即存在局部的质的差别。例如，马克思主义的创始人，曾经论述原始公社制社会发展中的原始群、母系制、父系制等阶段；奴隶制社会发展中的早期家长制家族奴隶制，东方家内奴隶制，发达的希腊罗马奴隶制；封建制社会发展中的早期庄园农奴制和后期的地主经济，等等。马克思在《资本论》中更细致地阐述了资本主义发展中曾经经历的工场手工业、机器大工业等阶段，列宁更进一步阐述了资本主义发展中的帝国主义阶段的特征。对于共产主义社会形态，马克思更是将它划分为社会主义和共产主义两个阶段。可见，把同一社会形态划分为发展成熟程度不同的若干阶段，从来就是马克思主义经典作家研究历史所使用的科学方法。世界和我国社会主义实践业已使人们认识到，社会主义将是一个很长的、有数百年之久

的历史阶段，在这一历史阶段中社会主义的根本性质是不变的，但无论是在经济、政治、文化思想等哪一方面，都会有量的发展和局部质变，从而显示出阶段性，进一步把社会主义划分为初级阶段和后续阶段，这就完全符合历史唯物主义的方法论的要求。

（二）划分社会主义发展阶段的标准

按照马克思创立的历史唯物主义，任何一个社会形态的基本构架包括三个方面的要素：（1）经济结构。它是生产关系的总和，也是社会的经济基础。（2）政治结构。文化、思想意识，它是社会的上层结构，或上层建筑。（3）生产力。它构成社会的物质基础。可见，社会形态是一个立足于经济基础之上的三维结构，而经济基础又是密切地依存于和决定于物质基础。列宁在论述马克思的历史唯物论时指出：这一理论"把社会关系归结于生产关系，把生产关系归结于生产力的高度"①。如果基于上述论述，那么社会主义形态划分为不同的类型和表现出质的差别，首先表现在经济基础的性质上，其次表现在生产力的性质上。因而生产关系就成为划分社会形态的直接标准，而生产力也是一个必要标准。人类历史上的五种社会形态，不仅仅在生产关系上表现出质的差别，而且在生产力水平和性质上也大大不相同。资本主义社会形态的特点，不仅仅表现在资本家占有制上，也表现在以机器大生产为标志的物质基础上。马克思说："手推磨产生的是封建主为首的社会，蒸汽磨产生的是工业资本家为首的社会。"②

按照上述方法，在划分社会主义社会的发展阶段上，必须以生

① 《列宁选集》第1卷，人民出版社，1960年，第9页。
② 《马克思恩格斯选集》第1卷，人民出版社，1972年，第108页。

产关系和生产力为划分的标准。具体地说，为了正确回答在从资本主义到社会主义的过渡时期结束后，社会主义处在什么样的发展阶段，为了科学地确定到底是处在社会主义不发达、不成熟的初级阶段，还是处在社会主义十分发达的和成熟的高级阶段，或者是介乎二者之间的中级阶段，人们必须先考虑到生产关系的性质和状况，又要考虑到生产力的性质与状况。大体说来，社会主义的发展可能具有以下几种类型：（1）设想一个诞生于高度发达的资本主义的社会主义，一方面由于社会主义生产关系——主要是公有制和按劳分配——表现为较为成熟的和较为完善的形式，另一方面发展到高度的现代生产社会化意味着社会主义物质技术基础的成熟，因而，社会主义将较为迅速地表现为成熟的形式，在这样的国家将不经过一个初级阶段而较快地登上社会主义的高级阶段。（2）诞生于资本主义具有中等发展水平的社会主义，由于社会主义生产关系还带有某些不成熟的特征，而社会主义物质基础也还带有某些未发育成熟的性质——例如生产力发展尚未达到发达资本主义国家的水平——因而，社会主义将具有某些不成熟的特征，这样的国家，将要经历一个短暂的初级阶段的社会主义，或是将经历一个中级阶段的社会主义，再进至高级阶段的社会主义。（3）诞生于资本主义不发达的半殖民地半封建社会的社会主义，由于社会主义生产关系带有相当鲜明和十分突出的不成熟性——例如生产关系的不纯性，公有制结构的低层次性，公有制不完全性都十分鲜明——，另一方面生产力水平相当低，"生产力多层次性和不平衡性十分显著"，从而存在社会主义充分的物质基础形成的滞后，在这样的国家，将不可避免地要经历一个相当长的、带有稳定性的社会主义初级阶段，才能逐步过渡到社会主义的高级阶段，甚至还要经历一个社会主义的中级阶段。中国就是这样的国家。由于半殖民地半封建旧中国的生产力水平十分低下，中国在过渡时期基本结束，社会主义生产关系确立起来后，二元生产结构还将长期存在，社会生产力还将长期带有传统生产力的性质，实现生产现代化和社会现代化还需要以百年计的漫长的年月，因而，在中国较为完善的社会主义更不可能急剧地一蹴而就，更不可能指望迅速地向共产主义过渡，中国将在一个相当长的时期内处在社会主义初级阶段，这种情况是中国的特殊国情和中国社会主义的特殊历史发展所决定的。在评判与认识社会主义时，采用单一的生产关系标准，按照这种思维方式，在所有制社会主义改造一旦基本完成，即使是生产力水平低，存在消费品匮乏和普遍生活贫困，人们也将它称之为"建成"了的社会主义。显然，这是一种"穷社会主义"观念，它并不是马克思主义的社会主义。这种观念的产生，就其方法论来说，在于评判社会主义的发展时，抛弃了社会主义的生产力的标准。

可见，在评判和划分社会主义的发展阶段上，我们有必要既坚持以生产关系为直接标准，又同时引入生产力标准。在评判我国现阶段社会主义时，运用这双重标准考察社会主义经济基础和社会主义物质基础这两方面的性质和特征，我们就能合乎逻辑地得出在所有制的社会主义改造基本完成后，我国还处在社会主义初级阶段的科学论断。基于这双重标准，我们也才能够较有根据地对我国社会主义的未来发展阶段进行展望。

二、社会主义初级阶段的经济特征

（一）生产力水平低

社会主义初级阶段的经济特征[①]，首先表现为生产力的发展水平低，与较成熟的社会主义相适应的充分的物质技术基础尚未形成。

社会主义是以现代化大生产为物质基础的，这种以机器大生产为标志的现代化大生产使生产力超越了资本主义生产关系的狭窄的界限，这种生产力只有在实行社会的占有和社会管理的条件下，才能获得顺利的发展，而社会的占有即公有化，不过是"在事实上承认现代生产力的本性"[②]。马克思恩格斯之所以设想社会主义首先诞生于资本主义经济高度发达的国家，正是因为在这样的国家，不仅完成了传统的生产力到现代的生产力的转化，而且现代生产力又获得了大发展，它意味着新社会的物质技术基础业已形成，而以生产资料的全社会占有和消费品的统一的按劳分配，正是立足于这样的发达的现代生产力的物质基础之上。

人类历史总是在曲折中发展的，事实上社会主义的产生并不是表现为上述高度生产社会化——全社会公有化的典型形式，而往往是具有十分特殊的形式。具体地说，现实的社会主义，就是在中度的生产力水平或是较低的生产力水平的基础上实现的。中国就是在一个生产力极其落后的半殖民地半封建国家的地基上开始社会主义建设的。旧中国的资本主义经济极不发达，还未经历一个完整的工业化，现代工业生产集中在某些城市，特别是沿海大城市，它在国民经济中的比重

---

① "经济"一词在这里是广义的，即不仅指生产关系，还包括生产力。

② 《马克思恩格斯选集》，第3卷，人民出版社，1972年，第318页。

也很低，在国民经济中占主要地位的农业则是以落后的手工工具、畜力动力、手工劳动为基础，那些经济最落后的地区还存在刀耕火种的原始生产。我国社会生产力的总的特征是：（1）由机器大生产、手工小生产、原始生产组成的多层次劳动方式的存在；（2）由现代的、中世纪的、原始的物质技术组成的多层次的生产力结构的存在；（3）由最发达的、一般的、落后的经济地区组成的多层次和不平衡的地区生产力结构的存在。上述情况表明，由传统的生产力到现代生产力的转化尚未实现，而与完备的现代公有制相适应的充分的物质基础也就尚未形成。而当代世界历史发展中的十分复杂的矛盾，决定了上述国家社会主义产生的必然性，于是就有了较低的物质生产力基础上的现实社会主义的出现。

有什么样的生产力，就有什么样的生产关系，既然完备的社会主义所需要的充分的物质基础尚未形成，那么社会主义经济结构也就不可能发育完备，从而，现实的社会主义就不可能是马克思主义经典作家所设想的那种高度物质生产力水平、高度公有化水平的社会主义。我们坚持立足于实践的马克思主义，基于我国的实际，肯定我国社会已经是社会主义，要从理论上确认这一历史发展的实际。但是也坚持马克思主义的、拥有充分物质内容与经济内容的社会主义概念。也要清醒地估计到和承认现实的社会主义的一个重大特征是物质基础的不充分。物质基础薄弱是现实的社会主义的症结、矛盾之所在，它不能不对我国的经济基础、政治、思想上层建筑，和其他社会生活、家庭生活发生制约作用，使这一新的社会形态的结构、关系和活动方式，不可能臻于完善、十分地完美、十分地合乎理想，一句话，它使社会主义制度的优越性不可能得到充分的发挥。例如，尽管现实的社会主义以其社会主义的经济结构，使劳动者摆脱了被剥削的地位和实现了分配中的公正（初步的），但是，由于物质基础的薄弱和消费品的匮乏，它却不能实现普遍的富裕，甚至相当一部分居民还不能摆脱贫困。就我国来说，我国所有制的社会主义改造基本完成，社会主义经济制度确立后，在我国实现了对生产资料的共同占有，亿万人民走上了共同富裕的道路，但是我国的人均国民生产总值很低，1985年仅有400美元，排在全世界的一百多位，尽管近年来我国城乡人民生活水平稳步提高，十亿人口的温饱问题基本上得到解决，一部分人生活已经达到小康水平，但是我国人民的物质富裕程度仍然是十分低下的，物质和文化需要的满足状况还落在世界许多发展中国家后面。显然地，这还是一个受到局限的和未达到应有标准的初级的社会主义，而社会生活各个方面存在的种种局限性，最终根源在于生产力水平低。正是因此，实践中的社会主义要求人们在理论上把生产力水平低，作为社会主义初级阶段经济的重大特征。明确这一特征，人们也就能在经济工作中对症下药，把发展生产力放在首要地位和在其他方面的工作中采取与之相适应的措施，以促使社会主义事业稳步地和顺利地发展。

（二）社会主义经济结构不纯性

划分社会发展阶段的直接标志，是社会经济结构（即生产关系的总和）的性质和特点。社会主义初级阶段的本质特征，表现在这一阶段的经济结构的不成熟。

社会主义经济不成熟首先表现在它的不纯性，这就是它不是一种单一的和纯粹的社会主义经济，而是存在着非社会主义生产关系的因素。它表现在：在所有制上，一方面有占据主体地位的社会主义所有制，另一方面有作为补充的非社会主义所有制；在分配上，一方面有占主导的按劳分配，另一方面有作为补充的非劳动的分配要素；在经济的商品性上，一方面有作为主体的社会主义商品经济，另一方面有作为补充的非社会主义商品经济；在消费上，一方面有占主导地位的社会主义的共同消费和生活差别，另一方面也存在一定领域中的非社会主义性质的生活富裕的差别。总之，社会主义的初级阶段，无论是生产，还是分配、流通与消费等关系上，也就是它的全部经济结构都表现出既有占主要地位的社会主义关系，又有旧的非社会主义经济的要素，从而这是一种不纯粹的社会主义。

马克思主义经典作家，在分析社会主义时，论述了这一阶段还不是充分成熟的，还不能完全摆脱资本主义的传统与痕迹。但是必须指出，我们这里提到的是作为社会主义初级阶段经济的不纯性，它与马克思主义经典作家论述社会主义经济中的不成熟在含义上是有区别的。（1）马克思经典作家所论述的是一种典型的、纯粹的社会主义经济结构中所体现的旧经济的"痕迹"，因为他们设想的社会主义，是完全的生产资料公有制+完全的按劳分配，他们谈到旧社会痕迹时，仅仅限制于消费品分配关系领域，但是他们认为，在其他领域特别是在生产资料所有制领域，旧社会的传统痕迹就不再存在。社会主义初级阶段的经济不成熟，则不是一个局部的现象，而是社会经济全部领域的特征，首先是所有制领域中的特征。（2）马克思主义经典作家论述的社会主义阶段经济的不成熟，是指社会主义生产关系的某种区别于共产主义生产关系的规定性。具体地说，是指按劳分配在实现消费品共同分享中的某些局限性，即对体力、智力不可能一律的人们来说，按劳分配会带来的事实上的不平等。对这种性质马克思审慎地使用了"旧痕迹"一词，指出了它只不过是包含与体现在社会主义新质中的东西。而社会主义初级阶段经济的不成熟，则是指经济结构中的非社会主义因素与成分，如个体经济、私营经济、中外合资经营，以及与这些经济成分相适应的非社会主义的收入形式，等等。总之，马克思主义经典作家论述的社会主义经济中的"旧痕迹""旧传统"，是一个属于"社会主义一般"的东西，而不是我们在这里所提到的社会主义初级阶段经济中的旧残余，后者乃是社会主义发展的幼年时期的一种规定性，是属于社会主义的"特殊"的东西。它是社会主义初级阶段的特殊现象。

既然已经是社会主义社会，那为什么又会存在这种社会主义经济结构的不纯呢？按照传统的思路，人们会这样地去寻找答案：这是由于所有制和经济领域中的社会主义革命的不彻底性，因而人们有必要在所有制领域进行继续革命。这种传统的思维方式显然是错误的，我们说，社会主义经济关系上所表现出来的不纯性，体现了初级阶段的社会主义的不成熟性，是由于物质生产力水平低所决定的。因为，既然原先经济发展落后的社会主义国家在进行所有制的社会主义改造与组建社会主义经济结构时，人们面对着的是一个发育不充分的物质基础，那么，人们只能使社会主义生产关系的状况适合生产力的性质，而以社会主义生产关系为主体的、多元性的和不纯粹的社会主义经济结构，正是适应多层次的、不平衡的生产力的发展的要求。可见，社会主义经济的不纯性的存在，并不是人们的差错，更不是政策"右倾"和"搞倒退"，而是体现了人们坚持立足于现实生产力之上的社会主义。

（三）社会主义公有制的不完全性

社会主义经济的不成熟，也体现在全民所有制和集体所有制所具有的特点——不完全性。

我国社会主义初级阶段全民所有制的结构中，还包孕着一定的局部的占有要素，甚至个人占有要素，从而还不是完全的全民占有。完全的全民占有，是以生产资料归全体劳动者共同支配和调度，特别是以劳动产品归全体劳动者共同分享，即利益归全体劳动者均沾为特征，完全的全民占有，即全社会占有制体现了无差别的社会共同利益，它排除独立的社会共同利益之外的特殊的集体的利益，更不容许掺杂个人占有和特殊的个人利益。我国传统的全民所有制企业，实行国家集中管理，统收统支，不仅生产资料由国家统一支配和统一调度，而且纯收入集中于国家，企业不享有特殊经济利益，企业职工按照全社会统一工资标准按劳付酬，职工不享有特殊的经济利益。这种全民所有制尽管带有一定的"完全的"特征，但是实质上是"吃大锅饭"和"平均主义"的体制，它不能恰当地处理国家、企业、个人的利益关系，从而不能调动企业和职工的积极性。

我国城市的体制改革，按照社会主义商品经济的要求，国营企业按照两权分离原则，实行自负盈亏、自主经营，企业不仅拥有经营自主权，而且拥有自有利润占用权和一定的占有权（自留利润作为增发职工奖金的部分），从而成为拥有自身特殊利益的经济实体。由于实行使企业自身的收入（自有资金）与赢利相挂钩和两级分配，企业职工的收入与企业的经济效益联系在一起，那些经济效益高的企业，职工就会有更多的收入，其中包括一部分来自生产资料因素带来的级差收益和市场价格机制带来的超额利润，从而企业职工也就享有某些特殊的个人利益。可见，改革后的国营企业的具体占有形式与经营机制，体现了作为主导的生产资料和产品的全民所有和产品的局部占有因素的统一，而企业的活动不仅体现了全社会的共同利益，而且也体现了特殊的局部经济利益（包括特殊的个人利益），这种占有关系和利益关系就是一种不完全的社会公有制，或不完全的全民所有制。我国当前深化企业改革中，正在广泛推行的承包经营责任制，以及在某些领域中实行的租赁制、股份制等，均表现了把局部占有要素甚至个人占有要素引进于全民所有制结构之中。值得注意的是，国营企业进一步贯彻两权分离和真正地实行自负盈亏、自主经营、自我发展，要求对自留利润中的用于生产发展部分实行鼓励，例如采取诸如减免自留利润再投资盈利所得税，或是来自自留利润再投资盈利中的奖金的所得税减免，这样，全民所有制企业再生产中将包孕着企业占有要素的强化。除此而外，某些全民所有制企业实行股份制，在实行企业股与允许职工持有少许个人股份的场合，将出现"一企三制"的混合所有制结构，它体现了作为主导的全民占有与集体占有和个人占有相结合。总之，国营企业经营机制的完善，既包括经营权交还给企业，也包括将必要的利益关系即纯收入占有关系的调整，它使全民所有制显示出"不完全"的特征。

社会主义初级阶段的集体所有制也带有不完全的特征，这就是：

它不是单纯的集体占有，而是表现为集体所有与个人所有共存的复合结构，而以家庭经营为特色的我国农村联产承包制，除了有土地等基本农业生产资料集体所有而外，还存在着其他生产资料的农民家庭所有制。此外，以家庭经济为基础的农村的新型合作经济，新形成的集体所有制关系仅仅是存在于生产的局部环节上，而在其他的生产环节上则是体现个体占有关系。以上情况表明，社会主义集体所有制也不是纯之又纯的，而是与个体所有制有机结合，共同组成一种发育不完全的集体所有制结构。

社会主义公有制的不完全，表明了企业所体现的利益关系的复杂性。对于全民所有制企业来说，它体现的是作为主体的全民利益和局部利益（甚至个人利益）的结合，而不是纯粹的全民利益。这种较为浓厚的局部利益色彩和全民所有带有的低层次的性质，正是社会主义初级阶段的全民所有制的特征。从理论上弄清这一点，人们才能进一步认识到当前我国国营企业改革经营机制和所有制形式所采取的措施——承包制、租赁制、股份制——并不违反全民所有制的性质，从而增强人们去深化企业改革的自觉性。

社会主义初级阶段理论是
马克思主义的新发展^①

一、党的十三大对科学社会主义理论的重大贡献

党的十三大系统地阐述了社会主义初级阶段理论，这个理论引起全世界的关注。社会主义初级阶段理论是我们党对我国和世界社会主义建设的几十年积累的经验、经历的曲折当中获得的沉痛教训后做出的科学总结。这一理论体现了中国共产党在20世纪80年代对社会主义的新思维，这是一个重大的理论创新，它具有重大理论意义和现实意义，它是马克思主义在当代的新发展。20世纪马克思主义有三大新发展：第一个新发展是列宁的帝国主义论，列宁在20世纪的初叶提出了帝国主义是资本主义发展的最高阶段，给资本主义划出了一个新的阶段即最高阶段——帝国主义；第二个新发展是30年代毛泽东同志的新民主主义理论，它给中国现代革命划出了一个新民主主义的阶段；

① 原载《财经问题研究》1988年第6期。

20世纪末马克思主义重大的发展，可以说是我们党提出和阐述的社会主义初级阶段理论，第一次给社会主义发展史，给中国的社会主义的发展史进程划出了一个初级阶段。这个理论的重大科学价值和实践意义，愈到后来，我们愈能认识得更加清楚。社会主义初级阶段是基本国情，是我们一切方针政策的立足点，是我们搞改革、建设的基本出发点。我们当前正在进行经济体制改革和社会主义经济建设，怎样搞改革，怎样建设具有中国特色的社会主义都必须立足于初级阶段这个国情之上。我国处于社会主义初级阶段是在《建国以来的党的若干历史问题的决议》当中首次提出的，十二大报告以及《关于社会主义精神文明建设指导方针的决议》中也讲了，但是不系统。十三大为这个理论作了系统的阐述。十三大的重大贡献就在于它是以社会主义初级阶段的科学理论来进一步深化我们对社会主义的认识和更清楚地指出了建设具有中国特色的社会主义的道路，这一理论将激发我们从事开放、改革、搞活的积极性，将开拓中国社会主义建设的新局面。

二、社会主义初级阶段理论提出的历史背景

社会主义国家在建设中的历史教训是：在急于求纯和急于求成的思潮下，超越历史发展的阶段，在物质生产力水平还很低的条件下，采取冒进的措施，企图通过一两次群众运动一举实现高级的、成熟的社会主义。在我国50年代中叶以来的社会主义发展中，盲目求纯和急于求成，表现得更为鲜明。为了搞纯粹的社会主义，我们匆忙地消灭了个体经济，私有经济更是不用说了。对集体经济则认为公得不够，要对它实行升级变为国营经济。在分配上，则是搞纯粹的按劳分配，实际是平均主义。基于纯社会主义，就不允许农民去扩大家庭副业，

更不允许经营商业，经营工业，连赶场都要受批判，在"四清"时就要清理是不是搞了资本主义。可见，纯社会主义就是我们传统的社会主义观。人们认为："求纯"才真正是搞社会主义，才是真正的马克思主义，才叫作保卫马克思主义的纯洁性，才是百分之百的布尔什维克。百分之百的布尔什维克，是30年代王明提出来的。王明等主张中国要毕民主革命和社会主义革命于一役，中国的革命不仅要反帝反封建，还要反资产阶级；不仅反大资产阶级，还要反小资产阶级和民族资产阶级。王明反对毛泽东团结民族资产阶级的政策。"左"倾思潮在社会主义时期，表现在盲目追求纯粹的社会主义和急于建成"高级"的、成熟的社会主义上。例如，片面地宣传"越穷越革命"，"穷则思变，富而修"，认为愈穷就可以趁热打铁，及早搞成一个纯公有制。关于纯社会主义和社会主义建成的传统观念的思潮，不仅流行于中国，而且是一个国际思潮，是带空想色彩的国际性的"左"派急性病。十月革命前西欧社会民主党的考茨基，后来的罗莎·卢森堡等人都宣扬这样一种一举建立纯社会主义的理论。十月革命后在苏联也实行过"战时共产主义"，布哈林也主张消灭商品货币，而斯大林领导的苏联社会主义建设也同样受到这种思潮的影响。斯大林在1936年宣布苏联社会主义建成和开始向共产主义过渡，那时，苏联农业刚刚集体化，苏联的农村很大程度上是以手工劳动和以马拉农具为基础，社会主义工业化刚建立初步的基础，苏联人民群众还普遍吃黑面包。这种30年代的社会主义速成论，在50年代中期，由赫鲁晓夫把它继承下来并进一步发展成共产主义速成论。赫鲁晓夫在苏共二十大提出，苏联进入全面开展共产主义建成时期，1961年的苏共在二十二大又提出苏联20年内基本建成共产主义社会。勃列日涅夫觉得20年建成共产主义的调门太高，提出发达的社会主义论，他在1967年宣布苏联发达的社会主义即成熟的、完全的、高级的社会主义的建成。安德罗波夫上台后，提出苏联处在发达的社会主义的起点，把"建成"改成"起点"，批评勃列日涅夫盲目冒进。戈尔巴乔夫连发达的社会主义都不提了，他在1987年1月提出"发展中的社会主义"的概念，把"发达的"社会主义进一步降格。从上述关于社会主义的提法的变化，我们可以看见，在苏联几十年的建设时期中，长期存在着社会主义速成论的思潮，直到戈尔巴乔夫才一步步地回到现实基础上来，而对这个现实基础应使用什么概念，在苏联目前还没有明确地提出来。

党的十三大，全面阐述了社会主义初级阶段理论，对我国进行社会主义建设的宝贵经验和沉痛教训作了科学的总结，对当前和下个世纪中叶的发展阶段作了系统的阐述。社会主义初级阶段理论，具有重大的现实意义，它为当前正在进行的体制改革和经济建设提供理论的指导。改革是世界的潮流，但也有种种阻力，有右的全盘西化论，就是所谓中国要补资本主义的课，中国不能搞社会主义，要搞资本主义。但阻力主要是来自"左"的方面。关于纯粹的社会主义的传统思潮，成为改革的思想障碍。前一段时间，一些人对深化企业改革而采取的承包、租赁、股份经营形式，心存疑虑，特别是对允许私营经济的存在，更是心存疑虑，认为是搞资本主义。虽然我们的改革这几年总是向前发展，但是也有段时间徘徊不前，这与改革的思想障碍是密切关联的，因此，要加快改革的步伐，最根本的是要弄清基本国情，这就要求在理论上回答当前我们是处在什么发展阶段。党的十三大系统地阐述社会主义初级阶段的理论，其现实目的在于用科学理论来统一思想，以便更好地推行十一届三中全会以来的政策，进一步深化改革和加快改革。

三、为什么社会主义要划分一个初级阶段及其划分的标准

社会发展是具有阶段性的，这本身就是一个历史唯物主义的基本原理。唯物辩证法阐述了：任何事物都在发生、发展、壮大和成熟之中，这样的发展进程就表现为具有阶段性。社会也是在发生发展中，也是要划分阶段的。根据历史唯物主义，人类社会的发展划分为：原始社会、奴隶制、封建制、资本主义，以及社会主义和共产主义五大阶段。历史唯物主义不仅把人类社会划分为五个阶段，而且把每个社会形态也划分为不同的发展阶段：原始社会可划分为母系氏族公社、父系氏族公社等阶段；奴隶社会可划分为东方奴隶制（即家内奴隶制），希腊、罗马的发达奴隶制；封建社会可划分为最初的农奴制经济，后期的地主经济；资本主义社会划分为工场手工业阶段，机器大工业阶段，在20世纪又进入帝国主义阶段；共产主义社会，马克思把它划分为社会主义阶段和共产主义阶段。社会主义社会要不要划阶段呢？列宁已经预见到社会主义也要有不同的阶段，列宁使用过发达的社会主义、完全的社会主义，甚至使用过中级的社会主义等概念，但是列宁不可能具体地解决社会主义划分阶段的问题，因为列宁逝世过早。斯大林也没有给社会主义划阶段，因为斯大林本人就持社会主义速成观，他认为社会主义不需要多久就会建成，建成后就立即向共产主义过渡了。斯大林在1936年就匆匆地宣布社会主义已经在苏联建成，那还划分什么阶段呢？速成论的思潮就是取消发展阶段的。中国共产党在十一届三中全会以后，基于实事求是的思想路线，根据我国社会主义建设的经验，从中国生产力的具体水平出发，科学地阐明了中国社会主义发展的阶段性。十三大从理论上系统地阐明了中国社会主义将经历一个很长的初级阶段，以后再向成熟的阶段发展，这是对

马克思主义的科学社会主义理论的重大贡献。

从社会主义初级阶段来看，是属于社会主义特殊情况。基于当前世界的情况，向社会主义的发展有三种情况：第一种，高度发达的资本主义国家进入社会主义，如美国、西欧这样的高度发达的资本主义国家，如果将来进入社会主义，这些国家本身有高度发达的生产力，强大的物质基础，这样的国家，社会主义就不一定要经历一个初级阶段。第二种，就是资本主义发展是中等水平的国家进入社会主义，是不是也要经过类似我国的社会主义初级阶段呢？我认为可能没有初级阶段，或许有中级阶段。第三种，就是经济不发达的国家，像中国这样过去是半殖民地半封建的国家，由于生产力水平不高，社会生产力是传统的生产力，农村还是手工劳动，物质基础上还是"二元结构"。有一部分现代化的生产力，有大量的中世纪的生产力，甚至还有原始的生产力，生产力在地区之间差别极大，沿海地区有相当基础的现代生产力，在内地有相当落后的生产力。这样的国家由原始生产力进入现代生产力的跨度很长，这就决定社会主义经历的时间更长，任务更艰巨，要经过不同的阶段，特别要有一个初级阶段。

划分社会发展阶段的标准是什么呢？根据历史唯物主义，划分五种大的社会形态，应该用生产关系作为标准。当然，也不能脱离生产力。划分同一个社会形态的不同发展阶段的标准又是什么呢？那就首先要看生产力，但是也要看生产关系。社会是一个结构，把社会结构加以剖析，那么，一个社会首先归结于经济结构，就是生产关系；第二是物质结构，就是它的生产力的状况；第三是社会的政策、文化、思想意识等上层结构。任何社会都是由这三个方面所组成，经济是基础结构，生产力是物质结构，政治、思想、文化、意识就是上层结构，可见，一个社会结构是一种三维形态。某一个社会具体有什么样的特征，就要看这三维结构的具体性质和状况，而这三维结构当中，生产关系和生产力是最重要的，社会发展的不同阶段、时期，社会发生了变化，首先就体现在生产关系的变化上，而生产关系的变化又是来源于生产力。按照这样的思路来考察社会主义社会的发展，看社会主义社会处在怎样的阶段，就要看物质结构和经济结构的特征（当然也还需要考察上层建筑的特征），所以社会主义社会划阶段首先要考察生产力，也要考察生产关系，这是两个重要标志。

必须指出，把生产力作为划分社会主义发展阶段的标志，是有重要意义的。我们过去在观察社会主义社会时没有重视生产力这个标准，而是使用单一的生产关系标准。斯大林1936年宣布苏联社会主义建成，他使用的标准就是生产关系，既然是农村已经集体化了，生产关系公有化了，农村99%是公有化的生产，个体经济只占1%了，至于城市更是百分之百公有化了，私营经济、个体经济早就没有了，斯大林就由此宣布社会主义业已在苏联建成，他完全无视苏联当时社会主义充分的物质基础尚未形成这一事实。我国在1956年，社会主义改造取得基本胜利后，我们使用了社会主义制度在我国"基本建成起来"的提法，虽然没有使用社会主义"业已建成""实现"等绝对化的提法，但是，在对待社会主义的形成问题上，我们也是把生产关系作为唯一标准的。正因为不重视生产力标准，所以1958年，在农村生产力还十分低下，还谈不上有社会主义的物质基础，更没有社会主义的物质富裕的条件下，就认为应该向更大、更公、更纯的高级社会主义过渡，于是就搞人民公社化，刮共产风，搞"按需分配"，消灭商品交换和货币，甚至把进入共产主义作为现实目标。在当时，不少人心目中的共产主义，不过是吃饭不要钱，从生到老包下来，每顿饭后吃个水果，即饭后果的"共产主义"。人们没有注意到马克思主义的共产主义是以生产力如泉水一样地涌出、产品极大丰富为物质前提。而马克思主义的共产主义，也要最大限度地满足全体社会成员的不断增长的物质与文化生活的需要，要建造先进的科学技术为基础的现代生产方式，要形成现代的、高度文明的生活方式，要创造出自由人全面发展的物质条件、劳动条件与生活条件，这一切就必须是一个充分物质富裕的社会主义。可见，邓小平同志把生产力标准作为考察、评价社会主义的一个重要方面，这一观点恢复了马克思主义、科学社会主义的本来面目，是对几十年流行的关于社会主义的不科学的传统观念的一个纠正。

社会主义、共产主义形态，是比资本主义更高的社会形态，它全面高于资本主义，不仅在生产关系上，思想意识、文化水平上，而且在生产力水平上也必然将高出于资本主义形态。把社会主义只看成一个生产关系公有化，忽视它的生产力内容是不对的。原始公社是原始共产主义，生产资料也是公有的，分配是平均的，氏族内部人际关系是公正的，但原始共产主义毕竟是一种落后的社会形态，首先它的生产力极低。现代的共产主义是高级社会形态，它的生产力也要高于资本主义。我们在今天，在20世纪80年代来谈共产主义更是要坚持生产力标准，因为当代资本主义又有新的发展，不少发达的资本主义国家在60年代到80年代这20年中，又经历了生产力发展的高涨期，特别是一些原来比较落后的发展中国家及地区，生产力也有相当快的发展，如亚洲的韩国、中国台湾、中国香港、新加坡"四小龙"，劳动生产率的迅速提高，使资本主义国家出现了一个居民中产化的趋势，劳动群众中更多的阶层，收入水平、生活水平有所提高，中产化了。19世纪初期，资本主义工人阶级大面积急剧贫穷化的情况现在有所改变，现在社会主义是世界社会主义，是在世界经济中的社会主义，不是关起门来脱离世界经济的社会主义。社会主义国家处在世界经济联系之中，要和世界发生交流、往来，我们的人民需要了解世界，世界也要了解我们，这就会有鉴别、比较、竞赛、竞争。在当代世界条件下，建设社会主义，更加要求社会主义结构的全面发展和完善，要讲求社会主义全面"达标"，全面地超过资本主义，以发挥社会主义的优越性，因而就更加需要确立评价社会主义发展的生产力标准。强调生产力，不是说社会主义制度没有优越性，现代资本主义国家人士自己也说他们的制度不公正，他们贫富两极分化，穷人与富人的收入差距很大。社会主义国家的优越性是社会公正，这连西方人也是承认的，我们没有两极分化，虽然有差别，但不悬殊，现在有一些万元户，个别10万元户，但是在人口中是极少数，而且我们有办法加以调节，可以用超额累进税把高收入征掉，保持收入的合理差距。目前我们物质生产力很低，多数居民的收入不高，还属于温饱型，小康还没有达到，在物质生活条件和物质富裕上，社会主义的优越性没有显示出来，社会主义为人民开拓的富裕目标没有达到。缺乏物质基础，教育文化方面的优越性也不能显示出来，我们的人民群众思想觉悟素质较高，上层结构显然优越于资本主义。但是，目前我们的文化、教育还不如有些发达的资本主义国家。因此，社会主义应争取发挥全面的优越性，要在经济结构上、物质基础上、上层建筑方面都优越于资本主义。十三大有关论述，进一步深化了我们对社会主义的认识，给传统的社会主义概念添加了新的内容，使我们理解到：社会主义是一个全面优越的社会形态。一个成熟的社会主义就是要全面达标，邓小平同志指出：我们现在还不够格。就生产关系来说是够格的，有优越性的，但就物质内容来看，没有达到成熟社会主义的标准。具体说1981年人均总产值才283美元，1987年是480美元，在全世界排到110位，2000年可以达到800美元~1000美元，按每年7%~8%增长，2050年也只是4100美元，据估计还是排在70位~80位，只是世界中等水平。而1981年南斯拉夫是3040美元，西欧发达国家是1万多美元，美国、日本就更高了，我国台湾地区都近6000美元。因此，强调生产力，强调生产力标准，有很大针对性，是从我国社会主义的实际出发的。十三大提出评判社会主义的生产力标准，这是对社会主义的很大贡献。

根据我们国家生产力的具体情况，我国社会主义的发展，在所有制的改造结束以后，就必须有一个发展生产力的、摆脱贫困的时期，要由温饱型进入小康型，然后再达到世界中等水平，在中等水平达到以后，我们才能向更成熟的社会主义发展阶段前进。在中国社会主义发展中，1956~2000年为脱贫进入小康阶段，2000~2050年属于小康阶段，2050年以后是进一步发展社会主义物质基础，使我国生产力和物质富裕达到世界的前列的时期，然后是超越发达的资本主义国家的时期，只有在超越了发达资本主义国家的物质生产力以后，我们才能说真正地进入了成熟和高度富裕的社会主义。基于中国解决发展生产力任务的艰巨，我认为中国的社会主义很有可能要经过中级阶段再发展到高级阶段。我们在社会主义、共产主义建设上与其看得容易一些，毋宁看得艰巨一些；时间与其看得短一些，毋宁看得长一些。有的同志讲，时间那样长，共产主义太渺茫。我觉得1958年提出"共产主义是天堂，人民公社是桥梁"这些口号，尽管可以一时激动人心，但不过是社会主义速成论的幻想，我们想尽早进入共产主义，但是我们要立足于现实。10亿人口的国家要完成当代现代化，任务的艰巨性可想而知。我们希望早一点，但是我们的工作要更稳一点，今后不能再折腾。

四、社会主义初级阶段经济结构的特征

社会主义初级阶段是指中国社会主义建设中要经历的阶段，不是泛指一切社会主义国家的，不是说苏联以及东欧国家都要经过一个初级阶段，这是他们的事情。苏联、东欧一些国家认为他们已经是发达的社会主义，波兰认为他们是过渡时期的后期，社会主义初级阶段这个概念是指中国的，是中国初始期的社会主义所具有的特殊的规定性。社会主义初级阶段的特征是生产力的水平低，社会主义物质基础不充分，社会主义经济结构不成熟。我们说我国属于社会主义初级阶段有两层意思：一是已经是社会主义，二是社会主义还不成熟。1956年以来我国经济结构已经是社会主义了，具有社会主义的本质特征——实行公有制和按劳分配。我国社会是社会主义的社会，这是一个不用争辩的历史事实；但是另一方面，我们还是初生期的社会主义，社会主义的社会结构尚未完备，社会主义的经济机体还没有充分发育成熟，社会主义的经济机制还没有充分地发挥作用，社会主义的本质特征和优越性还没有充分得到体现，一句话，我国社会主义还不完善、不成熟。如果再通俗地解释，就是无论是在社会主义经济结构还是社会主义上层建筑等方面，都还有较为粗糙之处，还有不少局限性，还不十分完善，社会主义还没有达到全盛与全面发展的时期，还存在一些旧社会遗留下来的、暂时需要保留的、今后需要消灭的东西。当然不是说"初级阶段是个筐，什么都可往里装"，不是说违法乱纪、贪污盗窃、腐败现象是初级阶段的必然，初级阶段需要保存的是有利于生产力发展的东西，如私营经济。而贪污、腐败之类就是今天也是不能允许的，只不过由于我们的制度、法制还很不健全，教育没有提高，思想工作还没有做好，因而它就有了产生和蔓延的土壤。

社会主义初级阶段经济结构的特征是什么呢？可以用一句话来讲，就是社会主义经济没有那么纯、那么公。主要表现是所有制结构以公有制为主体的多样性的所有制结构，其中包括个体、中外合资、国家资本主义性质的经济，外国独资经营，还有私营经济。这种多样性结构表明公有化还不完全和不彻底。另外，以按劳动分配为主体的多样分配结构，社会主义初级阶段承认合法的非劳动收入，例如股金收入、私人房租收入、银行存款收入等非劳动收入，但却是以按劳分配为主体。公有制和分配结构中的不纯性，表明社会主义还没有占领一切阵地，私有制生产关系及其残余尚未最终被消灭，这不是传统社会主义政治经济学教科书上说的公有制经济独占统治的纯社会主义。传统社会主义政治经济学认为，过渡时期的任务就是要消灭私营经济和个体经济，建立起一个纯社会主义。今天看来，传统的过渡时期理论是不确切的，过渡时期的结束不在于消灭私营经济、个体经济，而在于确立公有制经济的主体地位。而且，从历史上看，任何社会在它的初始时期都是不纯的。17世纪英国资产阶级革命以后，英国进入了资本主义社会，资本主义确立了，法国1789年大革命后进入资本主义社会，但是英国和法国都还存在封建经济，资本主义社会是不纯的，资本主义经济是主体，但不是唯一形式。基于中国低下的生产力水平和中国的国情，我国社会主义初级阶段的经济结构是不纯的，在所有制上要利用个体经济，要实行国家、集体、个人一起上的方针，还要利用雇工经营的私营经济。温州地区在改革中，实行所有制多样化最早，取得成效最大。温州地区靠14万个个体家庭工业户、10万个个体商贩（供销员），不花国家的钱，1986年创造了70亿的工业产值；家庭经济发展，使人民收入和生活水平迅速提高。纽扣之乡的桥头镇，80%是万元户。每户收入4000元的占农村120万户人的30%~40%。1978

年温州地区（600万人）人均收入55元，1986年达到600元。温州近年来经济的发展，其支柱就是个体家庭工业和私营经济。个体的工业产值占温州工业产值的28%，全国个体经济占全国工业总产值的2.8%。温州有不少使用雇工的大户经营，叫作"三五牌"，就是50万资产、雇50个人、5万利润。但更多的是雇工8人~9人，一间房屋，前店后厂，店厂合一。这种私营小工业在几大场镇上成百上千。最近又出现叶文贵那样的雇工150人、上百万资产（产值1987年争取上千万）的私营工厂。温州的实践表明，允许个体经济、私营经济一定程度的发展，将有力地增强经济的活力，促使经济的迅速发展。

温州是姓"社"还是姓"资"这个问题几年来争论不休，但只要使用生产力标准，这一问题就不难得出恰当的回答。1987年6月份我到温州做调查研究，看到《浙江日报》有篇文章说"温州经济姓'社'不姓'资'"，论据是说温州的集体经济加国家所有制的全民经济其总产值居然占总产值的70%以上。对这一统计我表示怀疑。我认为要论证温州经济是姓"社"还是姓"资"不需要这样论证，因为全民所有制经济为主导，不必拘泥于一个县，甚至地区，在经济后进地区，应从更大范围，例如全省看。如果像《浙江日报》那样去讲，哪一天个体经济与私营经济占了产值的半数以上，那么不就姓"资"了吗？那样论证，实际上束缚了自己的手足。私营经济在今后看来是二重性的，有发展生产力的这一面，这一面是主导，也有消极作用，例如收入差距会拉大，有一定剥削；另外，唯利是图的观念也会增长，在意识形态发展上有消极影响。但是，今天的私营经济和过渡时期是不同的，国营经济已占据主体并能进行有效的调节、管理，发展私营经济不可怕。允许私营经济一定程度的发展，有弊有利，利多弊少，私营经济是社会主义初级阶段难以避免的，因为既然有了个体经济，又实行商品经济，个体经营者就可以利用市场去找原料、资金、劳动力和其他生产资源。个体经济的发展可以走社会主义联合的道路，也可以走雇工经营的道路，要充分发挥个体经济扩大再生产的积极性，就必须允许它从事私营，否则，个体经济的发展就会受限，生产者行为就会扭曲化。我们认为温州扩大再生产曾遇到阻碍，人们不把收入用来积累，进行扩大再生产，而是拿来进行高消费或者用来修坟造墓。这与人们不敢多雇工，怕戴资本主义帽子直接有关。要充分发挥个体经济的积极性，就既要调动他们走集体联合的道路的积极性，又不能阻碍他们从事私营经济。

我认为，还需要确立社会主义初级阶段经济结构多层次的概念。我国是一个幅员广大的国家，生产力发展极不平衡，各地的经济不一样，上海、沈阳等发达地方可以是经济结构的高层次，作为主体的全民所有制经济在经济结构中比重大。经济落后地区要允许个体经济和私营经济多一些，这些低层次都是社会主义初级阶段经济结构的内涵。内地经济比较落后，四川老少边贫困落后地区，就应大胆发展低层次的经济。为了增强我国国民经济的活力，我们在所有制问题上要摆脱"纯公有制"的思想，要解放思想，大力推进所有制结构的多样化。

五、社会主义初级阶段要大力发展社会主义的商品经济

社会主义初级阶段的根本任务是发展生产力，为此，要大力发展社会主义商品经济，走商品化、社会化、现代化的路子，而发展商品化是实现社会化、现代化的必要途径。商品化是不可逾越的，因为商品化才能促使自给自足的自然经济解体，只有商品化才能发展专业化和发展分工。只有商品经济提供的盈利的刺激，才能促使农民去冒风

险、改进技术，实行专业化和机械化。商品经济是由中世纪传统生产力转变到现代化生产力的一个重要杠杆。美国、新西兰、澳大利亚，这几个国家的历史都很短，它们的近代资本主义经济是18世纪才开始的，100多年前，这些国家还在使用马车和马拉农具，而现在都高度现代化了。以私有制为基础的资本主义现代化，是由资本主义商品经济推动的，我国在1956年以后一段时期内，经济发展缓慢，是因为没有在公有制基础上利用商品经济。我们应该看到，在公有制基础上，发展和利用商品经济，可以取得比资本主义更大的成效，因为，我们不存在资本主义基本矛盾，不存在周期性的生产过剩危机。在公有制基础上，形成一个商品经济的机制，使千百万个企业自主经营、自我积累、自我发展，采用竞争机制的自行推动和国家的计划调节，社会生产力将会得到迅速的发展。发展社会主义有计划的商品经济，这是我们当前最重要的任务。为此，就要深化改革，要把是否有利于有计划的商品经济发展作为进行改革的标志，在当前要深化国营企业的改革，为商品经济的充分发展构筑微观的基础，要进一步实行以公有制为主体的多种所有制。另外，还应大力发展社会主义市场体系，改进和加强国家的宏观调控。

社会主义国家的经济职能[①]

　　按照马克思主义的国家学说，国家是社会分裂为阶级以后的产物。国家首先是一个政治实体，它是一个阶级对另一个阶级的政治统治，国家的这种作为"政治国家"的本质体现在监狱、法庭、军队、警察等实行暴力镇压的国家机构的职能活动之中。但是，国家机构除了它的政治统治与镇压的根本职能外，还具有经济的职能：对宏观的社会经济生活实行管理、调节与组织的职能。这一职能产生于人民群众共同的经济生活以及共同的社会生活的需要。由于人类的生产从来都是社会群众性的生产，是劳动者在分工体系中互相依存和互为条件的社会结合的生产，这种生产需要有某种共同的物质前提。例如，社会性的农业生产必须要有共同使用的水利灌溉系统，社会结合的生产还必须保持某种与生产力水平相适应的社会分工结构，使生产活动和多方面的社会需要相适应，这种生产的比例性是社会再生产的必要经济前提。此外，任何社会（无论是阶级社会，还是无产阶级的社会）生产过程与社会生活过程都存在着人与人之间的多方面的矛盾，人们

---

① 见《社会主义经济理论新探》，四川人民出版社，1988年。

必须确立某种共同的活动准则，规定某种社会共同的（在阶级社会中很大程度是阶级的）权利与义务，以便把这些矛盾约束、规范在一定界限内，这是社会经济生活得以正常运行的社会前提。社会生产和生活的物质的、经济的和社会的前提，不可能是自发地形成的，而是要有一个社会机构来加以规划与组织。在阶级社会中，对社会共同生活的组织与调节，是由一定的国家机构来承担，并成为它的经济职能。可见，历史上的国家除了表现为执行政治的职能活动外，还存在一定的经济职能[①]。

一、国家经济职能的产生和发展

社会主义对共同经济生活的组织与调节，可以追溯到国家产生以前。在氏族公社末期，社会分工和生产社会性有所发展的条件下，氏族机构就已经开始了承担某些经济生活的调节与管理的职能。这种对社会经济生活的组织与调节，在古代东方村社的社会生活中亦已表现出来。马克思说：在印度公社中除了“从事同类劳动的群众以外，我们还可以看到一个‘首领’，他兼任法官、警官和税吏；一个记账员，登记农业账目，登记和记录与此有关的一切事项；一个官吏，捕缉罪犯，保护外来旅客并把他们从一个村庄护送到另一个村庄；一个边防人员，守卫公社边界防止邻近公社入侵；一个管水员，从公共蓄水池中分配灌溉用水；一个婆罗门，司理宗教仪式；一个教员，在沙土上教公社儿童写字读书；一个专管历法的婆罗门，以占星家的资格确定播种、收割的时间以及对各种农活有利和不利的时间；一个铁匠

---

① 在这种意义上，人们也可以说国家具有政治国家和经济国家的二重性。

和一个木匠，制造和修理全部农具；一个陶工，为全村制造器皿；一个理发师，一个洗衣匠，一个银匠，有时还可以看到一个诗人，他在有些公社里代替银匠，在另外一些公社里代替教员。这十几个人的生活由全公社负担"①。这里，我们可以清楚地看见古代亚细亚各公社已经有个社会机构。它既履行某些强制性的政治职能，又承担经济管理（分配灌溉用水，组织劳动分工）和提供经济服务（提供气象信息服务、农具修理服务等），承担文化宗教管理（教育儿童）等职能。在这里，尽管真正的国家尚未完全形成，但已经可以看见复杂的社会化经济生活中的政府机构发挥经济职能（以及文化职能）和把经济管理与服务结合起来的雏形。

国家的经济管理职能，在古代东方国家有较为鲜明的表现。古代东方国家（包括中国、印度、巴比伦、埃及等）早期经济的发展与河流有着十分密切的关系，河流的冲积区域以及水力灌溉成为较高的农业生产力和世界历史上最早出现的古代东方奴隶制的自然基础。东方国家很早就承担了修筑、维护与管理、使用水利设施的经济职能。"在这里，农业的第一个条件是人工灌溉，而这是村社、省或中央政府的事。"②"那些通过劳动而实际占有的公共条件，如在亚细亚各民族中起过非常重要作用的**灌溉渠道**，以及交通工具等等，就表现为更高的统一体，即高居于各小公社之上的专制政府的事业。"③"在印度，供水的管理是国家权力对互不联系的小生产组织进行统治的物质基础之一。"④我国自战国以来，政府机构也承担了兴修水利的职能，

①　《马克思恩格斯全集》第23卷，人民出版社，1972年，第396页。

②　《马克思恩格斯全集》第28卷，人民出版社，1973年，第263页。

③　《马克思恩格斯全集》第46卷（上），人民出版社，1979年，第474页。

④　《马克思恩格斯全集》第23卷，人民出版社，1972年，第562页（注6）。

如魏国有魏文侯时西门豹的水利工程，秦始皇时有郑国渠的修建，而秦太守李冰时期政府建成的都江堰水利工程，则可以说是中国古代政府经济职能的活的化石。在中国的古代和中古社会，维持与开拓水利灌溉和实行其他的"劝农"措施，一直是封建重农的经济政策的主要内容。

恩格斯指出："在东方，政府总共只有三个部门：财政（掠夺本国）、军事（掠夺本国和外国）和公共工程（管理再生产）。"[①]如果说，政府机构最早的经济管理职能表现在对公共工程的管理中，那么，在商品经济发展起来以后，对市场商业活动进行的某种形式的干预与调节，就成为政府的经济管理职能的新内容。由于商品经济所固有的市场机制会带来市场价格的暴涨暴跌，并由此损害生产者和消费者的利益，如中国古代与中古社会经常有谷贱伤农的事。伴随着商品经济的发展而产生的商人资本与高利贷资本，不仅用囤积居奇、抬高市价、高利盘剥等手段来剥削农民，严重地削弱和侵蚀作为封建生产方式基础的农民经济，而且也侵犯封建地主阶级的消费利益。因此，在商品经济较发达的奴隶制国家或封建国家，政府往往要采取某种在一定范围内管理与调节商品经济的措施。例如，很早以来中国的政府就曾采取：（1）确立国家铸币权和由政府管理货币流通；（2）实行盐铁国营，以抑制商人的财产积累和土地兼并；（3）政府采取各种措施（如两汉的平准、均输）以平抑物价；（4）限制商业资本家的高利贷活动。这些措施都是为了将商品经济约束于不损害封建生产方式的范围内，以保证地主制经济机体的正常运行和巩固封建所有制。这可以说是世界历史上政府机构发挥其管理与干预商品经济职能的最早表

---

① 《马克思恩格斯全集》第28卷，人民出版社，1973年，第293页。

现。但是，在前资本主义社会中，由于生产的孤立性、劳动手段的个人性和生产单位之间的隔绝性，生产者共同的经济条件尚限制在较狭窄的范围内，因而政府的经济管理职能是不发达的，特别是前资本主义社会的自然经济性质，使商品经济主要限制在城市经济范围内，它还不可能破坏作为封建生产方式基础的农业与手工业的结合，因而封建社会的政府对市场商业活动的管理职能是较为简单的，它被限制在较为狭窄的范围内。

政府经济职能的增强，是资本主义经济诞生期的现象。在原始积累时期，以国家的暴力为基础的殖民制度、国债制度、现代税收制度和保护关税制度等，在加速资本的早期积累和雇佣劳动者的形成中，曾经起过十分显著的作用。马克思指出："所有这些方法都利用国家权力，也就是利用集中的有组织的社会暴力，来大力促进从封建生产方式向资本主义生产方式的转变过程，缩短过渡时间。暴力是每一个孕育着新社会的旧社会的助产婆。暴力本身就是一种经济力。"①

国家的经济作用和管理职能，是随着经济条件的变化而变化的。在资本主义生产方式确立后，除了那些实行保护贸易的国家——国家要通过制定保护关税率和津贴工业品出口——政府要发挥其保护初生期的资本主义经济职能而外，一般说来，实力增强了的私人资本主义企业要求不受国家干预而自由活动，而国家经济职能的扩大则意味着私人（包括资本家）税收负担的增长，这是与资本家对利润的私人占有相矛盾的。因此，在资本主义自由竞争时期，资产阶级国家较少干预经济，政府基本上不进行宏观的管理，政府机构的经济职能被限制在维持和保证市场机制自由地发生作用的条件上。例如，确定与维护

① 《马克思恩格斯全集》第23卷，人民出版社，1972年，第819页。

企业的法人地位，维护私人所有权，保证经营合同和各种契约的实行，颁布有关商品标准化、商标等的法令，对商品掺假和欺诈等现象课以罚金，以维护自由贸易的秩序，等等。在这一时期，自由放任成为资产阶级政治经济学的信条，亚当·斯密就宣扬一个无须政府干预而依靠价值规律自发作用，使资本主义经济顺利地运转和形成尽善尽美的资本主义秩序。他说：资产者"受着一只看不见的手的指导，去尽力达到一个并非他一意想要达到的目的。……他追求自己的利益，往往使他能比在真正出于本意的情况下更有效地促进社会的利益。"①社会流行的观念是："管得最少的政府是最好的政府。"

资产阶级政府经济管理职能的加强，是当代垄断资本主义的新特征。20世纪资本主义进入垄断资本主义阶段以来，由于资本主义生产方式基本矛盾的深化，资产阶级不得不放弃自由放任的传统做法，而依靠政府机构大规模地干预经济，也就是通过经济外的即上层建筑的国家力量，来对处在尖锐矛盾中的一蹶不振的国民经济进行调节，实行"输血""打气"，刺激和推动它再一次高涨。

对宏观经济实行调控，是当代资产阶级政府的经济职能的重要内容。自从30年代大萧条以来，发达资本主义国家根据凯恩斯的经济理论，实行了各种各样的稳定经济，维持"充分就业"的国家垄断资本主义的措施。这主要是采用各种经济杠杆对宏观经济进行间接调控。一是财政、税收和政府支出成为调节宏观经济的杠杆。国家财政作为经济调节器而发挥作用，是当代资本主义的新现象。在自由资本主义时期，税收仅仅是用来维护国家机器、城市公用事业，而在政府采取干预经济的国家垄断资本主义措施的历史条件下，财政税收成为了重

---

① 亚当·斯密：《国民财富的性质和原因的研究》下卷，商务印书馆，1974年，第27页。

要的经济调节器，资产阶级国家通过强化税收职能，采用赤字财政政策，通过大规模政府开支来撑持市场，刺激经济，维护一定的经济增长和减少失业。二是货币供应和信贷成为调节宏观经济的手段。资产阶级政府通过货币政策，例如通过中央银行的各种活动（货币发行、贴现率的制定、公开市场政策等）来调节货币流通和信用、控制和调节币值，由此来影响投资和储蓄、进出口状况，从而刺激或是抑制经济的增长。总之，通过各种经济调节杠杆，来对宏观经济（国民生产总值、总就业、价格水平、工资水平、进出口状况等）进行调节与控制，已成为政府发挥经济作用的主要内容。

政府不仅进行宏观经济的调节，而且在某些情况下也对微观经济进行干预和管理。如对某些产品实行固定价格，对某些生产资料实行限额。自从30年代大萧条以来，在农业生产过剩导致农产品价格下跌、农民收入激减的条件下，美国政府采取了对谷物生产实行规定限额的奖惩政策。这种对农业领域的微观经济进行直接干预，战后在西欧国家也曾实行，西欧资本主义国家还对某些不景气的生产部门实行国有化。当代资本主义政府机构的经济职能已经超越了保证私人企业从事资本主义生产与经营的共同经济条件的范围，经济的不稳定和空前严重的危机，迫使政府对多方面的国民经济活动进行间接的调控和直接的干预，从而使政府机构的经济管理职能获得了前所未有的发展，成为支撑资本主义经济运行的杠杆。

当代资本主义政府的经济作用，还表现在政府通过财政支出来为当代高度发达的社会化大生产和社会生产活动创设条件上。（1）生产社会化的发展，需要有各种基础设施，如信息设施（电话、电报）、交通设施（高速公路、地铁、机场、车站）、下水道和其他民用设施等。这种作为企业生产与居民生活的共同条件的发达的基础设施，有必要由政府来加以规划、协调与管理。（2）控制和消除公害、排除污染、环境保护等涉及生产利益和居民共同利益的事业，要由政府来推动、组织和兴办。（3）科学技术这种一般社会生产力的发展，不仅由于它涉及整个社会的教育与科技水平的提高，涉及各个企业科学研究单位的协同劳动，从而需要由政府在全社会范围内来规划、组织和配套，而且由于现代新兴科学技术的发展，如原子能、计算机技术、宇宙航行、遗传工程等的研究和应用于生产，必须有极其庞大的现代化实验手段，需要巨额资金支出，从而需要依靠政府的力量。（4）用以形成熟练劳动力和培养科学技术人员的庞大队伍的现代教育事业的发展，需要由政府来统一安排与组织。（5）现代化的文化体育活动与旅游事业的发展，也需要有统一的规划与组织，如野生动物园、自然保护区、旅游区的开辟等，都有必要借助政府的力量。

在生产社会化获得高度发展的条件下，社会生产所必要的共同物质技术条件和共同精神条件（科学与文化教育）进一步发展了，共同的社会生活条件也进一步发展了。这种社会化大生产的共同条件的形成，也就成了资产阶级国家机构的经济职能的一项内容。

基于以上所作的历史的简要考察，历史上的国家尽管在本质上是暴力镇压机器，但它总是兼有经济管理的特性，经济管理职能从来是政府机构职能的一部分。更确切地说，国家这一暴力机关还要代行为任何发达的社会生产所不可少的经济管理职能。随着生产社会化向更高梯级发展，社会生产与社会生活的共同条件在内容上也将进一步发展和扩大，政府机构的经济职能就有强化的趋势，这可以说是社会现代化的共同规律。

二、阶级社会中政府机构的经济管理职能的性质与作用

在阶级社会中已经开始出现的政府机构的经济管理职能，绝不是中性的、超阶级的社会管理和对社会全体成员提供平等的社会经济服务（以及文化教育服务）。根据马克思主义的国家学说，国家是实行阶级镇压的政治机器。历史上各个不同类型的私有制社会的生产关系的性质，决定了履行这种阶级镇压职能的国家的特点，它或者是奴隶主压迫奴隶的政治机构，或者是封建主压迫农奴的政治机构，或者是资产者压迫工人阶级的政治机构。在阶级社会中，政府机构的经济管理职能也是属于阶级压迫与统治的根本政治职能的。这就是说，政府机构进行经济管理的目的，是为了加强某一特定阶级的政治统治与经济剥削，而不是旨在促进生产发展与社会进步，其管理经济的方法、措施和范围也要受到国家的阶级本质所制约。政府基于剥削阶级的利益和要求，在某些时期采取的经济管理方法可能有利于生产力的发展，也可能引起生产力遭受破坏。例如，中国封建政府对灌溉与水利事业的兴办，其目的是为了生产和增加封建地租，稳定封建主阶级的政治统治；其所采行的一些对市场物价的管理、限制高利贷以及各种抑商措施，则在于阻抑和防止商业资本对农民经济与城市经济的破坏，使农民"安土重迁"固着于土地，以维持封建制度的秩序。尽管封建政府机构的经济管理职能，在一定历史条件下曾经起着恢复农民经济的作用，但由于其经济管理活动是着眼于强化对封建地租的榨取，因而最终又会导致农民经济的恶化和农业生产力的破坏。特别是中国封建政府运用行政力量来压抑商业资本，必然会阻抑商品经济的发展，强化自然经济秩序，阻碍新的生产关系的产生和发展。可见，封建政府对经济的干预与管理的阶级本质，决定了它只能对社会经济

的发展起束缚与桎梏作用，这正是造成秦汉以来中国封建社会长期延续的一个重要因素。

在资本主义社会，资产阶级政府经济管理的作用也是二重的。一方面，政府的经济管理与调节作用的强化，对社会再生产和经济的发展表现出积极的影响。它表现在：（1）政府在促使生产力诸要素的形成与结合中的作用大大增强。在当代资本主义生产社会化高度发展的条件下，政府机构业已直接参与生产过程，成为生产力发展的重要杠杆。一些资产阶级政府采取了重视文教和科学技术事业的发展政策，收到了促进生产力迅速发展和国民经济起飞的效果。（2）政府调节资本主义生产关系与生产力矛盾的作用增长。当代资产阶级政府的经济管理和对经济生活的干预，不仅涉及资本家阶级内部的关系（资本主义企业主相互之间的关系，垄断资本家与中小资本家相互之间的关系，资本主义国家相互之间的关系，等等）的适当调节，而且由于它采用了对私人企业征收税收（包括高额的资本利得税）和提高社会福利开支（工人的抚恤金、退休金、社会免费教育及其他公开的医疗和社会福利开支），因而它包括了对资本主义分配关系的一定的调整。这种在表层的生产关系范围内的调整措施，可以使生产关系与生产力的矛盾获得某些暂时的缓解，使生产力有一定的发展余地。但必须看到，当代垄断资本主义条件下政府经济作用的增强，政府机构对国民经济实行管理与调节的职能的发展，并未能改变资产阶级国家作为暴力镇压工具的本质。资产阶级维护资产者政治统治的本质，还渗透于政府机构的经济管理活动之中。当代资产阶级国家之所以采取十分发达的干预与"管理"经济的措施，一是为了"缓解"危机，"修补"业已老化和运转不灵的资本主义经济机器，有效地实行政治统治。二是为了保证本国垄断资产阶级榨取剩余价值的条件，最大限度地进行剥削。

　　资产阶级政府机构经济管理的上述政治内容与经济内容，决定了它们所实行的干预私人经济活动的调节措施，都是被严格规定在不影响资产阶级的基本经济利益、不改变企业的经济独立性的狭窄范围之内。资本主义社会所固有的、至高无上的资本家私有制和以此为基础榨取剩余价值的经济自由，决定了政府的经济作用的局限性，资本主义的自发性的市场机制更使政府的有限的调控职能显得软弱无力。从根本上说，资本主义经济制度是以经济运行的盲目性和无政府为特征，无论政府采取怎样的调节经济的措施，也不可能改变资本主义制度的无政府的根本性质。即使是那些第二次世界大战后实行了比较发达的"经济计划"和采取了较为广泛的经济调控措施的国家，在经济发展中仍然不能摆脱周期性的危机，更谈不上实行计划经济。可见，以凯恩斯主义为基础的西方的"宏观经济学"所大肆宣扬的政府经济管理职能的神妙作用，说实行"大政府"（big government），扩大政府职责（responsibility），加强政府经济的管理，消灭了危机和失业，带来了经济的稳定，实现了公平的"收入分配"，都是毫无根据的。

　　综上所述，阶级社会中政府的经济职能具有二重性，它既具有社会化生产的组织作用，又具有加强经济榨取的作用。当代资本主义的特征是：政府的经济职能的发展与强化，政府越来越采取措施干预经济，对宏观经济进行调节和参与社会化生产的共同条件的创设，是为了维护、巩固和增强资本家对剩余价值的榨取。资本主义政府的经济职能具有局限性，它无力控制市场机制的作用，更不能赋予资本主义经济的运行以计划性，因而它不可能成为推动社会生产力发展的杠杆。

三、社会主义国家的经济管理职能

在社会主义制度下，国家对国民经济进行管理的必要性在于：

第一，社会主义再生产过程内在的比例性与社会主义商品经济运行一定的自发性的矛盾，决定了自上而下的宏观管理的必要性。只有通过作为全体人民代表的国家的宏观管理与调节，才能实现各个基层生产与经营单位的经济活动的协调，维持社会再生产固有的比例关系，保证整个国民经济的顺利运行。

第二，社会主义生产资料公有制的特征以及市场机制的作用，还存在各个企业（包括全民、集体、个体联合的企业）之间的利益的差别与矛盾，全民所有制内部也存在着国家、集体（企业）、个人利益的差别与矛盾。这种利益的差别与矛盾表现在企业之间的收入差别和劳动者之间的收入差别之中，既包括基于社会主义经济规律的合理差别，也包括一些偏离社会主义原则的不合理差别，因此需要由代表全社会利益的国家来对社会主义利益关系进行自觉地与经常地调节，以实现和经常维护社会主义中联合劳动者的利益的统一性。

第三，社会主义的根本任务是发展生产力，而社会生产力的迅速发展有赖于形成最佳的社会再生产比例关系（包括国民收入中的积累与消费的比例，农业、轻工业与重工业的比例，物质生产与服务部门的比例，传统的产业部门与新兴产业部门的比例，等等）；有赖于提高劳动者的智力水平与熟练程度，增大脑力劳动者的比重，形成社会劳动力的最佳的结构；有赖于正确处理与安排物质生产投资与智力投资的关系，特别要为利用世界最新科技成果创造各种物质条件、社会条件与精神条件，因此必须要有国家的统一的科学规划，有计划地安排、组织、管理和调节。

上述进行宏观经济管理的任务是国家机构的一项基本职能。就是说：社会主义国家机构除了要履行无产阶级专政的政治职能而外，还必须履行组织、调节与控制宏观经济的职能。加强和有效地发挥国家的经济组织与管理的职能，这是社会主义的经济建设新时期生产力迅速发展的重要前提，是社会主义商品经济有计划、按比例发展的根本保证。特别是社会主义国家在进行经济体制改革中，如果放开、搞活不是与加强政府的宏观调控相并进，甚至在实行开放时不适当地削弱国家的经济职能，取消政府机构对经济生活的指导、调节和控制，那就会出现某种管理"真空"，经济活动的自发性和盲目性就会滋长和泛滥，社会主义经济的运行就会离开正轨。

社会主义国家的经济组织与管理职能，具有与历史上一切国家的经济组织与管理职能不相同的特征。

第一，它是服务和造福于全体社会成员的社会主义性质的国家经济管理。社会主义政府对国民经济管理具有二重性：一方面它是以社会化大生产为基础的社会生产力的组织形式；一方面它体现了在对宏观经济进行调节、控制中的国家、企业、个人之间的社会主义关系，实质上是生产资料公有制基础上的联合劳动者之间的互助合作关系。这种政府对生产力要素和结构的组织和对宏观经济的调控的目的，是保证社会主义生产迅速地发展，增进全体社会成员的福利。因此，它是人类历史上未曾有过的崭新的宏观管理，它与体现资本家对雇佣劳动的剥削和大资本对生产利益的独占的资产阶级政府的经济管理，成为鲜明的对比。

第二，作为国民经济有计划运行的内在契机和必要前提的国家经济管理。资本主义国家的经济管理，不论它在当代取得了怎样的发达形式，按其本性来说它带有经济外的干预性质，而不是经济运行的内在契机。这是因为资本家私人所有制及其他体现的至高无上的私人利益要求赋予企业活动以完全的独立性。不受外在力量干预的经济自由和实行自由放任，从来是自行运动和自我调节的资本主义经济的信条，即使是在当代国家的经济管理职能有了重大发展的条件下，我们也不难看出国家的经济管理和企业自由活动的本性的矛盾是难以调和的。这就决定了资本主义国民经济管理只能是国家对私人的经济活动的一种有限度的"干预"（interference）和卷入（involvement）。因此，资产阶级政府除了在特殊而非常的（如战争时期）条件下可以实行范围较广和较为严格的经济统制外，一般情况下政府机构的国民经济管理只是体现了国家对经济活动的一种指导和来自外部的影响，它根本不具有计划经济的性质。即使是资产阶级政府采取某种较为严格的干预经济的"计划性"（planning）政策，它对经济活动的调节和控制也顶多涉及经济中的局部领域，并不具有全面的和真正的"有计划管理"的性质。

社会主义经济是以生产资料公有制为基础，企业活动所体现的社会公共利益决定了它的活动从属于国家计划调节的可能性，企业的经营独立性也具有相对性，它绝不是排斥外来干预的经济自由，因而社会主义国家的经济管理与企业的自主经营之间不存在不可克服的矛盾。社会主义国家的宏观经济组织与管理活动，由于能够保证再生产的基本比例协调，从而成为宏观经济和微观经济（企业经济活动和个人经济活动）得以顺利进行的先决条件，是用来实现现代社会化大生产所必要的一种组织劳动。可见，在社会主义条件下，国家的国民经济管理不是外来的"干预"，而是社会主义经济顺利运行的内在要素和必要前提。这也是社会主义国家的经济职能所以能够得到最充分发展的原因。社会主义国家的经济管理不仅仅是涉及国民经济局部领域，而是对国民经济活动总体的调控，它是真正的宏观经济管理。国家通过制订体现客观经济规律要求统一的经济计划，通过直接计划机制与市场机制，运用经济杠杆、行政手段以及法律手段来指导、影响和约束微观领域的经济行为，把社会预定的计划变成企业自觉的活动，从而实现国民经济的有计划按比例发展。只有这种公有制经济中的国家经济管理才真正具有计划管理的性质，从而社会主义经济才成为计划经济。

第三，用以形成社会结合劳动的生产力的国家经济管理。社会主义经济是立足于生产社会化的基础上，它体现了一种超出个体生产力和企业生产力的高度发达的社会结合劳动的生产力。这种社会结合劳动生产力的形成和发展，有赖于国家发挥经济组织与管理职能。在资本主义制度下，政府发挥这种社会结合劳动生产力的组织者的作用是十分狭窄的。而社会主义国家则能够通过它的发达的经济管理职能，有效地发挥组织社会结合劳动生产力的作用，实现生产力的诸要素（生产资料、劳动力、科学技术）的最佳结合。例如，通过政府机构所从事的科学的经济管理，借助对全社会生产资源在各个地区之间、各部门之间、各个不同技术水平的企业之间的合理配置，形成一个最佳的国民经济结构，就能使社会获得一个远比不合理的国民经济结构高得多的生产力水平。社会主义国家的宏观经济管理已成为总体的社会生产力形成的内在要素和重要杠杆，而国家组织结合劳动生产力的职能获得最充分的发展，正是社会主义社会生产力能得到迅速发展的一个重要原因。

第四，调节社会主义利益关系的国家经济管理。以公有制为基础的社会主义商品经济，是以劳动者之间根本利益的一致为特征的。但是，这种具有利益统一性的社会主义商品经济运行中，市场机制的作用会带来企业之间，从而劳动者之间的收入的较大差别，因此社会主义经济仍然存在着复杂的利益差别，存在着国家、企业和个人之间的多种多样的利益关系。这就要求国家发挥其经济管理职能，正确地调节各方面的利益关系，充分调动包括国家、地方、企业和个人的社会主义积极性。社会主义生产关系的优越性，并不是在人们建立起生产资料公有制以后就能够自然而然地得到充分的表现。在这里，具有决定意义的是要找到一个能够正确处理好国家、企业与个人之间的利益关系的国民经济管理体制。实践表明，在以商品生产与交换为基础的国民经济管理体制下，加强国家的宏观管理，特别是采取经济手段来进行指导和调节，就能够做到正确处理好各方面的利益关系，达到既增强社会主义经济的效率与活力，又维护分配的社会主义性质的目的。可见，加强社会主义国家的经济职能，有效地发挥国家作为经济利益调节器的作用，能使社会主义有计划的商品经济获得永不衰竭的动力。

第五，具有高效率和高效益的国家经济管理。当代资本主义国家所采取的各种各样的经济管理措施，尽管也能够在一定程度上实现它们的政策目的，但它不可能解决资本主义经济的基本矛盾，使资本主义经济持续地稳定增长，这就表明资本主义国家的经济管理职能缺乏效率。资本主义国家的经济管理机构越来越臃肿庞大，各项行政费用日益增多，为实现调节经济的各项政府支出日益浩繁（如美国政府开支往往占国民生产总值的1/5，北欧某些国家的政府开支在国民生产总值中的比重更大），因而政府的经济管理包含了社会财富的极大浪费，谈不上有效益。

只有社会主义国家的经济管理才具有高效率和高效益的特征。高效率，意味着政府的经济管理机构搜集信息全面和迅速，对经济形势的判断准确，经济决策及时，经济计划科学，调节手段完备，集中表现为国家能够经常地对宏观经济实行有效的调控与校正，使之符合国家计划的要求。在生产资料公有制确立，从而国家与企业（以及个人）之间的关系发生新变化基础上借助完备的经济管理机构，通过完善的国民经济管理体制与管理方法，社会主义国家完全有可能实现高效率的国民经济管理。高效益，指的是国家实行经济管理中耗费少、效果大，它表现在组建各种管理机构能贯彻精兵简政原则，形成国家管理功能与生产劳动之间的合理比例，实现管理费用的节约，以及计划管理卓有成效上[①]。国民经济管理的高效益，是以国民经济管理的高效率为基础。

四、建立适应发展社会主义商品经济的、以间接调控为主的管理模式

社会主义国家机构的经济管理的新特征，并不能随着社会主义生产关系的建立而自发地实现，它必须要有一个适应社会主义有计划的商品经济的性质和要求的经济管理的组织机构和正确的经济管理方法。也就是说，要正确地解决适合于社会主义经济性质的国民经济管理模式问题。

世界社会主义国家（包括我国在内）在社会主义工业化过程中，都曾经建立起高度中央集权型的国民经济管理模式。这一传统的国民经济管理模式具有下述特征：

第一，政府实行大包大揽，决策权高度集中。政府不仅统一管理

---

① 这种高效率和高效益的宏观管理劳动，是实现社会主义生产目的，发挥直接生产效果的内在契机和必要前提，因而完全有理由将它列入生产劳动范畴之中。

宏观经济，而且也直接管理微观经济。如在生产活动的管理上，国家不仅直接规定各个部门的生产总量（总产值），而且采用层层分解指标的方法，直接规定处在基层的企业生产总量（产值）；在基本建设管理上，国家不仅规定国民收入中的积累基金量，而且由此出发，层层下达和规定各企业单位的基本建设指标；在消费基金管理上，国家不仅直接确定国民收入中的消费基金量，而且层层下达和规定各企业单位的工资总额。可见，这是一种把宏观经济与微观经济不加区别和将二者一齐管住的国家经济管理模式。

第二，主要依靠实物指标来进行管理。国家通过直接计划机制给企业下达各项实物性的指标，计划的作用主要在于安排和保持再生产过程中的各项实物平衡。而长期以来，在计划管理中实行"国民经济综合平衡"，主要就是建立起这种再生产过程中的总量和个量的实物"平衡"。

第三，主要运用行政手段来进行管理。政府采用带有强制性的指令性计划来管理经济，不重视和不运用经济手段的调节作用。对企业经济活动的管理是建立在下级服从上级发布的指令、指示的基础上，国家行政管理机构与企业之间是一种命令与服从、上级与下级的关系。它意味着表现在政治领域中国家强制力在经济管理中的普遍应用。这表明它是一种带有统制经济性质的国民经济管理模式。

社会主义国家经济体制改革的经验表明，国家的经济管理是与社会主义经济的本性——有计划的商品经济相适应的，是那种以宏观经济为管理的主要对象，以经济杠杆为主要调节手段，以间接调控为主要特点的国民经济管理模式。

国家的经济管理所以要由原来的直接计划管理转到以宏观经济为主要对象，是因为随着经济体制的改革，经济转到商品经济模式，企业成为实行自负盈亏、自主经营的独立或相对独立的商品生产者。在市场机制的作用下，企业的自主经营、自我扩张、自行调整成为新的经济运行机制的重要契机。显然，国家对国民经济的计划管理必须适应商品经济运行模式的性质与要求：既要保证国民经济运行的计划性，又要使企业活动立足于经营自主和从属于市场机制的作用基础上，因而有必要采取国家集中力量主要着眼于解决和保证国民经济的基本比例的协调，而对企业、个人的经济活动即微观经济实行放开，即不对它实行直接干预的计划管理方式。例如，在经济增长上，国家规定和控制国民经济增长幅度（一般是中期和长期的经济增长速度），而不必规定每年的绝对增长率；在工资分配上，国家规定和控制每年工资总额和增长幅度，而不必对每个企业规定绝对的工资总量；在物价管理上，国家管理和控制物价总水平，而不是由国家来规定每一种商品的价格；在劳动管理上，国家控制就业总水平和劳动力使用的主要比例，而不是直接规定每个企业的职工总数和劳动力的调动。

采取上述的计划管理方式，表明国家的经济管理发生了新的变化：（1）国家进行经济管理的直接对象不再是企业，而是以宏观经济为主要对象。（2）国家履行经济管理的职能，不是用硬性的计划指标来束缚企业的手脚，而是对宏观经济进行控制，保证重大基本比例的协调，同时对企业实行放开。（3）国家对宏观经济的调控主要是通过经济手段，必要的行政手段以及运用法律手段，对企业的微观活动（以及个人的经济活动）的影响、调节和指导则主要借助市场机制的作用。

当代西方经济学在关于资产阶级国家的经济职能[①]问题上，存在到

---

① 西方经济学称之为政府的作用（the role of government）。

底是实行"大政府"好还是实行"小政府"好的激烈争论，在社会主义经济思想发展过程中也存在关于社会主义制度下国家的经济职能应强化或是应削弱和消亡的争论。基于国家（或社会中心）的经济管理是由于组织社会生产和生活的共同条件所必要的这一论点，就谈不到社会主义公有制经济中（甚至共产主义公有制经济中）国家经济管理职能的消亡。因为，随着社会主义商品经济进一步获得充分地发展和生产社会化水平得到不断的提高，现代社会生产力的物质结构和经济结构会越来越复杂。为了保持社会再生产的比例性，为了有计划地组织和管理高度社会化的生产力，克服商品经济运行机制中难以避免的盲目性，和在市场机制作用下正确地处理和调节社会主义利益关系，还需要有一个居于基层生产单位之上的国家来发挥经济管理的职能。因此我认为，无论就理论上来说，或是从现阶段社会主义有计划的商品经济的需要来说，我们都应该确立社会主义国家的经济管理职能需要发展和加强的命题。

但是，不能把国家的经济管理职能的发展和加强理解为国家对经济生活管理越多越好。国家的经济管理机构主要应该强化对宏观经济的管理。这就是要建立、发展和完备用来进行宏观控制的各种管理机构与组织体系，完善由各种经济杠杆、法律杠杆和必要的行政手段组成的调节机器，大力充实、提高用来开动和掌握这一调节大机器的专业队伍的数量与质量，等等。而国家对企业微观经济进行直接管理的权力则应该削弱，主要权力应该交还给企业。

实行间接调控方式为主的新的管理模式，国家直接从事经济管理的范围要适当，避免国家对企业管理权力的"侵犯"。由于主要借助经济手段来进行调控，通过自觉利用市场机制来影响和指导微观活动，避免了企业消极地服从上级命令的状况，因此，它能够有效地调动企业自主生产的积极性和发挥价值规律的调节作用。在这种调节方式下，国家不再使用行政强制力来指挥和控制企业的活动，这并不意味着国家的经济调控能力的削弱。恰恰相反，由于依靠了市场机制与经济利益的作用，使强大的经济力被纳入调节机制之中，从而大大增强了国家调节和控制的力量，它会带来运用行政强制力（指令性计划）所不可能有的管理效果。可见，在经济体制改革中，实行简政放权及其他政府机构组织体系和活动方式的改革，实现国民经济管理从以直接调控为主的模式，向以间接调控为主的模式的转换，在本质上并不是削弱社会主义国家的管理功能，而是使国家作为社会主义经济的组织者和社会主义经济运行的调节者的职能，能够真正得到有效的发挥。这是社会主义商品经济繁荣发展和社会生产力迅速发展的根本保证。

论社会主义制度下的生产劳动
与非生产劳动①

一、社会主义制度下生产劳动概念的内涵

研究社会主义生产劳动的问题，要以马克思的生产劳动理论为指导。马克思的生产劳动理论把生产劳动作为劳动的社会规定性与劳动的物质生产性的统一，从这一论点出发，我们就要把社会主义生产劳动看作是物质生产性与特殊的社会规定性的统一。社会主义生产劳动既具有生产劳动一般的物质规定性，又具有作为它的本质特征的、由社会主义生产关系所赋予的特殊社会规定性。这样，社会主义生产劳动就体现出区别于历史上的生产劳动，特别是区别于资本主义生产劳动的崭新的特点。社会主义制度下的生产劳动，具有以下三方面的规定性：

① 原载《财经科学》1982年第1期。

（一）社会主义生产劳动是直接满足社会多方面需要的劳动

生产资料社会主义公有制产生了新的生产目的——最大限度地满足社会全体成员不断增长的物质和文化生活的需要。社会主义生产劳动就是用以实现社会主义生产目的的劳动，它包括生产直接用来满足劳动者的生活消费需要的消费品的劳动，也包括生产用来满足社会生产发展需要的生产资料以及国家管理和国防所必要的各种物质资料的劳动。总之，在社会主义制度下，凡是创造和提供出一个社会使用价值——包括直接地满足人们需要的消费品，间接地满足人们消费需要的各种生产资料及其他社会需要的物质资料——的劳动就是生产的。简言之，提供和生产社会使用价值以满足社会需要就是社会主义生产劳动的本质特征，它与以创造剩余价值和生产资本为本质特征的资本主义生产劳动存在根本的差别。

社会主义制度下的社会使用价值，具有由社会主义生产关系所决定的新的社会需要赋予的新的特点。社会主义的社会需要，最根本的是劳动人民的物质与文化生活的需要，这是具有高度觉悟、高度物质文明和精神文明的劳动者的健康的、丰富的社会生活与个人生活的需要，它不同于资本主义生产关系与资产阶级生活方式下社会生活需要所固有的腐朽的、不健康的性质。因此，社会主义制度下的社会使用价值也就有它的特点，它必须用以满足社会主义劳动者的健康文明生活所需要的各种使用价值，那些损害摧残劳动者身心的、不健康的、不文明的、适应资产阶级腐朽生活需要的东西，当然不是社会主义的社会使用价值。而生产这些物品的劳动，比如生产大麻叶、鸦片烟、黄色书刊、赌具、迷信用品的劳动不是社会主义生产劳动。另外，社会使用价值，必须以产品具有满足广大消费者和用户的生活需要和生产需要的效用为前提。它要求消费品品质好、款式新颖，要求生产资料效率高、寿命长，如果生产出不符合规格的废品或次品，以及花色陈旧、质量低劣的冷背商品，或是效率低、性能差、不合格的各种机器设备与原材料，这些产品尽管花费了劳动，并可计入产值和列入国民收入，但由于它不符合用户需要，缺乏真正的使用价值，没有销路，往往只能在仓库内睡大觉。显然地，用于生产这种产品的劳动，严格意义上讲就不具有真正的生产性。此外，社会主义制度下的社会使用价值，就消费品来说，必须是适应各个时期广大劳动群众普遍需要的产品，必须是与社会最广大劳动者的消费方式与消费构成相适应的生活资料、发展资料及享乐资料。如果产品不适应群众现实的生活水平与有购买力的需要，例如生产大量奢侈品、高级消费品，比如在我国当前群众的消费水平还较低的情况下，过多地生产家用空调设备、电冰箱、电炉、小汽车，这些产品超过了人民现实的购买力从而缺乏市场，这种劳动也就不具有真正的与充分的生产性。就生产资料来说，它的社会使用价值以它具有能满足社会生产的实际需要的性质与效用为前提。例如，生产出来的机器设备必须适应现有企业的技术基础，要能适应企业的设备更新的要求，如果生产出的机器设备技术陈旧，不适应设备革新的需要，或者是一味追求先进技术，脱离社会的现有技术基础，以致这种设备无用武之地被闲置起来，那么用于生产这些生产资料的劳动也是缺乏真正的生产性。在社会主义制度下，那种违反国民经济有计划、按比例发展规律的要求，从事于盲目生产或重复生产，被使用于生产只能闲置起来的生产设备与生产能力的劳动，显然地，也是不具有真正的生产性的。此外，社会主义的基本建设必须具有必要的经济效果才能说具有社会使用价值。那些长期不能竣工投产的胡子工程，或由于建设时期过长，以致竣工后生产技术过时又得用新的建设来加以取代，用于这种基本建设的劳动，既不能满足当前生产发展的需要，又不能充分满足今后发展生产的需要，这种劳动不能说是具有真正的与充分的生产性。总之，社会主义制度下，区分劳动的生产性的标准，在于这种劳动是否具有满足社会需要的性质，或是否是为了和能够创造一个社会使用价值。这个标准是由社会主义生产关系决定的，是从社会主义劳动者的角度和从社会主义生产的角度来看的生产劳动，它与资本主义制度下以能否生产剩余价值作为劳动生产性的标志是根本不相同的。可见，社会主义生产劳动体现了社会主义生产关系的特征，它是与社会主义经济相适应的崭新的生产劳动范畴。

（二）社会主义生产劳动是具有物质生产性的劳动

社会主义生产劳动的本质特征是它的直接满足社会需要的性质，但它另一方面还必须具有物质生产性，还必须具有生产劳动一般所固有的物质的内容。

在任何社会，人们多方面的生活需要，首先就是人们的基本生活的需要，即人们的衣、食、住、行等方面的需要。为满足这些需要，必须要有物质生活资料，从而必须有物质生产。恩格斯说："人们首先必须吃、喝、住、穿，然后才能从事政治、科学、艺术、宗教等；所以，直接的物质的生活资料的生产，因而一个民族或一个时代的一定的经济发展阶段，便构成为基础。"[①]社会主义制度下，劳动人民的生活日益富裕和福利的增长首先表现为物质生活水平的提高。社会主义社会是具有高度物质文明与高度精神文明的社会，而物质文明总是精神文明的基础，也是整个社会主义社会发展的基础，因而社会主义

---

① 《马克思恩格斯选集》第3卷，人民出版社，1972年，第574页。

生产的根本任务与基础便是物质财富的创造。

当然，社会主义国民财富中，精神财富是一个重要内容。特别是随着社会主义经济的迅速发展，人们对于文学、艺术、科技知识等精神方面的需要日益增长，这就需要有更多的精神财富。但是社会如果还不能生产出更丰饶的生产资料和物质的生活资料，也就不可能建造大量的用以满足人们精神需要的文化中心、艺术中心、科研中心、现代化的医疗设施等，所以精神财富的增长是以物质财富为基础的。就物质生产与精神生产的关系来说，物质生产是第一性的，精神生产是从属性的、第二位的。因而社会主义生产劳动满足社会多方面需要的性质，从根本上离不开劳动的物质生产性，如抛弃了劳动的物质生产性，满足社会和劳动者的需要就成了一句空话，可见，社会主义生产劳动的概念内涵仍然是劳动的社会规定性和劳动的物质生产性的统一。但是作为社会主义生产劳动的内涵的物质生产性具有不同于资本主义生产劳动的特点。因为，资本主义生产劳动的物质生产性是作为提供一个物质载体以及吸收剩余劳动，从而实现劳动的创造剩余价值的性质。而社会主义制度下，劳动的物质生产性则直接形成物质形态的社会使用价值，并且为非物质形态的社会使用价值的形成构筑基础。因而，劳动的物质生产性是作为总体的社会主义劳动所具有的满足社会需要的性质得以实现的根本前提。

（三）社会主义生产劳动是提供剩余产品的劳动

社会主义生产劳动还必须具有另一重规定性：生产出超过维持劳动者自身的生活消费的剩余产品的性能。剩余产品是物质产品中超出必要产品的余额，它是社会主义生产扩大和人们消费进一步增长的唯一源泉。生产剩余产品的性质，体现了社会主义生产劳动的量的规定性。

如果我们进一步地考察生产劳动一般，我们可以发现这一概念的完满的内涵，除了它的生产物质产品的质的规定性而外，还具有量的规定性，即物质生产的一定生产率。劳动是否具有生产性，不仅与生产什么有关，而且与生产多少有关。马克思在论述劳动生产率对于评价与区分生产劳动与非生产劳动的意义时，指出："有人说，一个劳动者，如果他的产品等于他自己的消费，他就是生产劳动者，如果他消费的东西多于他再生产的东西，他就是非生产劳动者，也就是从这个意义上说的。"①马克思这一论述，实际上阐述了生产劳动一般的量的规定性。

对于任何一个社会形态来说，生产劳动的社会规定性都是不能脱离劳动的量的规定性的。如资本主义生产劳动所固有的生产剩余价值的性质，在于劳动的生产物除了包含必要产品而外还存在剩余产品，在于劳动除了必要劳动而外还包括有剩余劳动。可见资本主义生产劳动的量的规定性是：劳动的生产率足以使劳动日除体现必要劳动时间而外，还体现有剩余劳动时间。马克思指出，如果工人的劳动效率使一个工作日只够维持一个劳动者的生活，只够把他的劳动能力再生产出来，只能够再生产即不断补偿他所消费的价值（这个价值额等于他自己的劳动能力的价值）而不能生产一个剩余价值，那么，"从资本主义的意义上来说，这种劳动就是不生产的，因为它不生产任何剩余价值"②。

关于社会主义生产劳动的量的规定性，马克思也曾经加以论述，他说："假定不存在任何资本，而工人自己占有自己的剩余产品，即

---

① 《马克思恩格斯全集》第26卷Ⅰ，人民出版社，1972年，第143页。
② 《马克思恩格斯全集》第26卷Ⅰ，人民出版社，1972年，第143页。

它创造的价值超过他消费的价值余额，只有在这种情况下，才可以说这种工人的劳动是真正生产的。"①这段话明确说明，在社会主义制度下，只有创造一个超过必要产品的余额的劳动才是真正的生产的。如果人们只生产一个仅仅足以维持自己及其家庭的生活资料，对于一个小生产者来讲，可以说是生产的；而对于一个社会主义的劳动者来讲，就不可能是真正生产的了。因为这样的劳动不能实现社会主义生产的目的，社会主义是人类社会历史发展的高级形态，它的生产目的的实现，表现于人们的消费水平逐年地、不断地提高，他们的生活日益富裕，他们的不断增长的、多方面的需要都得到日益充分的满足。显然地，这就要求社会主义劳动具有提供出一定量的剩余产品的必要的生产率。因为剩余产品是进行不断的社会主义扩大再生产并在此基础上不断地提高全体社会成员的消费水平的物质前提。只有能提供剩余产品的社会主义劳动，才是增长社会主义社会国民财富的劳动，才是增进全体社会成员的生活富裕的劳动。如果人们从事的劳动不能保证必要的生产率，不能提供剩余产品，即使这种劳动生产出产品，但是它只能补偿现有的社会生产消费和维持现有的社会消费水平，这种劳动就无助于推动社会的发展繁荣和增进人们的幸福，就不能实现社会主义生产目的，这种劳动就不具有真正的生产性。

社会主义生产劳动不仅是能生产剩余产品的劳动，而且还要求生产的剩余产品有必要的数量。社会主义的剩余产品是劳动者年生产的总产品扣除补偿基金及归直接生产者消费的必要产品后的剩余部分。从价值形态来说，它是社会新创造的价值，即国民收入扣除V后的剩余部分，即M。社会主义制度下的必要产品不同于资本主义制度下的必要

---

① 《马克思恩格斯全集》第26卷Ⅰ，人民出版社，1972年，第143页。

产品。资本主义的必要产品取决于劳动力的价值，工人得到的V，不能超过劳动力价值的界限，这是资本主义剩余价值规律决定的，在社会主义制度下，直接从事物质生产的劳动者得到的V，就实物形态来说，是一个不断变动的变量，确切地说是一个增量，它表现为：第一年度的V，第二年度的$V+V_1$，第三年度的$V+V_1+V_2$… 这是社会主义基本经济规律作用的必然表现。这个$V+V_1+V_2$… 的不断递增，要求社会主义扩大再生产不间断地和迅速地进行，要求有足够的积累，这样就要求年剩余产品是一个增量，即M，$M+M_1$，$M+M_1+M_2$，… 更具体地说，社会主义劳动必须有这样的劳动生产率的增长，以致它的年剩余产品的总量，既能满足社会扩大再生产所必要的积累的要求，又能满足社会消费基金正常增长的要求。如果由于种种原因，劳动生产率不能得到应有的增长，就会引起剩余产品年增量的不足，其结果为了保证当前消费的增长就会限制生产的扩大，从而影响长远的消费的增长，或是在保证积累和扩大再生产的需要的情况下，就会直接牺牲当前消费的增长。这两种情况，都不能使社会主义生产目的得到顺利地和充分地实现。因而，这样的社会主义劳动就不能说是具有充分的生产性。

对生产劳动的量的规定性，人们是较少研究和未予重视的。我们认为，这也是当前研究生产劳动概念所必须加以讨论与阐明的。特别是明确社会主义生产劳动概念内涵包括生产剩余产品这一劳动的量的规定性，有着重要的实际意义。社会主义劳动的生产剩余产品这一规定性就要求人们在社会主义经济工作中对社会劳动生产率与年剩余产品增量予以充分的重视。为保证这一劳动效率，就要求大力地进行技术革新与技术革命，使劳动的物质技术装备日益增大；要大力地从事智力开发，提高劳动者的文化科学水平与技术的熟练程度，充分发掘与发挥劳动者的生产潜力；要大力地改进与完善国民经济的计划管理，改进产业结构，合理安排物质生产部门与非物质生产部门的比例关系以及物质生产部门内部的比例关系；要加强企业经营管理，健全全面的经济核算，节约物化劳动与活劳动，以降低成本，提高盈利，最大限度地提高经济效果；要竭尽可能地避免由于计划管理不善、社会总劳动分配不合理、产业结构失调引起的社会劳动浪费，以及由于企业经营管理不善、不讲核算、不计成本等所引起的社会劳动的浪费。总之，使组织在各地区、各部门、各个企业中的劳动力都能发挥他在生产中的潜力，使社会劳动生产率能够最迅速地和持久地增长。这样，才能保证和充分发挥社会主义劳动的生产性，避免某些时期、某些领域与环节中的劳动转化为不生产的。

归纳以上论述，社会主义生产劳动是创造社会使用价值的劳动，是物质生产性的劳动，是创造剩余产品的劳动。这三重规定性的统一，构成了社会主义生产劳动概念完全的内涵。

二、社会主义生产劳动概念的广延化

具有上述三个方面规定性的社会主义生产劳动，我们称之为狭义的，或原本意义的社会主义生产劳动。但是也必须看到社会主义劳动（这里指经济部门的劳动）并不是统统都同时具有上述三个特征。有的劳动只有生产劳动的最本质的特征——直接满足社会需要的性质——而不具有其他的规定性，比如它不生产物质产品。这样的劳动是否具有生产性？这就涉及社会主义条件下生产劳动概念的广延化，或广义的生产劳动问题。

在社会主义社会，生产资料公有制把各个职能不同的经济部门——物质生产、流通、生活服务等——联合成一个整体，这些部门成为社会主义国民经济大机器的一个有机组成部分和环节，因而，对于社会主义生产，有必要从整体的角度来进行考察，要把总体的社会生产看作是产品的生产，然后经过产品的运输、产品的销售，迄至产品进入消费领域的一系列依次递进的过程。一方面，物质产品创造出来以后，必须进一步通过由生产者向消费者手中转移的一系列阶段，产品只有经过这一系列的空间的与部门间的经济运动与周转，才能完成一轮社会生产和开始新一轮的社会生产，从而实现不断的社会再生产。另一方面，产品也只有通过这一系列的阶梯，它的使用价值才能由可能的使用价值转化为现实的使用价值，从而真正地实现社会主义生产的目的。如果说资本主义制度下，是从资本家的观点来看的生产目的，比如只要资本家生产的商品一旦脱手，并获得利润，尽管这一商品还是滞留在囤积居奇者仓库里待价而沽，但资本主义生产目的就是已经完全地、最终地得到实现。在社会主义制度下，则是从全社会的观点而不是从个别企业的观点来看待生产目的的。显然地，不能认为产品一旦创造出来就业已实现了这一目的。因为，未经过运输到销售地点的产品的使用价值还不是现实的使用价值，也不能认为产品由商业部门运到消费地点而尚未销售出去以前就已经实现了社会主义生产的目的。比如谁都知道没有销路的、在仓库中积压的物资，就不是真正的、具有现实意义的社会使用价值，马克思说："产品在消费中才得到最后完成。"[①]这一论述对于社会主义经济更具有特殊的意义。可见，社会主义生产目的本质本身要求人们考察社会使用价值形成与最终实现的总过程，要求人们不是从个别单位、部门的角度来考察它们的活动是否符合社会主义生产目的的要求，而是首先要从总体的角

---

① 《马克思恩格斯选集》第2卷，人民出版社，1972年，第94页。

度，来考察各个不同的生产单位、部门的劳动是否符合社会主义生产目的的要求。

从这样的角度出发，那么社会主义国民经济中，直接的工业、农业等物质生产部门的劳动就是直接地实现社会主义生产目的的物质基础，流通过程中的运输部门的劳动通过产品空间的变换来进一步地使产品真正体现社会使用价值，它是物质生产劳动在流通领域中的延续。

商业从业人员的买卖商品，用于销售、簿记、广告的劳动是为商品价值形态变化服务具有纯粹流通性质的劳动。由于它们不创造物质产品与国民收入，按照狭义的原本的生产劳动的概念，这种劳动是非生产性的。但是由于在存在商品生产的条件下，商业买卖劳动把已创造出来的产品转移到消费者（包括从事生产消费的企业）手中，使商品的使用价值——满足社会需要的有用效果得以实现，从而这种劳动不仅是社会有效的和必要的，而且是使物质生产领域的创造产品的劳动的生产性得以实现的必要条件。社会主义制度下，如果物质生产领域创造了大量劳动产品，而商业网点缺乏，从业人员不足，大量的产品将成为积压物资，甚至坏损，这时一部分劳动的生产性将部分地得不到发挥，从而不能成为具有现实经济意义的生产劳动。而如果社会产业结构中，商业部门具有最优的规模，物质生产领域的劳动的生产性就能得到最充分的表现，这种非物质生产领域的劳动，成为实现和发挥物质生产领域的劳动的生产性的直接契机，正是从这种意义上，我们把它称之为广义的生产劳动。这种生产劳动概念的广延化，乃是生产资料公有制基础上产生的统一的、总体的社会主义生产在生产劳动范畴上带来合乎逻辑的新变化。

生活服务部门的劳动，它一般不生产物质形态的使用价值，而是提供一个日常消费生活的服务。除了某些纯服务，即只提供一个非产品形态的有用效果，如理发、洗澡以及文娱演出、体育表演等而外，许多生活服务是实现物质消费品消费所必要的劳动。因为，消费品一部分是可以直接进入人们的消费生活的，如成衣、快餐等。某些消费品需要进一步加工才能进入最终消费，如菜蔬、食品要加工，布料要裁剪制作，而耐用消费品在消费过程中还要有经常性的清洁、维修劳动，如房屋要清扫、粉刷，庭院花木要剪修。因而许多消费品进入现实的消费必须有相应的辅助劳动，没有这样的辅助性劳动，消费品的使用价值就不能发挥或不能充分发挥，甚至还会很快坏损而丧失使用价值。社会主义制度下的生活服务部门的劳动，许多是为发挥、保护和延长消费品的使用价值的。衣服的清洗织补，房屋的清扫维修，家用电器和气具的修理等部门的劳动，保持消费品的性能良好，使它的使用效果更大，使用时间更久，这样就可以说，这种服务性劳动相对地增加社会使用价值。因而，如果社会主义产业结构十分合理，为发挥和维持物质消费品的使用效果的服务行业有最优的规模，它不是影响和削弱了物质生产，恰恰相反，它却正是使物质生产劳动有更大的经济效果，可以说它大大增强了物质生产领域劳动的生产性，正是在这种意义上，可以认为这种服务性劳动具有某种生产性，并把它归入广义的生产劳动。特别是现代化的服务业与资本主义发展初期的服务业不同，现代化的服务业不是纯服务而往往是服务与商品销售相结合，服务与物质消费品的消费相结合，服务与物质生产相结合。如餐厅、旅店既提供生活方面的纯服务，还进行某些食品的加工生产，如厨师的劳动就带有物质生产性（商业部门的许多劳动也有类似情况）。物质生产日益向服务业渗透，是现代社会经济中的一种发展趋势。考虑到这种情况，那么，服务部门的劳动就不仅是相对地增加社会使用价值，而且某些方面还绝对地增加社会使用价值，这是我们称它为广义的生产劳动的又一理由。

　　某些服务性劳动是直接作用于生产力的人身要素，用于维持与提高劳动力的质量，保证劳动力的再生产的。如医生的服务，给劳动者治病健身，它不仅修复劳动力这架有生命的机器，而且增强人们的体质，延长劳动力使用时间，这样就直接加强了生产的主观因素——人的生产力，并由此对物质生产起直接的促进作用。当然，医疗单位是属于社会的消费领域，为生活消费服务的机构，我们不能把医生的医疗保健性的服务混同于物质生产劳动，但是要看到当代现代化大生产的发展，显示出日益地把医生的服务（起码是厂医的服务）纳入企业生产的必要条件的趋势。特别是社会主义制度下，医卫人员越来越密切地为物质生产服务，卓有成效地成为促进物质生产的发展、促进劳动生产率提高的直接动因，所以，我们说这种直接为物质生产领域劳动者服务的医卫人员的劳动已带有某些生产性，并把它归入广义的生产劳动的范畴。

　　科学技术部门的工作中的那些与物质生产密切结合，并直接影响物质生产的部分，他们的劳动如工程技术人员的劳动，本身就属于结合的物质生产劳动的一部分。由于当代科学技术不断地和更迅速地转化为直接生产力，即使是从事应用技术和应用科学研究的科学家，甚至是某些从事理论研究的科学家，在他们的研究成果能够迅速地转化为直接生产力的条件下，他们所从事的研究性脑力劳动也是具有不同程度的生产性，从而应该将它归入广义生产劳动的范畴。同理，教师的劳动，在它能比较迅速与直接地提高劳动者的文化水平和技术操作的熟练程度，从而直接地增强劳动生产力（指劳动者的劳动能力）的范围与限度内，也应该属于广义的生产劳动的范畴。

　　归结起来，我们认为：

在社会主义制度下，除了原来的与狭义的生产劳动概念而外，还存在广义的生产劳动概念，这种广义的生产劳动具有社会主义生产劳动的社会规定性——直接满足社会需要的性质，但是却缺乏生产劳动一般的特征，即它是非物质生产领域的劳动。

所谓广义的生产劳动，不同于履行某一种社会主义社会职能的劳动，如履行上层建筑部门职能的政法机关、军队的劳动，后者都是社会主义社会的必要的和有用的劳动，但它们属于非生产劳动，而不是广义的生产劳动。广义的生产劳动是指那些能够使物质生产得以顺畅进行，或是直接地增强生产力诸因素的能量与效率，直接促进物质生产发展的非物质生产部门的劳动，是那种转化和成为物质生产的契机与动因的劳动。能否归入广义的生产劳动，要以它是否具有上述属性为条件，而不能简单地以经济部门或职业部门作为划分标准。例如我们不能说服务劳动都是广义的生产劳动，因为纯消费性的服务就不属于生产劳动。此外，科学研究领域中的不能迅速地与直接地转化与增强生产力的因素的那些纯理论研究性的劳动，也不具有生产的性质。因此要划定不同部门的多样的社会主义劳动是否具有生产性，就必须对这种劳动与物质生产的相互关系进行具体的分析。

广义的生产劳动尽管直接促进物质生产，但是它毕竟不是直接的物质生产，是非物质生产部门的劳动。在商品生产存在条件下，它不形成价值与剩余产品价值，这些部门的劳动的收入属于国民收入的分配与再分配。因而，不能将它们实现的收入计入国民生产总值。从这里也表明，社会主义制度下的广义的生产劳动是原本的、狭义的生产劳动的派生与衍化的形态。

三、非物质生产领域的劳动向生产劳动转化和渗透是现代化大生产的必然趋势

在社会主义制度下，随着社会主义现代化的发展，生产劳动出现了两种趋势：一方面，物质生产领域中的劳动向非物质生产领域中的劳动转化。因为随着社会大生产的发展，物质生产领域的劳动生产率相应提高，其节约的劳动就有可能向非物质生产领域的劳动转化。如果物质生产领域的劳动生产率水平低，人们就不得不把更多的劳动时间用于物质生产，要发展非物质生产的众多的部门就是困难的。在当前我国农业劳动生产率很低的情况下，就得用4/5的农业人口搞饭吃。随着农业现代化的发展和农业劳动生产率的提高，就可以腾出更多的人手来从事服务、文化科学活动，更多的物质生产领域中的劳动将向非物质生产领域中的劳动转化，这样才能满足全体社会成员日益增长的和多方面的生活需要。另一方面，随着社会化大生产的发展，又出现了非物质生产领域，甚至非生产部门的劳动向物质生产领域劳动的渗透。现代化的社会生产中的劳动分工与协作的新的特点，决定了原来不具有生产性的劳动，由于密切地与物质生产相结合并促进生产，从而也取得了不同程度的生产性。

从历史上看，自然科学家的精神活动在生产力很低的社会发展阶段，主要是非生产的劳动。因为那时的自然科学的发明与发现，实际上很少影响现实的生产，如中世纪的科学技术成果同农业、手工业生产没有什么联系，并不曾及时转化为直接的生产力。这种科学活动与生产劳动脱节的情况，是由历史上的生产与技术落后的生产方式所决定的。现代化的大生产，使科学领域的精神活动同物质生产直接相关联，特别是自然科学向物质生产领域的渗透越来越显著。某些从事研

究应用科学与应用技术的脑力活动，直接从精神生产中分化出来，日益地向生产劳动转化。这种非物质生产的劳动向生产劳动的接近、渗透和转化，是现代化生产的重大特征与必然的发展趋势。

可见，社会主义的劳动具有复杂的形态，它表现为各个不同领域、部门的劳动组成的社会劳动体系。每个部门的劳动都是有其特殊职能。我们不能把一切社会劳动都看成是生产劳动。例如，不能把国家机关、警察、军队的劳动，人们的社交活动、家庭生活、个人文娱活动作为生产劳动。这些活动虽然既不提供社会使用价值，它的成果也不参加社会经济周转，它们是非生产性劳动，但是却是社会主义必要的与有用的劳动，而在成熟的与发达的社会主义阶段，这种非生产性的劳动甚至要更加发展。因而，把一切活动都混同于生产劳动是错误的。

但是另一方面，我们也不能不看到某些原来的非生产活动，例如某些科学技术性的脑力劳动，现在已经带有一定的生产性，成为广义的生产劳动的一个组成部分。看不到这一点，就忽略了现代科学技术的发展以及社会生产条件的变化在社会主义生产劳动形态上所带来的新的变化。只承认物质生产领域的劳动是生产的，不承认与物质生产密切结合的文化科学部门与文教单位的脑力劳动带有某些生产性，就不能阐明现代化大生产条件下一些非物质生产领域的劳动的新特征。

关于生产劳动的几个问题[1]

在如何划分社会主义制度下的生产劳动与非生产劳动的问题上，窄派强调生产劳动概念内涵是生产物质产品的劳动，从而主张生产劳动限于物质生产领域的劳动；宽派强调生产劳动是指劳动的社会规定性而与劳动的内容无关，从而主张生产劳动应包括除了国家政法、军队以外的所有的经济与文教部门的劳动。我认为，这两种观点都是不全面的。我谈几个有关问题，请同志们批评指正。

一、生产劳动概念的含义

什么是生产劳动，它与劳动的区别与联系何在？窄派的某些同志认为，"生产劳动是什么劳动创造物质财富的问题"[2]，孙冶方同志也说："生产劳动和非生产劳动，指的就是物质生产劳动和非物质生产劳

---

[1] 原载《中国经济问题》1982年第2期。

[2] 徐书文：《马克思的生产劳动学院》，《经济研究》1981年第10期，第35页。

动。"①我认为，这种观点是把生产劳动与劳动或物质生产混为一谈了。

在马克思主义政治经济学中，生产劳动与劳动是两个既有联系又有区别的概念。马克思说："劳动首先是人和自然之间的过程，是人以自身的活动来引起、调整和控制人和自然之间的物质变换的过程。"②劳动是人类社会活动的特殊形态，是社会经济活动中的基本实践活动，它区别于社会政治生活、文化、社交生活、家庭生活中的实践活动。我们说某人从事劳动这就是意味着他从事产品的创造而不是在游戏、跳舞或吃饭、休息，而生产劳动一词，即productive labour，按照严格的译文应是生产性的劳动，它是相对于非生产性劳动而言③，是指具有合目的性与有效果性的劳动。人们在劳动中总要关心这种生产活动的效果，要对劳动和它的效果进行比较和评价，要把那种实现当事人预期的目的和具有效果的劳动作为生产性的劳动，同时要把不能实现当事人预期目的、缺乏效果的劳动作为非生产性的劳动。例如，在不适宜农业的地方进行种植，在无水草之地从事放牧，往往不提供产品，或者提供产品不能弥补生产者的物质耗费，人们自然地把这种劳动视为非生产性的。反之，实行因地种植，宜农则农，宜林则林，宜牧则牧，这种劳动增殖出纯产品，人们自然地把它视为生产性的，可见，生产性劳动概念不仅表明劳动的物质生产性，而且表明物质生产劳动的合目的性与有效果性。正如马克思所指出，生产工人的概念"包含活动和效果之间的关系"④。如果一个人从事某种加工性生产，

---

① 孙冶方：《关于生产劳动和非生产劳动：国民收入和国民生产总值的讨论》，《经济研究》1981年第8期，第16页。
② 《马克思恩格斯全集》第23卷，人民出版社，1972年，第201~202页。
③ 亚当·斯密：《国民财富的性质和原因的研究》，商务印书馆，1972年，郭大力、王亚南译本译为"生产性和非生产性劳动"。
④ 《马克思恩格斯全集》第23卷，人民出版社，1972年，第201~202，556页。

他是工人，但是如果他的这项加工性生产，劳动投入很大而效果很小，则这种劳动不具有合目的性与有效果性，因而，他就不是具有生产性的工人。

可见，如果为了表明人们在从事物质产品创造的劳动，用狭义的，即政治经济学所使用的劳动概念就够了。而人们所以要用生产性劳动这一概念，以及相对应的非生产性劳动的概念，则是为了进一步指出人们从事的某种物质生产劳动是否具有合目的性与有效果性。

先论述物质生产，即劳动，然后再进一步论述生产性劳动与非生产性劳动的区别，这种分析论证方法已见之于资产阶级古典经济学。重农学派把物质生产中提供"纯产品"的农业劳动称为是生产性的，而把工业劳动称为是非生产性的。亚当·斯密首先分析了作为国民财富的源泉的物质生产领域的劳动，他又把这一领域中那些能带来利润的劳动规定为生产性的劳动，进一步通过生产性劳动与非生产性劳动的概念，来区分与把握什么样的劳动才能使他们"变富"[①]，才能实现资本主义生产方式的生产目的。亚当·斯密把那既包括工业，又包括农业的劳动，只要它能给资本家带来利润，都视为生产性的劳动；另一方面，他又把家仆的劳动——尽管它的一部分也是具有物质生产性——视为非生产性的。马克思使用生产性劳动与非生产性劳动概念时，是批判地继承了古典学派的理论，将这一概念用于区分某种社会劳动的合目的性与有效果性，而不是用来区分物质生产性与非物质生产性。在马克思的政治经济学范畴体系中，劳动这一简单的范畴是逻辑分析的出发点，而生产性劳动与非生产性劳动则是继起的一对范畴，是第二级的抽象范畴，是作为进一步过渡向更加丰富的、现实的

---

① 亚当·斯密：《国民财富的性质和原因的研究》上卷，商务印书馆，1972年，第311页。

具体的劳动形态的中介。这可以图示如下：

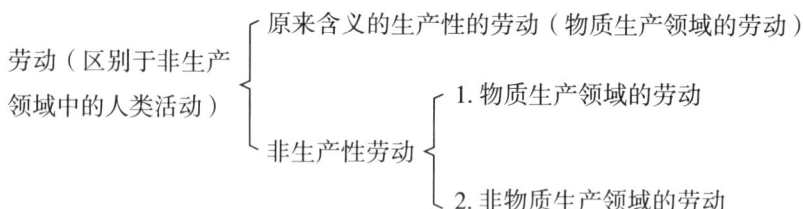

劳动（区别于非生产领域中的人类活动）
{
原来含义的生产性的劳动（物质生产领域的劳动）

非生产性劳动
{
1. 物质生产领域的劳动

2. 非物质生产领域的劳动
}
}

可见，（1）不能把生产劳动概念的内涵等同于物质生产。物质生产或劳动概念的内涵比生产性的劳动概念的内涵更广得多。（2）应该说，生产性劳动的问题，乃是什么样的劳动具有合目的性与有效果性的问题。生产性劳动与非生产性劳动之所以成为现实的经济范畴，正在于人们天然地关心劳动的效果，要区别它们从事的劳动的实现预期目的状况和程度，要把那种不合乎人们预期目的的劳动，即使是创造产品的物质生产劳动，也视为是非生产性的。因而，政治经济学的这一对理论范畴的现实意义正在于它为人们自觉地去组织生产，去调整与排除那些无效果的劳动（包括物质生产领域的劳动），使社会劳动的分配能更有效地实现生产当事人的生产目的。如果，把生产劳动概念的意义，仅仅说成是什么样的劳动创造物质产品的问题，那岂不是只要从事物质生产，创造出物质产品，就实现了生产者的目的？岂不是把那些缺乏使用价值，根本不能满足人们需要的产品的生产，或者那些质量差、耗费大、不能给当事人带来物质利益的生产，均说成是生产性的？岂不是凡是在做工的工人均是生产性的工人？显然，如果这样来确立与使用生产性劳动概念，这概念将是毫无现实意义的。而且，这样理解，不仅不符合马克思的原意，而且也落在资产阶级古典经济学家后面去了。

二、生产劳动一般的二重规定性

既然，生产性劳动不是任何劳动，而是那种具有特定的规定性，从而具有合目的性质与有效果性质的劳动，因而，我们有必要探讨作为生产劳动的特定规定性的内涵。

就生产劳动一般来说，它的特定规定包括二重内容：在质上，它表现为劳动的具有创造满足人们需要的物质形态的使用价值的性能；在量上，它表现为劳动具有创造出超过劳动者所消耗（包括生产的耗费与个人的耗费）的使用价值即提供剩余产品的性能。

从质上看，生产劳动必须是满足需要的劳动。因为，人类劳动的一般目的在于满足需要，"这个目的是他所知道的，作为规律决定着他的活动的方式和方法的"①。人类劳动目的的满足需要性质决定了劳动必须具有社会有用性，即创造出"一个靠自己的属性来满足人的某种需要的物"②的性能。创造为人们所需要的使用价值的性能，就表现为生产性劳动一般的质的规定性和物质前提。明确这一点，具有重要的意义。因为，这一命题表明，人们只是把那种合目的性的物质生产劳动作为生产性的劳动。如果人们盲目地进行生产，从而产品不对路，不适合人们的需要，或是产品质量低劣，不能满足人们的需要，或是某些产品过剩，大大超过人们的需要，这种劳动，即使是用之于物质产品的生产过程之中，但它也不具有生产劳动的必要的品质。

马克思从简单劳动过程的观点，给生产劳动所下的定义，已经指出了生产劳动的满足需要的性质。他说："如果整个过程从其结果的

---

① 《马克思恩格斯全集》第23卷，人民出版社，1972年，第202页。
② 《马克思恩格斯全集》第23卷，人民出版社，1972年，第47页。

角度，从产品的角度加以考察，那么劳动资料和劳动对象表现为生产资料，劳动本身则表现为生产劳动。"①窄派的同志往往引用这一段话来证明生产劳动就是物质生产劳动这一命题。其实，马克思这一段话并不是简单地说只要是创造产品的物质生产劳动就是生产劳动，而是说要创造一个具有使用价值的产品的劳动是生产劳动，这层意思可见之于上一段话："它的产品是使用价值，是经过形式变化而适合人的需要的自然物质。"②

生产劳动的规定性，不只是表现于质的方面，还有其量的方面，这即劳动具有产出的物质使用价值大于投入的物质使用价值（生产的耗费与劳动者个人的生活耗费）的性能，也即是提供剩余产品的性能。生产劳动的这一量的规定性，表现的是劳动及其效果的关系。不少同志在讨论生产性劳动概念时，忽视了这一概念的量的内涵，不曾注意到马克思提到的：只有具有一定生产率的，即具有必要的效果的劳动才是生产性的劳动③。

人们不仅要关心劳动的合目的性，而且要关心劳动的效果。马克思说："人们对生产生活资料所耗费的劳动时间必然是关心的，虽然在不同的发展阶段上关心的程度不同。"④这种对劳动的耗费的关心决定了人们要比较一个生产周期的劳动成果与劳动耗费，如把生产周期中的物质耗费小于生产成果，即剩余产品为正的那种劳动，作为有较充分的生产性，把那种生产周期中的物质耗费等于生产成果的那种劳动作为具有起码的生产性，又把生产周期中的物质耗费大于生产成

① 《马克思恩格斯全集》第23卷，人民出版社，1972年，第205页。
② 《马克思恩格斯全集》第23卷，人民出版社，1972年，第205页。
③ 参见《马克思恩格斯全集》第26卷Ⅰ，人民出版社，1972年，第143页。
④ 《马克思恩格斯全集》第23卷，人民出版社，1972年，第88页。

果，即剩余产品为负的生产作为非生产性。马克思说："有人说，一个劳动者，如果他的产品等于他自己的消费，他就是生产劳动者，如果他消费的东西多于他再生产的东西，他就是非生产劳动者，也就是从这个意义上说的。"[①]人们在生产中进行有用效果与劳动耗费的比较乃是一个自然的必然性，因为，在判定劳动的生产性的基础上，人们才有可能对他们从事哪一种劳动做出抉择，比如，人们在捕鱼获得的生活资料除了维持自己还有剩余，而狩猎却连获得起码的生活资料也困难的情况下，会视狩猎是不生产的，从而舍狩猎而就捕鱼。从这种人类历史上存在的社会劳动分配的自然趋势中，可以看出生产性劳动的量的规定性的作用。

总之，生产劳动一般的规定性是二重的，只有从上述劳动的质的规定性与量的规定性的统一，才能把握住生产劳动的完全内涵。

三、生产劳动的本质特征在于劳动的社会规定性

以上所指出的生产劳动的两重规定性，是作为生产劳动一般来论述的。由于人类的劳动总是在一定的社会关系下进行的，因而上述的抽象规定对于表现特定社会的生产劳动的特征是远远不够的。

历史上任何一个社会形态的生产劳动，都要受到这一社会生产关系的决定性的影响，从而具有新的具体的特点。就质的方面来看，说生产劳动是具有生产使用价值性质的劳动是不够的，而首先应该是具有满足由特定的社会生产关系决定的特殊生产目的性质的劳动。比如对于封建主义的生产来说，生产劳动就表现为生产地租的劳动；对于

---

① 《马克思恩格斯全集》第26卷Ⅰ，人民出版社，1972年，第143页。

资本主义经济来说，生产劳动就表现为生产剩余价值的劳动。因而马克思主义政治经济学评判劳动的生产性，不是以使用价值作为直接标志，而是以劳动产品的社会经济内容作为评判标志。例如，资本主义生产方式下，区分与评价劳动的生产性，不是劳动生产的使用价值大小，而是它创造的剩余价值的大小。在资本主义社会经济形态下，生产物的价值，更确切地说，生产出来的剩余价值乃是评价劳动的生产性的唯一标志，那些劳动，不管它怎样地被社会称颂为具有崇高与神圣的品质——如牧师与诗人的劳动，但是如果不能给它的雇主带来剩余价值，它就不具有任何"生产性"，而将在资本主义的经济机制中被淘汰与排斥；而另一方面，某些劳动，即使是具有遭受社会鄙弃的卑劣与邪恶的性质——如黑手党的劳动和为罪恶行为辩护的律师的劳动，只要它能为资本家带来利润，也就被视为"生产性的"。正是因此，马克思说，生产劳动是社会生产关系决定的，"劳动作为生产劳动的特性只表现一定的社会生产关系"[①]，是"同劳动的特殊效用或劳动所借以表现的特殊使用价值绝对没有任何直接关系的定义"[②]。

生产劳动的量的规定性，同样也要受社会生产关系的制约，如对于以直接满足自身及家庭的生活需要为目的的农民和手工业者的小生产来说，只要生产出来的使用价值足以抵补生产中的物质消耗而没有剩余，这种劳动也被视为具有起码的生产性。对于以生产剩余价值为目的的资本主义生产来说，这种劳动的具有以提供出剩余产品的效率才是生产性的。而在社会主义制度下，则只有具有提供出用于公益的社会剩余劳动性能的劳动才具有真正的生产性。马克思说："假定不

---

① 《马克思恩格斯全集》第26卷Ⅰ，人民出版社，1972年，第149页。

② 《马克思恩格斯全集》第26卷Ⅰ，人民出版社，1972年，第432页。

存在任何资本，而工人自己占有自己的剩余劳动，即他创造的价值超过他消费的价值的余额。只有在这种情况下才可以说，这种工人的劳动是真正生产的，也就是说，它创造新价值。"①

可见，生产劳动的二重规定性的社会性质，表明了生产劳动范畴是一个体现生产关系性质的经济范畴，而不是体现自然物质规定性的范畴。区分劳动的生产性或非生产性的标志本质上是社会的，而不是自然的。比如说，绝不是劳动具有物质生产性，能生产出产品，因此它就是生产性的。要看到，随着社会生产关系的变革，生产的社会性质不同，因而区分劳动是否具有生产性的标志也就不同。

在当前关于社会主义生产劳动问题的讨论中，某些同志为了阐明社会主义生产劳动具有物质生产的性质，却走向了强调生产劳动的一般规定性，认为只要生产物质产品就是社会主义生产性的劳动，而不是把生产劳动的质与量的规定性，均是作为社会与历史的规定性。这样，实质是用生产劳动一般的概念来取代生产劳动特殊的概念，这样的对生产劳动的理解，是与马克思把生产劳动作为经济范畴的基本方法相违反的。

马克思的有关论述，为我们当前考察社会主义生产劳动提供了科学的方法论。显然，区分社会主义生产劳动与非生产劳动，也应该从社会主义生产关系给社会劳动所规定与课加的崭新的本质特征与社会本性出发，即从劳动的直接满足社会全体成员的需要这一性质出发，而不能单纯着眼于劳动的物质生产性。如有的窄派的同志强调社会主义生产劳动的物质生产的性质，认为只要是具有创造物质产品和国民收入性质的就是生产劳动。其实，社会主义生产劳动的特征，单是劳

---

① 《马克思恩格斯全集》第26卷Ⅰ，人民出版社，1972年，第143页。

动的创造产品的性质是远远不够的，首先还要加上来自社会主义所有制的"最切近"的规定，要看这一劳动是否具有直接满足社会全体成员需要的性质。如果单纯着眼于劳动的生产物质产品的性质，那么，又如何能区分社会主义社会发展初期还存在的社会主义生产劳动与个体生产劳动以及带有残余的资本主义占有性的生产劳动（如国家资本主义性质的企业中的劳动）的界限？脱离或忽视劳动的社会规定性，单纯地或主要地从劳动的物质内容着眼来判别劳动生产性的方法，是比亚当·斯密的方法还更加落后。

四、劳动的生产性不能与物质生产性脱钩

如果说窄派的某些同志为强调生产劳动的物质生产性质，走向混同物质生产与生产性劳动概念，那么，宽派的某些同志完全否认生产性劳动所不可缺少的物质生产的基础，认为只要能实现某种社会生产的目的，不论是物质生产领域的劳动还是非物质生产领域的劳动——除了警察、士兵的劳动而外——统统是生产性的劳动。如有的同志认为在社会主义制度下，"一切能满足社会消费需要的劳动，都是社会主义的生产劳动"。这种劳动的生产性可以完全与劳动的物质性脱钩的观点，我认为又走到了另一个极端。

那种认为生产性劳动可以与劳动的物质生产性脱钩的观点是不正确的。区分生产劳动与非生产劳动，固然取决于劳动的社会规定性，但劳动的社会规定的生产性，从根本上说，并不是可以脱离劳动的物质生产性的。恰恰相反，劳动所以具有生产性，从根本上说是以劳动的物质生产性为前提和基础的。因而，可以说，任何生产劳动一方面是具有创造物质产品这一生产劳动的一般的性质，另一方面又具有生

产劳动的特殊的社会规定性，是以上两方面的统一。

马克思在生产劳动理论上的重要贡献，在于他最彻底地克服了重农主义从劳动的物质内容来把握资本主义生产劳动的皮相的见解，这种皮相的见解，甚至还掺杂在亚当·斯密的生产劳动理论中。马克思深刻地阐明了生产劳动的本质取决于劳动的社会规定性，论述了生产劳动是体现生产的社会关系的经济范畴，分析了生产劳动的资本主义形式是生产剩余价值的劳动，并且论证了社会主义制度下，生产劳动将采取全新的形式。但是，马克思在强调劳动的社会经济性质是生产劳动的本质的特征时，他并没有抛开劳动的物质生产性质。恰恰相反，他正是结合劳动的物质生产性来阐明生产劳动的社会规定性。他在论述资本主义生产劳动时指出："从一般劳动过程的单纯观点出发，实现在产品中的劳动，更切近些说，实现在商品中的劳动，对我们就表现为生产劳动。但从资本主义生产过程的观点出发则要加上更切近的规定：生产劳动是直接增殖资本的劳动或直接生产剩余价值的劳动……"[1]（着重号是引者所加）在这里，马克思实际上是把劳动的物质生产性作为生产劳动的前提条件，而把生产剩余价值的作为资本主义生产劳动的本质规定性。在资本主义经济中，如果劳动不是创造物质产品的劳动，劳动就不可能具有物化的性质，就不可能形成价值与剩余价值，也就根本谈不上劳动的生产性。

即使是社会主义制度下，劳动的生产性也仍是以劳动的物质生产性为前提条件。按照上述劳动的生产性在于劳动的合目的性与有效性的论点，社会主义制度下劳动的生产性，必须在质上表现为劳动具有提供满足社会全体成员的需要的使用价值的性能，而社会主义社会的使用价值

---

① 《马克思恩格斯全集》第49卷，人民出版社，1982年，第99页。

是物质产品形态的使用价值。社会主义精神文明的繁荣，要求有日益增多的非物质产品形态的使用价值——如文化、科学、艺术、伦理等方面的精神产品。但是由于：（1）精神生产者的增多是以物质生产的劳动生产率的提高为基础；（2）精神产品的现代生产与消费方式表现为精神成果的物质化——科学理论的印成书，音乐艺术的录像、录音与大规模工业生产与销售——因而不仅是精神生产的发展密切依赖物质生产，而且可以说精神生产仍是物质生产的派生与转化形式。这就表明社会主义生产目的的满足，其最根本的要求仍然是劳动的物质性，离开了物质产品的生产，要想实现社会主义生产目的，无异于缘木求鱼。

某些同志为论证他们的关于生产劳动可以与物质生产脱钩的论点，往往引述马克思下述论点：生产劳动是"对劳动所下的同劳动的一定内容，同劳动的特殊效用或劳动所借以表现的特殊使用价值绝对没有任何直接关系的定义"①。其实，马克思的这些论述并不是说生产劳动无须是创造物质使用价值的劳动，而只是说它无须是创造某一种特殊的使用价值的劳动，例如它不必一定是重农学派所说的那些带来"纯产品"的农业劳动，不一定是配第所说的生产小麦的劳动，而可以是任何一种农业劳动，或者任何一种工业劳动，在工业劳动中它"不是由于劳动是例如裁缝的劳动、鞋匠的劳动、纺工的劳动、织工的劳动……"②总之，只要是这些劳动能创造剩余价值，那就是生产性的。马克思在这里，只不过是为了批驳重农学派把生产劳动归结于某种劳动的具体形式而不归结于劳动的社会内容即其经济性质的观点，马克思并不是说生产劳动可以是不创造使用价值的物质生产性的劳

① 《马克思恩格斯全集》第26卷Ⅰ，人民出版社，1972年，第432页。
② 《马克思恩格斯全集》第26卷Ⅰ，人民出版社，1972年，第431页。

动。正如马克思所说，"商品的交换价值表现为同它们的使用价值完全无关的东西"①，这里，他只是说交换价值大小不取决于使用价值状况，而不是说交换价值无须以使用价值为物质承担者。

五、正确理解马克思关于歌女等非物质生产领域的劳动具有生产性的论述

基于以上所述，我认为，要全面地把握马克思的生产劳动概念内涵，必须把生产劳动视为劳动的社会规定性与物质生产性的统一。在当前的讨论中存在的难题是如何理解马克思在《剩余价值理论》中关于歌女、医生、教师的劳动也是资本主义生产劳动的论述。这些劳动只是提供一个非物化形态的有用效果，它不是为物质生产而是服务，它缺少生产劳动所必要的物质生产的规定性，为什么马克思又称为生产性的劳动呢？

宽派的某些同志据此认为生产性劳动不限于物质生产，而是包括一切服务与精神生产在内。这种认为生产性劳动可以与物质生产脱钩的理论不符合马克思论述的精神，特别是不符合《资本论》阐述的关于资本主义劳动的基本理论。这一点，我在上面已经进行了评述。

但另一方面，窄派的某些同志对《剩余价值理论》一书中的上述论题，又提出了质疑，例如提出下述种种观点，这些观点均是不能令人同意的。

第一种观点：《剩余价值理论》与《资本论》有矛盾论。认为《资本论》中只是把生产性劳动限制于物质生产领域，从而与《剩余

---

① 《马克思恩格斯全集》第23卷，人民出版社，1972年，第51页。

价值理论》的论述是相矛盾的。矛盾论是不能成立的。《资本论》中在论述商业资本时，明确指出："投在这种流通费用上的支出，对商业资本来说，是一种生产投资。所以，它所购买的商业劳动，对它来说，也是一种直接的生产劳动。"①

第二种观点：《剩余价值理论》不成熟论。持这种观点的同志说，《剩余价值理论》是马克思的未出版的手稿，从而存在理论的不成熟，把歌女的劳动作为生产性的劳动就是这种不成熟的理论的表现。不成熟论是毫无根据的。因为，《剩余价值理论》是1861~1863年手稿的一部分，它本身已经是《资本论》的直接前身，《资本论》就是这一手稿经过修订出版的部分，不能把马克思思想成熟期的作品说成是不成熟的。

第三种观点：说歌女等的劳动是生产性的，只不过是雇用歌女的资本家的观点，而按照马克思主义的观点，它就应该被规定为非生产劳动。这种论点更难以成立。因为，生产性劳动范畴，和工资、利润、利息等范畴一样，都是资本主义生产关系在资本主义生产当事人头脑中的产物。而且，把歌女的劳动作为生产劳动，绝不仅仅是从资本家的观点得出来的。按照马克思的方法论，"这里涉及到的人，只是经济范畴的人格化"②。因而资本家的观点，实质上是"从资本的观点来看是什么是生产劳动的问题"③，是"从资本主义生产的观点"得出来的，归根到底，把给雇主带来利润的劳动列入生产性的劳动范畴，是资本主义生产关系的必然表现，马克思称之为"资产阶级社会的观念"，"这种区分恰恰表现了那种作为整个资本主义生产方式以

---

① 《马克思恩格斯全集》第25卷，人民出版社，1974年，第337页。

② 《马克思恩格斯全集》第23卷，人民出版社，1972年，第12页。

③ 《马克思恩格斯全集》第26卷 I，人民出版社，1972年，第146~151页。

及资本本身的基础的劳动的形式规定性"①。因此，坚持马克思主义并不是要取消这些资本主义生产的范畴，而在于给它以科学的说明。

我认为，马克思关于非物质生产领域的劳动同物质生产领域的劳动一样，也具有生产性的理论，并不是什么自相矛盾的与悖理的，而正是揭示了资本主义生产劳动范畴所固有的多样的内容，可以说，马克思使用生产劳动范畴有狭义的与广义的两种用法，狭义的与原本含义的生产劳动，那是直接生产剩余价值的劳动，这种生产劳动是创造物质产品的物质生产劳动。马克思说："如果从较狭窄的意义上来理解生产劳动者和非生产劳动者，那么生产劳动就是一切加入商品生产的劳动，……而非生产劳动就是不加入商品生产的劳动，是不以生产商品为目的的劳动。"②马克思在《资本论》中所论述的生产劳动，主要是这种狭义的与原来意义的生产劳动。马克思还论述了广义的生产劳动概念，这就是凡是能带来剩余价值从而使资本增殖的劳动。马克思说："只有**直接转化为资本**的劳动，也就是说，只有使可变资本成为可变的量，因而使整个资本C等于C＋ΔC的劳动，才是生产的。"③广义的生产劳动范畴包括物质生产、服务性生产和精神生产等领域。广义的生产劳动，正是资本借雇佣劳动而增殖的这一生产关系的理论表现，它是从资本家见地得出的生产劳动的观念，因而它是资本主义经济中客观的生产劳动的范畴。但是它是一个由原来含义的生产劳动衍生出来的，属于派生形态与转化形态的范畴，有如劳动价格（工资）范畴是劳动力价值范畴的转化形态一样。马克思谈到资本家雇用的歌女、作家、教师的劳动是生产劳动，就是指这种广义的生产劳

① 《马克思恩格斯全集》第26卷Ⅰ，人民出版社，1972年，第426页。

② 《马克思恩格斯全集》第26卷Ⅲ，人民出版社，1974年，第476页。

③ 《马克思恩格斯全集》第26卷Ⅰ，人民出版社，1972年，第422页。

动。我们认为，如果懂得了马克思在使用生产劳动概念上有狭义与广义的区别，许多疑难的地方就迎刃而解，而人们也就不会有《剩余价值理论》与《资本论》有矛盾的错误理解。

生产劳动的多种形式①

劳动是人借助劳动资料来作用于劳动对象以创造物质产品的有目的的活动。它包括劳动资料的创造、保养与维修的劳动以及劳动对象的直接加工、制造的劳动两种形式。在个体生产方式下这两种具有不同职能的生产劳动是集于劳动者个人一身的。劳动一旦以集体形式进行，产生了组织与协调集体生产的管理劳动，生产劳动随之又增加了管理劳动这一形式。

在现代化大生产条件下的企业内的结合劳动，表现为如下的多样形式：

第一，加工制作性的劳动：是人的劳动能力直接作用于推动对象，改变自然物质形态。可看作物质生产劳动的基本形式。

第二，运输劳动：它的职能是为加工制作准备物质条件。

第三，直接作用于劳动资料的劳动：如从事提供动力、供暖、供水、通风、设备制造与维修的劳动。这种劳动带有间接性。

第四，辅助性劳动：如车间清扫、原料的清理。它本身属于直接

① 原载《经济学周报》1982年3月29日。

的加工性操作，却是为加工性操作准备条件。

第五，科学技术性的脑力劳动：如工程技术人员，从事自动化设备的控制、调整，产品设计，图纸绘制，为革新技术、改进生产工艺与生产方法的劳动。它是科学日益合并于生产过程和转化为直接生产力条件下出现的体力劳动与脑力化的表现，是现代化生产中的产品创造的重要因素。

第六，管理性的脑力劳动：它是组织结合劳动的必要条件。

生产劳动的不同形式，在于它们使用的劳动资料上，采用的生产方法上，产品生产中履行的具体职能上有着互不相同的特点。但是另一方面，它们又都属于"人与自然之间的物质变换"，是物质产品的创造因素，因而均是生产劳动的一个种类。

生产劳动的多样形式并不是无中生有和生造的概念，而是现代结合劳动固有的特征，它表明现代化大生产的劳动过程不仅将直接的加工劳动与间接的设备维修劳动结合在一起，将脑力劳动与体力劳动结合在一起，而且将物质生产劳动与管理劳动结合在一起。随着生产现代化，劳动资料复杂与多样性，与结合劳动进一步发展，生产劳动还将不断地发展和表现为新的形式。

生产劳动具有哪些具体形式，因不同的生产部门而不同，如工业不同于农业，机械工业不同于化学工业。对于同一个生产部门它又因物质生产力发展程度的不同而在类型结构上具有不同的特点。大体说来，生产力越低，机器设备越是简陋，企业结合劳动体中直接作用于劳动对象的加工制造性劳动就越加表现为生产劳动的主要形式，在这种情况下，物质生产的发展，表现为这种前方的、加工制造性劳动者的增加。生产越是现代化，劳动资料越是发达，直接为创造、维护、修理与提高劳动资料效率的间接性的劳动就日益发展，甚至成为生产劳动的主要形式。自动化生产更使从事自动化设备的发动、控制与调节，以及从事研制、改进与革新物质设备的科技性脑力劳动的比重增大，成为生产劳动的重要的甚至是主要的形式。如现代化的大企业，出现了后方车间工人的比重大于前方车间工人的比重，某些高度自动化工厂甚至有工程技术人员的比重大于生产工人的比重的状况。随着电子计算机的使用和全面自动化时代的到来，从事硬件的管理与操作，从事软件的编码、制作，信息的收集、整理、传输等操作的生产性信息技术劳动就成为生产劳动的一个新的层次。

关于物质利益问题①

一

关于物质利益问题，是历史唯物主义的基本理论问题，也是马克思列宁主义政治经济学的重大理论问题之一。在社会主义政治经济学中这个问题占有十分重要的地位。"四人帮"把物质利益当作修正主义来批，他们实际上是批马克思主义的基本原理，这是他们反马克思主义的见证。对物质利益问题，马克思、恩格斯很早就已经作了科学的论述，阐明了历史的发展不是决定于精神，不是决定于思想。历史发展的动因，不是由于某一个英雄人物和"天才"脑袋瓜子超凡出众的想象和发明，而在于物质生产，在于物质利益。马克思在1842年就提出："人们奋斗所争取的一切，都同他们的利益有关。"②马克思、恩格斯在1845年至1846年合写的《德意志意识形态》中就集中批判德国唯心主义的历史学家把历史的发展归结于思想的历史唯心主义，指

---

① 原载《学术论坛》1979年第1期。

② 《马克思恩格斯全集》第1卷，人民出版社，1962年，第82页。

出："在德国历史编纂学看来，问题完全不在于现实的利益，甚至不在于政治的利益，而在于纯粹的思想。"①马克思和恩格斯针对这种唯心史观，集中论述了人类历史的第一个前提，就是人们要创造历史，必须能够生活，首先就要解决吃饭、穿衣问题。马克思、恩格斯创立了历史唯物主义，深刻阐明了人类的一切社会实践活动都是离不开物质利益，都是以实现一定的物质利益为动因；论述了阶级斗争的深刻根源在于阶级之间经济利益的冲突，而一切革命均是以实现一定阶级的物质利益为目的。社会主义革命正是为了争取和实现无产阶段的基本经济利益。

物质利益是生产关系的问题，是一个经济范畴。恩格斯说："每一个社会的经济关系首先是作为利益表现出来。"②所谓物质利益，实际上是人们在生产中对物质资料占有的问题，是对生产资料和生活资料的占有问题。例如，个体农民对一小块土地以及他那块土地上的劳动成果占有关系，就直接体现了小农的物质利益，他占有土地的大小和产品的多少，决定了他的物质生产的条件和物质生活的状况，决定了他能不能维持再生产，能不能改善他的生活。物质利益的性质决定于生产资料的所有制。有什么样的生产资料所有制，就有什么样性质的物质利益。在生产资料的个体农民所有制的基础上，产生了个体经济的利益；资产阶级私有制决定了资本主义生产体现的资产阶级的利益；社会主义公有制生产关系就决定了社会主义生产体现的劳动人民的社会主义利益。所以，物质利益的性质是由生产关系决定的。随着人类社会形态的改变，随着生产关系的改变，物质利益的性质也就

---

① 《马克思恩格斯选集》第1卷，人民出版社，1972年，第45页。

② 《马克思恩格斯全集》第18卷，人民出版社，1964年，第307页。

发生改变。总之，在任何社会形态，物质利益总是客观存在的。社会主义制度的确立，绝不是说物质利益这个范畴就消失了。恰恰相反，社会主义生产关系只是赋予了物质利益以新的性质和新的特征，决定了我们在社会主义经济工作当中维护和实现物质利益的新的方法和原则，并不是像"四人帮"所讲的那样，社会主义社会劳动人民当了主人，好像万事大吉，物质利益就用不着多讲，在实际工作中也用不着去细心维护群众的物质利益了。

社会主义社会物质利益同资本主义社会相比较，具有新的特征。资本主义生产的目的是为了资本家的利润。资本主义生产所固有的物质利益，表现为资产阶级的私利。资本主义的基本经济范畴如利润、利息、地租等都是体现资本家的私利的。另一方面，它残酷地剥夺和践踏广大劳动者的物质利益。在资本主义社会，资产阶级只是在为了有利于实现他的私利的场合才给劳动者以微不足道的个人利益。而且，这种劳动者的个人利益是得不到任何保障的。社会主义社会的物质利益的形式和性质都有根本的变化，首先它表现为公共利益。公共利益是社会主义社会物质利益的基本范畴。社会主义生产，无论是全民所有制企业的生产，或集体经济的生产，社会主义积累、社会主义利润，这些范畴都是体现公共利益的。社会主义公共利益的享有者属于全体劳动人民，它没有剥削性，这是社会物质利益关系性质上的深刻的革命变化。社会主义社会物质利益的基本范畴是不是就只有一个公共利益？社会主义物质利益是不是只表现为公共利益？否。社会主义物质利益还有一个重要的表现形式，就是个人物质利益。社会主义社会生产力还不够发达，消费资料还不能实行按需分配，还不能做到吃饭不要钱，人们每天还要点火煮饭，还要买柴买米、买油买盐。在社会主义社会里，人们还不能不考虑个人收入，还要通过按劳分配去领取自己的一份工资，安排个人衣食住行，不能够饿了就到公共食堂吃饭。这种分配关系就体现了个人物质利益。所以，个人物质利益是社会主义社会的客观存在，是公共利益的转化形态，是社会主义物质利益的一个重要表现形式与基本范畴。能够说社会主义社会就没有个人物质利益了吗？不存在这种状况。所以，社会主义物质利益有两个基本范畴，就是公共利益和个人利益。这两个方面，是相辅相成、互相促进的。社会主义公共利益是基础，没有社会主义生产，没有总产品，也谈不上个人生活的改善，谈不上个人的物质利益。社会主义生产越是发展，公共利益越发展、壮大，就越能有更多的消费品用以分配给个人，用于满足和提高个人的物质生活，从而使劳动者能享有更大的个人利益。但是另一方面，社会主义社会个人利益得到满足和照顾，这绝不是消极的，它提高了劳动者的积极性，鼓舞劳动者的干劲，促使劳动者得到全面发展，促使他们劳动能力进一步提高。马克思和恩格斯从来把个人生活的提高看作劳动者全面发展的一个重要条件。可见，公共利益、个人利益是互相促进的关系。公共利益是基础，个人物质利益是目的和归宿，公共利益转化为个人物质利益，个人物质利益得到维护和满足，又反过来促进社会主义生产的发展，促进社会主义公共利益得到更大实现。从我们当前情况来看，要提高劳动生产率，就要提高现代化大生产，就要发展科学技术，就要提高全民族的科学文化水平，要大大提高每一个劳动者的文化知识与技术水平。像日本一般工厂的工人都是平均高中文化水平，那么，劳动者所具有的科学技术知识在社会主义社会就应当更高，而这与提高劳动者的物质生活水平是分不开的。如果一天都考虑柴米油盐、烧锅煮饭，许多时间都耗费于家务劳动上，那就不可能提高劳动者的文化知识与科学技术水平。可见，个人物质生活水平的提高不是单纯的生活小事，而是发展劳动能力的必要条件。从另外一方面来看，物质生活一紧张，各种社会问题就复杂起来。

社会秩序、计划生育等问题，跟物质文化生活水平也有关系。例如，反正生活是低标准，有饭人人匀着吃，所以，农村中也不嫌孩子生得多。如果物质生活水平提高了，自然地他就会考虑孩子过多引起生活水平下降的问题。可见，社会主义个人物质利益的满足、个人物质生活水平的改善，对推动社会主义生产，对发展和繁荣我们的社会主义社会，是一个意义极其重大的因素。

二

列宁在十月革命后，十分注意并系统地论述了社会主义革命与建设中的物质利益问题。在1921年总结战时共产主义经验教训的情况下，列宁就提出个人利益原则。列宁在《新经济政策和政治教育局的任务》这篇文章中论述了贯彻个人利益原则的重要意义，指出必须把国民经济的一切部门建立在对个人利益的关心上面。列宁在这个时期的许多著作，讲到要着重维护个体农民的物质利益，同时也指出，要改善与维护工人的个人物质利益。列宁说："对个人利益的关心，能够提高生产。"[①] "四人帮"胡说列宁讲的个人利益原则，仅仅限于苏联特殊的历史条件，仅仅限于当时新经济政策时期，仅仅是针对个体农民的状况提出的。他们说：列宁讲的个人利益原则在所有制的社会主义改造实现以后就没有作用了，此后就用不着再讲个人利益了。"四人帮"的这个观点是歪曲列宁原意的。列宁当时讲的个人利益原则，实际上讲的是在社会主义经济建设中，要在维护劳动者的公共利益前提下，充分注意维护劳动者的个人物质利益。列宁当时强调了这

---

① 《列宁全集》第33卷，人民出版社，1957年，第39页。

一点。因为，在战时共产主义时期，苏维埃政权处于一种很严重的状况，为了粉碎国内外反革命势力，保卫苏维埃政权，来不及充分地照顾劳动者的个人利益。列宁及时总结了这一经验教训，他在新经济政策时期强调个人利益原则，实际上就是要在新的历史条件下坚持社会主义经济的基本原则：在维护公共利益的条件下，充分维护个人利益，反对那种只讲国家利益不讲和不重视维护劳动者个人利益的错误观点。斯大林对社会主义物质利益问题进一步作了分析和论述。他在理论上的贡献是对社会主义生产的目的、作用和它的意义作了深刻的分析。斯大林在1906~1907年写的《无政府主义还是社会主义》这一部早期著作中，就讲了社会主义生产目的是直接满足社会的需要。在十月革命以后，在社会主义工业化过程中，斯大林较多地论述了社会主义生产目的的实现，对社会主义经济的积极作用。斯大林论述了社会主义劳动人民需要的满足，劳动人民物质生活的改善和物质福利的增进，对社会主义经济的推动作用。在《苏联社会主义经济问题》中，斯大林首次提出与阐述了社会主义基本经济规律，并且从基本经济规律这个更高的角度来论述社会主义生产与消费的关系。斯大林对群众的需要、群众的生活、群众的福利和在社会主义经济中的作用，作了比较详细、比较深刻的论述，把它作为充分发挥群众积极性、提高劳动生产率的一个重要杠杆。苏联在30年代工资改革当中，斯大林强调了用提高工资来激励人们上进，激励劳动者成为熟练的工人。在1931年《新的环境和新的经济建设任务》这篇文章当中，斯大林指出："要培养熟练工人，就必须使不熟练的工人有力求上进的刺激和前途。我们越是大胆这样办，结果也就会愈好。"斯大林这些论点今天并未失掉它的意义。"四人帮"把斯大林这些论述全部否定掉，把苏联30年代的工资改革也全部加以否定，把斯大林当作修正主义者来批。我们认为斯大林关于社会主义生产与消费关系的一些论述，在30年代关于个人物质利益的论述，许多方面都是正确的。但是，斯大林在社会主义个人物质利益上，有他的不足之处，他建立的高度集中的国民经济体制，从整体上来说是阻碍个人物质利益原则的贯彻的，如何真正维护劳动者的个人物质利益，特别是如何维护广大农民的个人物质利益的问题，实际上并未解决。

三

毛泽东同志对物质利益的理论有许多重大发展和创造。毛泽东同志全面深刻地阐述了社会主义社会物质利益原则。（1）在坚持无产阶级根本政治利益高于一切的前提下，十分重视维护劳动者的经济利益。他指出：首先要坚持无产阶级的政治利益。无产阶级根本的政治利益就是无产阶级专政的巩固，就是社会主义社会向共产主义社会的发展，就是实现共产主义。但在坚持无产阶级政治利益的同时，也要十分注意关心和维护劳动者的经济利益。要关心群众的经济生活，要为人民谋福利。毛泽东同志在物质利益问题上，既反对只讲经济利益不讲根本政治利益，又反对只讲政治利益，抽空群众的经济利益的革命空谈，因为抽空了群众经济利益也就根本说不上维护群众的政治利益。（2）毛泽东同志论述了社会主义社会在物质利益关系中，还存在人民内部的非对抗性矛盾。斯大林不承认劳动人民内部物质利益的矛盾。斯大林从社会主义生产关系，"完全适合"出发，把物质利益看成统一的而不看作是矛盾的。毛泽东同志提出了把集体利益和个人利益结合起来，是正确处理社会主义物质利益的基本原则。毛泽东同志指出，为了处理好社会主义物质利益，就必须实行国家、集体、个人

"三兼顾"，反对只顾一头。他说："我们历来提倡艰苦奋斗，反对把个人利益看得高于一切，同时我们也历来提倡关心群众生活，反对不关心群众痛痒的官僚主义。"①在《论十大关系》《关于正确处理人民内部矛盾的问题》等著作中，贯穿了一个思想：在物质利益上要统筹兼顾国家、集体、个人，要把整体利益放在首位，但又要把整体利益和个人利益结合起来；把长远利益放在首位，但又要把长远利益和目前利益结合起来。毛泽东同志指出："提倡以集体利益和个人利益相结合的原则为一切言论行动的标准的社会主义精神。"②这样就既反对了把个人利益放在首位，也反对了取消个人利益。社会主义的物质利益原则，就是毛泽东同志阐述的个人利益与集体利益相结合的这个原则，我们在社会主义革命和社会主义建设中，在我们经济工作中，必须全面地、充分地贯彻这个原则。（3）毛泽东同志重视正确处理国家与企业、企业与企业、劳动者与劳动者之间的关系，要求妥善地全面处理在物质利益关系中的矛盾。物质利益关系中矛盾除了国家、集体、个人以外，国家与企业之间、全民所有制企业之间在物质利益上也有矛盾，全民所有制经济与集体所有制经济之间在物质利益上也有矛盾，集体单位之间在物质利益上也有矛盾。就个人说来，社会主义劳动者在共同劳动与共同分配中也有矛盾，都要正确处理。在《论十大关系》《关于正确处理人民内部矛盾的问题》等著作中，毛泽东同志全面论述了处理社会主义物质利益矛盾的各个方面，提出了正确处理各个方面利益关系的原则。例如全民所有制企业，毛泽东同志十分重视要给企业一点权利、一点机动余地。"四人帮"横行的时候，工

---

① 《毛泽东选集》第5卷，人民出版社，1977年，第272页。
② 《毛泽东选集》第5卷，人民出版社，1977年，第244页。

厂就没有"企业基金",利润全部上缴,企业没有灵活机制,不能把利润的一部分用来提高本企业劳动者的生活福利。《六十条》恢复了这一点,企业搞得好,利润当中一部分可以作为企业福利,这就使企业有了机动,企业有了一点利益。其实物质利益是客观存在,取消不了,不给企业一点利益,一些企业就打埋伏,各显神通,搞得更多,甚至把搞集体福利开支的钱,也计入成本。"四人帮"违反经济规律,倒行逆施,已经受到经济规律的惩罚。

四

"四人帮"为了破坏社会主义物质利益原则,拼命反对按劳分配。他们炮制了一个公式,叫作"按劳分配=追求个人利益=个人利己主义",他们竭力宣扬按劳分配注定要产生资产阶级唯利是图思想,注定要腐蚀工人阶级的革命品质。"四人帮"在这里,完全背离了历史唯物主义。历史唯物主义阐明社会存在决定社会意识。有什么样的物质利益关系,也就决定了人们对待物质利益的观念。社会主义按劳分配体现的是集体利益与个人利益的结合这样一种关系,劳动者越是更好地劳动,对社会的贡献越大,个人收入就越多。劳动者切身体会到锅里有碗里也有,水涨船高,集体利益得到维护,个人利益就更加有保障。人们通过按劳分配的贯彻会更热爱劳动,更热爱集体,更热爱社会主义,更懂得关心维护集体利益。实际生活证明了这一点。只要我们真正贯彻了按劳分配,劳动人民的干劲就高涨,广大劳动群众从社会主义按劳分配中,会越来越认识到应该把集体利益放在首位。所以,真正贯彻按劳分配才能增强集体观念,才能培养爱国家爱集体的观念。如果破坏了按劳分配,干多干少一个样,干好干坏一个样,干与不干一个样，那谁还有社会主义积极性呢？这只能提倡大家去搞歪门邪道，去偷闲躲懒，甚至损公利私。"四人帮"讲的按劳动分配必定滋长和产生唯利是图、个人主义，这完全是胡说八道。

但是，也必须看到，按劳分配并不能自发地培养共产主义。在贯彻按劳分配当中，要对群众进行坚持不懈的政治思想教育，要把提倡共产主义劳动态度和坚持多劳多得的分配政策结合起来。

社会主义社会的物质利益与商品生产、价值规律也是有联系的。在社会主义商品交换中，我们要按价值规律的要求贯彻等价交换的原则，这是与物质利益相关的。由于社会主义两种公有制的存在，全民所有制与集体所有制之间存在商品交换。农产品卖给国家，工业品卖给集体，这是商品交换关系，这里就有一个等价交换问题。等价交换是价值规律的要求，它有利于正确处理国家与集体间的利益关系，特别是实行等价交换有利于维护集体经济利益和维护农民的物质利益。在城乡之间、工农产品之间实行等价交换，就是反对剥夺农民。这在国际共产主义运动当中，在我国29年的经验当中，是有教训的。1958年的人民公社化中出现了否认、取消商品货币关系，搞一平二调，任意破坏价值规律，剥夺农民，违反和损害了农民集体经济的物质利益。坚持与发展商品生产、按照价值规律要求办事，这是维护劳动者物质利益的一个主要方面。我们这几年生产遭到破坏，许多东西少了，农副产品收购不上来，这与价值规律遭到破坏，集体经济的物质利益遭到损害密切相关。四川什邡县，过去每年生产生姜600万斤，由于前几年价格政策被破坏，任意压价，生姜的年产量下降到只有50万斤。生姜生长的时间长，投工多，耗费大，按那个压低了的价格，补偿不了它的劳动耗费，农民的物质利益被损害，收入少，所以产量就减少了。这既损害农民利益，又损害消费者利益。过去农村搞的鸡蛋派购，养了鸡的得交，不养鸡的也得买蛋来交，价格往往压得很低，越是派购，蛋越是少，蛋越是贵。现在许多地方贯彻农村经济政策，价格合理了，派购取消了，鸡蛋就多了起来。可见，在交换中破坏了价值规律，也就破坏了物质利益原则，带来极其严重的后果。

当前，我们要坚决贯彻党的十一届三中全会的精神，实现全党工作重心的转移，就必须认真地贯彻党的一系列方针政策，包括党的自愿互利、等价交换政策，按劳分配原则，农村的各项方针政策，维护劳动者的物质利益，最充分、最全面地调动广大劳动者的生产积极性。同时要加强政治思想工作，进一步提高广大劳动者的觉悟。这样，我们就能推动社会主义建设迅猛地向前发展，更快地实现四个现代化。

论社会主义的
物质基础和物质富裕①

　　小平同志近年来多次论述了发展生产力，实现物质产品的丰富在建设社会主义中的重要意义，批评了关于"贫穷的社会主义"的"左"的思潮，强调指出，社会主义的优越性就是要通过发展生产力，实现共同富裕。他还说："贫穷不是社会主义，社会主义要消灭贫穷。"②小平同志说，现在虽说我们也在搞社会主义，但事实上不够格。只有到了下世纪中叶，达到中等发达国家的水平才能说真的搞了社会主义，才能理直气壮地说社会主义优于资本主义。小平同志的以上论述，特别是他提出的关于"贫穷不是社会主义，社会主义要消灭贫穷"的论题，把什么是与社会主义相适应的生产力、物质基础和物质富裕，即社会主义的物质标准问题引入考察社会主义的视野，为人们进一步研究和阐明社会主义的科学含义和基本特征，提供了一个重要的方法论。

---

① 原载《社会科学战线》1988年第4期。

② 《邓小平文选》第3卷，人民出版社，1993年，第116页。

本文想就有关社会主义的物质基础和物质富裕问题，谈一点不成熟的意见。

一、成熟的社会主义必须要有高度发达的、现代化的物质基础

认识和评判社会主义社会形态的建成，应该使用哪些标准？除了要采用生产关系标准，考察社会主义经济结构形成的状况而外，是否还应该使用生产力标准，考察社会主义物质基础形成的状况？这是当代社会主义实践中提出的一个新的和十分重要的论题。

长期流行的关于社会主义的传统观念，否认生产力标准的意义，单纯以生产关系标准来评判社会主义的形成、发展和向共产主义过渡。按照这种思路，社会主义国家经过对私有制经济结构的革命改造，社会主义经济制度建立起来并占据绝对统治地位后，即使是工业化和农业现代化以及由传统的物质基础到现代的物质基础的转换尚未完成，生产力水平还很低，远远与社会主义公有制不相适应，人们也认定社会主义业已建成。

由于使用单一的生产关系为标准，斯大林在1936年，在苏联集体化刚刚结束，社会主义经济关系在城乡占据绝对统治，但工业化水平和整个社会生产力还很低，还存在较为普遍的贫穷状态的条件下，就匆遽地宣称苏联"已经基本上实现了共产主义的第一阶段，即社会主义"[1]。1939年苏共十八大宣布苏联业已"进入完成社会主义社会的建

---

[1] 《斯大林文选（1934—1952）》，人民出版社，1962年，第90页。

设并从社会主义逐步过渡到共产主义时期"[①]。也就是基于这种传统社会主义观，我国在1958年的人民公社化运动中，在公社仍然是以落后的手工工具和畜力动力为物质基础，生产水平和群众收入水平十分低下，多数农民还是住茅屋、"瓜菜代"的情况下，就宣称，不仅仅早已建成社会主义，而且业已开始"进入共产主义"。在今天，经过对几经曲折的历史经验与痛苦教训的总结，人们才认识到：对于社会主义如果仅仅是从生产关系上来加以把握，而抛弃了这种生产关系所由以立身的物质基础，人们就不可能给现实的社会主义做出合乎实际的定性分析，人们就会高估社会的发展进程，把初始期的还不成熟、"不够格"的社会主义，当成是成熟的社会主义，甚至天真地认为：这已经是准共产主义，已经十分接近共产主义。

按照历史唯物主义社会观，任何一个特定的社会形态都有其特定的经济结构（经济基础）、政治结构和意识形态（上层建筑）。此外，它还有其特定的物质技术条件即物质基础。上层建筑是决定于经济基础，经济基础又是决定于物质基础，这就是历史唯物主义所阐明的社会内在结构的基本依存关系和运动规律。基于上述理论和方法，那么，我们分析和评判新生的社会主义社会处在什么样的发展阶段，到底是初生时期、形成时期、充分成熟时期，还是向共产主义过渡时期，就需要既看社会生产关系发展的状况，还要看物质基础发育的状况，也就是说，划分阶段的基本的标准是生产关系和生产力。正如列宁在阐述马克思主义历史唯物主义的基本原理时所指出，这一科学的历史观把社会形态归结为生产关系，又"把生产关系归结于生产力的

---

① 《苏共代表大会，代表会议和中央全会决议选辑》（二），人民出版社，1955年，第130页。

高度"①。

基于历史唯物主义的理论和基本方法，那么，我们就可以如下地规定社会主义社会的特征：这是一个以现代公有制为经济基础，以现代化大生产为物质基础，以高度社会主义民主政治和高度社会主义精神文明为其上层建筑的新社会。简单地说：成熟的社会主义是立足于与之相适应的先进的经济基础与强大的物质基础之上。我们可以将这种分析方法简要称为"两基"论。根据上述两基论，人类向社会主义社会的革命转变，就包括两个方面：一是由私有制转化为现代公有制，二是现代化大生产的进一步发展和提高，以及社会主义充分的物质基础的构筑。上述第一个转变，是立足于第二项变革，即现代化的、先进的物质基础的进一步增强的基础之上。正是因此，无产阶级夺得政权后，为了进一步实现社会主义，不仅仅要诉诸生产关系的革命变革，而且还要大力发展生产力，大大充实和壮大物质基础。以上两重任务，不仅仅适用于原先生产力发展不足的国家，而且也适用于原先经济发达的国家。对此，马克思主义经典作家早就有许多明白的阐述。

当代世界实践中的社会主义开始于不发达的国家。由于生产力水平低，现代化的物质基础发展不充分，在经过急剧的政治革命风暴和所有制改造，率先确立起社会主义的经济结构以后，这些社会主义的国家展示出如下的面貌和特征：先进的经济政治制度（当然是初步的），立足于落后的物质基础之上。特别是对于像中国这样的原先生产力十分低下的殖民地半殖民地国家，在过渡时期初步结束后，社会主义经济结构（初步的）率先形成，先进的社会主义经济结构与落后

---

① 《列宁全集》第1卷，人民出版社，1955年，第120页。

的物质基础的矛盾，表现得特别鲜明。物质基础形成的滞后性，以及由此而产生的多种多样的经济、社会的矛盾，决定了我国社会主义建设更必须把发展生产力，奠定、充实和壮大社会主义物质基础作为首要的任务。

马克思和恩格斯曾经强调由资本主义到社会主义的转变的关键，是对旧的私有制生产关系的革命改造，是对传统的私有制关系实行彻底的决裂。他们的这些论断是立足于新社会的物质生产力早已在旧社会中产生和发展成熟的假定之上。如果说，这些论述对于当代世界那些高度发达的资本主义国家是适合的，那么，对于当代实践中的社会主义来说，对于原先经济不发达从而社会主义物质基础形成滞后的国家来说，人们就不能停留在上述论述上，而应该把社会主义经济基础的建立和社会主义物质技术基础的建造，作为创建社会主义的两项基本任务。我们要清楚地看见，对于我国来说，单有生产关系的革命变革是远远不够的。因为，如果不迅速地实现使用手工工具为技术特征的传统生产力到以机器大生产为特征的现代生产力的转换，我国就不能使国民经济迅速、稳定地增长，长期困扰着我国、使我国亿万人民群众深受其苦的贫穷与落后的问题就不能得到彻底的解决，人们的物质生活水平就不能迅速地提高，作为成熟的社会主义的重要特征之一的普遍富裕就不能形成。物质技术基础的薄弱，社会主义经济政治文化制度将因缺乏坚强的物质载体，而难以巩固和进一步发展，社会主义的优越性将难以发挥。可见，我国在所有制改造取得基本胜利后，人们必须要更加将重点转到经济建设上来，转到社会主义物质技术基础的建设上来。

我国在"左"的路线下流行的传统社会主义经济理论，把实现社会主义单纯地理解为生产关系的变革，无视和贬低发展生产力和建造充分的社会主义物质基础的意义，提倡不仅在所有制的改造实现以前，而且在所有制的改造基本完成以后，工作重点都是进行生产关系领域的革命，搞以阶级斗争为纲。在这种理论影响下，人们不认为社会主义生产关系还要受物质生产力的约束和制约，人们认为在很低的、十分落后的物质基础之上不仅可以而且还将更容易、更顺利地建立十分先进的、"一大二公"的社会主义经济结构，这就是所谓的"穷过渡"。我国在1955年农村初级社建立以后，人们不是致力于农村物质技术条件的改造与充实，而是进一步继续变革生产关系，采取了一哄而起的方式和一刀切的办法，在1956年一举实现了由初级社向高级社过渡。"左"倾路线使这种生产关系的超前变革愈演愈烈，在1958年人民公社化和"文化大革命"中，出现了变本加厉地推行所有制的超前变革。殊不知，这种生产关系不断变革论乃是人们附加给社会主义的东西，而且，即使是那些属于科学社会主义固有内涵的东西，如果缺乏物质条件，也只能是社会主义的未来，而绝不是可以在当前加以实行的。实践的经验教训表明，社会主义生产关系只能适应于生产力的性质，它将如何变革和变革的幅度，必须受生产力现状的约束，而决不能"超前"发展。社会主义生产关系的高级形式固然很美好，但是它不可能在落后的物质基础上产生，强制地拔苗助长，它只能使生产关系扭曲化——例如把公有制变成落后的铁饭碗制度，把按劳分配变成落后的平均主义制度，从而对生产力的发展起破坏作用。因而，如果人们真正热心于促使初级的社会主义更早地转变为高级的社会主义，那么，人们就不能热衷于去进行生产关系的"革命"，而却应该严格地遵循生产关系一定要适合生产力性质的客观规律，在发展生产力，加强社会主义的物质基础上狠下功夫。

以上论述，归结起来就是：社会主义有其相应的物质基础，发达和成熟的社会主义必须是奠定在高度的、现代的物质技术基础之上，而社会主义的初级阶段，则是以社会主义的充分的物质基础尚未形成为特征，因而，加强社会主义物质基础的建设和创新，构建社会主义生产关系所依托的坚强物质载体，就成为社会主义初级阶段的经济工作的重大任务。

二、成熟的社会主义须要实现普遍富裕

生活富裕，或简称富裕，是指生活资料的大量积累，消费对象的丰裕，消费生活的丰富多彩以及生活质量好和生活水准高。富裕是贫困的对立物。摆脱贫困、实现富裕总是人们从事生产的目的。富裕，决定于财富的生产及其分配，因而它首先取决于生产关系。在人剥削人的阶级社会，存在着少数人的富裕和大多数人的贫困，"朱门酒肉臭，路有冻死骨"。但是，富裕不仅仅是一个生产关系的问题，它和社会物质基础的状况和物质财富的增殖与积累状况密切相关。人们看到，即使在阶级社会中随着劳动生产率的提高和财富的增长，各个不同的阶层和社会成员也会在不同程度上增加对消费资料的占有量，从而分享到某些文明的成果（当然劳动者的份额在国民财富总量中是远远与他们的劳动成果不相适应的）。而在社会主义国家，在实现了生产资料和产品的公共占有后，社会成员占有与享用到的消费品的数量和富裕程度，则是决定于生产力发展的程度和社会财富积累量与增殖能力。对于任何一个走上社会主义道路的国家，在基本实现了社会主义改造以后，能否实现共同富裕化，和实现的是什么水准的富裕化，在根本上是一个生产力的问题。

富裕化，对于社会主义来说是更加重要。这是因为：社会主义

的目的是为了人，为了实现人的全面发展和人的彻底解放。从某种更高的角度来进行观察，那么，可以说人的被束缚和被奴役来自两种桎梏：（1）社会桎梏，即阶级的剥削、压迫，人对人的强制和不自由，它表明了人与人的关系的扭曲和不合理，这种社会桎梏是由私有制生产关系决定的；（2）自然桎梏，即生活资料的匮乏，生活质量低，从而劳动方式、消费方式、生活方式的落后，及由此带来的对要求全面发展的人的身心的压抑，这种自然桎梏，乃是物质生产力低下所造成的。人的摆脱社会桎梏，在于通过社会形态的由低到高，从历史上的私有制形态到社会主义公有制形态的更替，实现生产关系的公有性与先进性。人类摆脱自然桎梏，则在于通过生产力、劳动方式由低向高的发展，通过物质富裕化，实现劳动、消费和生活方式的进步性和合理性。

走上社会主义道路的国家，通过生产关系的改造，在公有制基础上消灭了剥削阶级和基本上消灭了剥削制生产关系，从而打碎了千百年来压在劳动群众身上的沉重的枷锁，实现了社会阶级的解放。但是，它还需要通过社会主义物质基础的充实和壮大，通过国民财富的最大增殖来发展社会主义的共同富裕，发展劳动、生活方式的现代化，实现自由人的全面发展和从自然桎梏下获得解放。

这种人的全面发展和人的本质的实现，当然，首先是生产关系由私有制到公有制的革命变革和进一步发展、完善的过程，但也是一个人们劳动方式的转换——由传统的劳动方式转变为现代的劳动方式——和现代化的过程，是一个人们的生活方式的转换——由传统的、落后的生活方式向文明的、健康的生活方式转换——和现代化的过程，而后两重转换则是建立在人们的劳动条件、生活条件的改变与更新上，建立在人们对日益丰富的生活资料的占有与享用上，一句话，建立在人们劳动、生活方式的完善化和消费生活的富裕化上，而生活富裕又占有特殊重要的意义。社会主义，作为人类社会的高级的社会形态，它的更加高级和更为进步，不仅仅体现在社会制度上，而且也要表现在社会成员所享受的物质富裕上，特别是消费生活富裕上。一个充分发展和充分成熟的社会主义，不仅仅是真正的普遍富裕的社会主义，而且必然将是一个高度物质富裕的社会主义。

总之，社会主义的优越性，不仅仅表现在公有制生产关系的先进性和社会公正上，而且也表现在社会的物质丰裕和劳动人民的共同富裕上。在谈论社会主义的优越性时，如果只是单纯地着眼于和片面强调社会公正，而忽视甚至否认富裕的意义，就不能说把握住和揭示了社会主义这一比资本主义更高级的社会形态的全面的特征。

对于诞生于经济不发达的社会主义国家来说，在实现所有制的社会主义改造以后，富裕化更是迫切必要和成为经济工作的一个重大目标。就我国来说，由于原来的家底薄，人口多，人均国民生产总值排在全世界110位以后，加之以土地少而人口又增长快，因而，国民财富人均占有额很少，1956年每人每年平均占有粮食500多斤，棉布1丈多，生活水平很低，一部分群众还未能解决温饱。上述情况，决定了我国在所有制的社会主义改造基本完成，基本解决了压抑群众积极性的剥削制度和基本实现社会公正后，我国的主要问题已经不是"不患寡而患不均"，而是"不患不均而患寡"。这种基本国情要求我们把国民财富最大增殖基础上的普遍富裕化放在重要地位。

关于社会主义的传统思维，表现在对社会的物质丰裕和生活富裕的漠视，这种传统的思维，单纯地强调财富平均和社会公正的意义，并把它作为社会主义概念的主要内涵。这是一种"穷社会主义"观，按照这种观念，只要建立起一个"一大二公"的社会主义经济结构，即使是物质匮乏与生活贫困，粮少瓜菜代，生活标准低，人们也可以任意宣布他们业已实现了社会主义。例如我国1958年，在"大跃进"和人民公社化中，农村许多地区尽管农民年平均收入不过百十元，粮食人均产量不过200~300斤，广大群众还远远未能摆脱贫困，但仅仅是由于建立起一大二公的人民公社制度，因而人们就宣称社会主义建设业已完成，甚至宣称进入了共产主义。

显然地，现代社会主义区别于原始共产主义，在于它是物质富裕的社会主义，正如邓小平同志说："贫穷不是社会主义，社会主义要消灭贫穷。"在还未能实现必要的物质富裕以前，在广大群众尚未摆脱贫困以前，人们就谈不上完备的社会主义。穷社会主义的理论，如"富而修""穷光荣""宁要社会主义的草，不要资本主义的苗"等，乃是社会主义建设中的"左"倾思潮，这种思潮是为"左"的政策服务的。按照这一理论，建设社会主义的立足点应该放在实现"一大二公"，变革生产关系上，而不是放在发展生产力，增殖社会财富和富民上。而一个不能使社会财富最迅速地增殖，不能使广大群众最迅速地摆脱贫困和进入日益富裕的社会主义，它不仅将失去吸引力，而且只能是败坏社会主义的声誉。

当前国际社会出现的新情况，使社会主义国家实现国力富强和人民生活富裕成为更加迫切和必要。当代是一个经济国际化的时代，社会主义国家和资本主义国家的经济联系日益密切，社会主义建设既是两个体系之间的斗争，又是两个体系之间的竞赛，物质财富的增长率与物质富裕的提高率，乃是这一竞赛的重要内容。当代世界发达的资本主义国家，借助国家宏观控制和经济结构模式的调整，特别是借助将最新科学技术革命成果应用于生产，业已大大地提高了劳动生产率，并在此基础上使分配结构发生了局部调整，使一部分劳动者中产化。在发达的资本主义国家不仅仅劳动方式实现了现代化，而且社会生活方式也进入了现代化。现代化使相当一部分居民生活增添了物质富裕的内容——当然，劳动者社会财富占有份额中仍然只是占有很小的份额。显然地，在这样的时代，观察和评论社会主义的优越性，应该有新的视野，应该进行世界范围内的比较，不仅应该从社会制度的性质，就劳动者的社会桎梏的解除的状况来进行比较，而且还要从社会财富增长的状况和劳动者的物质富裕的提高的程度来进行比较。也就是说，在评价社会主义的发展状况和成熟程度，评价社会主义优越性的发挥的状况和程度时，物质富裕也就成了一个更加不可忽视的标尺。

三、社会主义初级阶段的重大任务：现代化与富裕化

既然一个完备的和成熟的社会主义必须要有与它相适应的充分的物质基础和充分的物质富裕，那么对于当代产生自经济不发达国家的社会主义来说，上述社会的二重物质内容都不可能在旧社会中形成，而是需要通过社会主义经济建设来加以充实、加强和创造。我国是从生产力很低的半殖民地半封建国家，走上社会主义建设道路的，我国社会主义的发生、发展和成熟的规律是：社会主义经济结构先行确立，社会主义物质基础的形成以及富裕化的滞后。因而，在基本完成所有制的社会主义改造后，我国社会主义经济结构将建立在较为薄弱的物质技术基础和不充分的物质富裕上，这种社会物质生产力与物质生活的薄弱，使我国社会主义表现为不成熟和不完善的，从而是初级阶段的社会主义。社会主义经济结构的先进性与社会物质基础与物质生活的落后，构成我国社会主义初级阶段的主要矛盾，这一矛盾决定了我国在生产关系公有化之后，将继之以一个社会现代化和富裕化的

过程。

我国的现代化是与富裕化同时并进的，随着物质技术基础的增强，社会主义国民财富将不断增殖，社会主义的共同富裕程度将逐步提高。由于我国底子薄，群众生活水平起点低，因而就全国来说，富裕化的第一个阶段即迄至20世纪末，将表现为摆脱贫困时期；此后，将表现为小康时期，到达下一个世纪中叶时，我国将达到世界的中等的生活水平。由于社会主义制度的优越性，由于我国的消费结构和价格水平的特点，在我国的中等水平下，广大人民群众将能享有较充分的生活实惠。因而到那时期，可以说，在我国将会形成初步的物质富裕的社会主义，中国社会主义的优越性将大大地表现出来。在下一个世纪中叶以后的发展时期，一方面我国社会主义生产关系将进一步完善；另一方面我国社会主义的物质内容将进一步得到充实，社会的物质基础和物质富裕的发展水平将一步步地提高和上升到世界的前列，我国将由初级阶段的社会主义逐步转变为拥有强大的物质基础和充分的物质富裕的社会主义。

总之，现代化和富裕化，是当前我国社会主义发展的两个主轴。我国人民当前的主要任务，就是要狠抓生产力的发展，来促进这两个轮轴的顺利运转。正如党的十三次全国代表大会报告指出的："社会主义社会的根本任务是发展生产力。在初级阶段，为了摆脱贫困和落后，尤其要把发展生产力作为全部工作的中心。"

《政治经济学》序言①

政治经济学在中国的发展，最根本在于既要坚持马克思主义政治经济学的基本原理和方法，又要结合当代资本主义经济社会发展的最新变化，以及社会主义各国经济改革和体制转型、完善的最新实践，进行新的理论探索和理论阐述，与时俱进地丰富和推进政治经济学的创新和发展。

马克思主义政治经济学的基本原理来源于马克思的《资本论》。马克思为了完成这部近300万字的科学巨著，花费了40年的心血。

马克思主义包括哲学、政治经济学和科学社会主义三个组成部分。马克思主义政治经济学是马克思主义的一个重要组成部分。首先，马克思在政治经济学的研究中，发现了剩余价值的生产、实现和分配的规律，阐明了资本主义私有制是资产阶级与工人阶级之间的对立的经济根源，论证了资本主义必然灭亡的历史趋势，得出了社会主义和共产主义必然胜利的科学结论，这就为科学社会主义的产生奠定了基础。"它使社会主义者早先像资产阶级经济学者一样在深沉的黑

① 该教材原为西南财经大学出版社1989年版，刘诗白为其作序，再版时在其基础上略有修改。

暗中摸索的经济领域，得到了明亮的阳光的照耀。科学的社会主义就是从此开始，以此为中心发展起来的。"①其次，马克思在政治经济学的研究中，根据大量的历史资料，全面地考察了资本主义社会的生产力与生产关系、经济基础与上层建筑及其相互关系，揭示了资本主义社会以及人类社会发展的规律，使辩证唯物主义和历史唯物主义得到了科学的论证和运用。正如列宁所说："马克思的经济学说就是马克思理论最深刻、最全面、最详细的证明和运用。"②

深入学习马克思主义政治经济学，是进行社会主义、共产主义思想教育的一项重要内容。值得说明的是，马克思就是在研究政治经济学的过程中，转变了原先的世界观，形成了共产主义世界观。马克思在青年时代，特别是在波恩大学的学习期间，接受的是黑格尔的唯心主义辩证法和费尔巴哈的旧唯物主义理论。后来，马克思在办《莱茵报》期间，经常就许多问题与政府当局展开辩论，而这些问题大多是物质利益和经济学方面的问题，这成为马克思研究政治经济学的最初动因。恩格斯说过："我曾不止一次地听到马克思说，正是他对林木盗窃法和摩塞尔河地区农民处境的研究，推动他由纯政治转向研究经济关系，并从而走向社会主义。"③马克思在研究政治经济学的过程中，经常深入社会的最底层，深入到民众之中，进行调查和分析，掌握了大量的实际材料，从而认识到资本主义必然灭亡和共产主义必然到来是历史发展的必然趋势。在这个过程中，形成了马克思的共产主义世界观。

以《资本论》为代表的马克思主义政治经济学，是无产阶级进

① 《马克思恩格斯选集》第3卷，人民出版社，1972年，第243页。
② 《列宁选集》第2卷，人民出版社，1972年，第588页。
③ 《马克思恩格斯全集》第39卷，人民出版社，1974年，第446页。

行阶级斗争的强大理论武器。马克思通过对资本主义社会的研究，发现了资本家剥削工人的秘密，揭示了资本主义私有制的产生、发展和灭亡的客观规律，指明了无产阶级的历史地位和历史使命，从而也使其成为指导无产阶级革命运动的有力武器。马克思在从事理论研究和写作工作的同时，还十分重视理论宣传工作。在写作《资本论》的过程中，马克思经常在工人中通俗地宣传政治经济学的基本原理，以提高广大群众的阶级觉悟和理论水平，从思想上武装工人阶级。《资本论》第一卷出版后，1868年8月，在汉堡召开的全德工人联合会的大会上，与会代表一致认为"马克思的著作《资本论》对工人阶级做了不可估量的贡献"[1]。随着《资本论》的广泛传播，人们把它誉为"工人阶级的《圣经》"，认为它有力地推动了世界无产阶级的革命运动。

马克思主义政治经济学，不仅是无产阶级进行社会主义革命的理论基础，对社会主义建设也具有重大的指导作用。列宁认为："马克思的全部理论，就是运用最彻底、最完整、最周密、内容最丰富的发展论……去考察资本主义即将崩溃的问题，去考察未来共产主义的未来发展问题。"[2]可见，《资本论》并不限于仅仅研究资本主义经济关系，还考察了商品经济、社会化大生产和社会主义经济发展的一些规律性问题，如商品交换、货币流通、价值规律、市场的形成与运行、社会再生产的比例关系、扩大再生产的方式、积累的源泉、商业的地位、农产品定价、科学技术的作用等。认真研究和学习这些理论，对发展社会主义市场经济，加快社会主义现代化建设，深化经济体制改革，都有十分重要的现实意义。

---

① 《马克思恩格斯全集》第32卷，人民出版社，1974年，第730~731页。

② 《列宁选集》第3卷，人民出版社，1972年，第243页。

我们编写这本教材的一个基本原则，就是遵循马克思主义的基本原理。因为政治经济学，尤其是它的资本主义部分，经过长期的发展，其理论体系已比较完整和成熟，而且从现在来看，它的基本原理符合当时的历史情况，经过历史检验而被证明是正确的。对于前人提出和创建并经历史证明是正确的理论，我们在编写教材时就应当坚持和应用，如商品交换、货币流通、价值规律、资本主义积累、再生产的比例、剩余价值分配等。

当然，坚持马克思主义的基本原理，并不是简单地重复前人的理论。马克思主义政治经济学理论的正确性，不仅在于它符合过去的历史情况，还在于它能够说明和解释当代实践中出现的新情况、新问题。例如，工人的活劳动是创造价值和剩余价值的源泉，这是劳动价值论的一个基本原理。但是，现代发达的资本主义国家的现实是生产的自动化和机械化水平不断提高，电子计算机和机器人开始应用于生产过程。在这种情况下，生产过程中工人的活劳动减少，而剩余价值率却在不断提高。这一现实使劳动价值论面临挑战。要坚持劳动价值论的正确性，就必须对当代资本主义社会剩余价值的源泉问题做出科学、合理的说明。我们在教材中提出，在生产自动化条件下，生产工人的概念扩大了，价值和剩余价值是由总体工人创造的，而总体工人既包括直接操作机器的工人，也包括间接参加生产的技术人员和管理人员。所以，直接工人减少了，但总体工人并没有减少。在发达国家中，脑力劳动者的比例增加了，工人的知识技术水平提高了，而他们从事的复杂劳动可以在相同的时间创造出更多的价值和剩余价值；率先采用自动化生产的个别企业，其劳动生产率高，所生产的商品的个别价值大大地低于社会价值，因而可以获得超额剩余价值。上述几个方面的分析和说明，完全在劳动价值论的基础上解释清楚了当代资本主义生产中的剩余价值源泉问题，这不仅坚持了马克思的劳动价值论，还澄清和回击了西方经济学者对马克思劳动价值论的种种非难和攻击。

政治经济学的一个重要特点是实践性。20世纪70年代末，在中国历史上出现了一个具有划时代意义的新创举——改革开放。自此之后，伴随着我国经济体制改革与经济发展的实践，中国特色的社会主义市场经济理论逐渐产生、形成，并不断发展。1978年，中国开始了市场取向的经济体制改革，开始了从计划经济体制向市场经济体制的逐步转轨。1992年，党的十四大正式确定中国经济体制改革的目标是建立社会主义市场经济体制，明确提出并科学概括了建设有中国特色的社会主义理论。1993年，党的十四届三中全会通过了《中共中央关于建立社会主义市场经济体制若干问题的决定》，勾画了有中国特色的社会主义市场经济的蓝图。1997年，党的十五大科学地总结历史，规划未来，社会主义经济的许多基本理论有了重大发展，有中国特色的社会主义市场经济理论逐渐形成。在此基础上，社会主义政治经济学的理论体系以社会主义市场经济运行为主线，在所有制结构、企业制度、市场体系、收入分配、对外经济关系、宏观调控、经济增长和发展等方面有了许多理论发展与创新，极大地丰富和发展了马克思主义政治经济学的内容。2002年，党的十六大报告再一次总结了我国社会主义实践中的新经验，并为新的实践指明了方向。十六大报告蕴涵着许多方面的理论创新尤其是经济理论的创新，如非公有制经济的地位、分配理论、国有资产管理体制改革、社会发展战略、新型工业化道路、引进外资和国有企业改革等。2003年，党的十六届三中全会通过了《中共中央关于完善社会主义市场经济体制若干问题的决定》，这是进一步深化我国经济体制改革、促进经济和社会全面发展的纲领性文件，它进一步推动了中国特色的社会主义市场经济理论的发展和创新。

2007年，党的十七大报告第一次明确提出了中国特色社会主义理论体系，并围绕这一理论体系产生了很多新提法、新概括、新认识、新理念，如首次单独提出科学发展观、转变经济发展方式、平等保护物权、创造条件让更多群众拥有财产性收入等创新性观点。2012年，党的十八大报告不仅把科学发展观列入了党的指导思想，还为我们在坚持和发展中国特色社会主义的新的历史起点上坚定不移地继续深化改革开放，适应国内外形势的新变化，全面把握我国经济社会发展趋势，更加自觉地走科学发展道路，积极促进社会和谐，确保到2020年实现全面建成小康社会的奋斗目标进一步充实了新的理论依据和理论指导。

为满足政治经济学教学，特别是社会主义市场经济理论教学和广大干部群众学习理论的需要，我们按照十八大报告的精神，吸收近年来理论界关于社会主义市场经济理论的研究成果，结合我们自己的探索，在原来《政治经济学》（2010年第2版）教材的基础上，修改和编写了目前这本新的《政治经济学》教材。本教材的特点在于密切结合当代国际经济发展的新现实，密切结合中国社会主义市场经济体制改革的新进程，力求及时地反映出新的观点、新的资料。在这本教材中，大致体现了我们对政治经济学理论体系的安排、主线的设置及某些有争论的理论问题的看法。由于水平有限，这些看法不一定正确，章节的设置不一定合理。对于书中的不足之处，欢迎同行批评指正。

《高级政治经济学》序言^①

政治经济学是马克思主义的三大组成部分之一，它的创立者即马克思和恩格斯，用辩证唯物主义和历史唯物主义研究政治经济学，使古典政治经济学体系发生了根本性的变革。他们第一次从社会生活的各个领域划出经济领域来，从一切社会关系中划出生产关系来，指明它是一切社会关系中最根本最本质的关系。他们把生产关系归结于生产力的高度，指明生产关系是随生产力的发展而发展变化的，每一种生产关系是暂时地存在于历史的一定阶段。这样，马克思和恩格斯就科学地阐明了生产方式及与之相应的生产关系的发展变化是遵循着不以人们意志为转移的客观经济规律，表现为一种自然历史过程。马克思和恩格斯把政治经济学建立在以客观经济规律为依据的坚实的基础上，使政治经济学成为真正的科学。

与时俱进、创新发展是马克思主义政治经济学的学科品质，当代人类社会历史发展的进程中出现了当时马克思时代没有遇到的一系列

---

① 《高级政治经济学》刘灿、李萍、盖凯程主编，西南财经大学出版社，2016年。刘诗白为该书作序。

新现象、新问题，政治经济学需要揭示其客观规律性，体现出其学科的时代特征。20世纪社会主义在中国等国家的实践证明了马克思主义政治经济学基本结论的正确性，但是，中国基于自己的国情走了一条独特的建设社会主义的道路，这就是中国特色社会主义。中国特色社会主义是马克思主义普遍真理同中国具体实际相结合的典范。特别是十一届三中全会以来中国改革开放的实践，不断地探索建设中国社会主义的经济规律，即社会主义初级阶段生产关系和生产力的矛盾运动规律，积累了一系列宝贵的实践经验和科学观点，政治经济学需要深刻认识这些规律，总结这些规律，把它们上升为系统化的理论。同时，在建设中国特色社会主义和构建社会主义市场经济体制的过程中，我们也遇到了前所未有的、复杂的社会现象和矛盾。当前面临全面深化改革的重大任务，中国特色社会主义政治经济学研究需要对这些现象、矛盾的根源有科学的认识，找到解决这些矛盾的路径，形成新的经济学理论，为马克思主义政治经济学的创新发展贡献"中国智慧"。

30多年来，在中国特色社会主义经济建设的实践中产生的中国化马克思主义经济学已经成为指导中国经济改革和经济发展的理论经济学科，同时又具有强烈的实践性特点。政治经济学以现代化建设中提出的重大理论和实践问题为主攻方向，研究经济运行机制、经济体制、宏观经济政策，研究战略性、全局性、前瞻性的重大课题，可以为国家和企业的经济决策提供理论依据。政治经济学要成为指导中国经济改革和发展的理论经济学，需要根据中国经济改革的不断创新发展，需要重构中国特色社会主义政治经济学的理论体系，塑造政治经济学对中国特色社会主义经济建设的解释力、前瞻力和影响力。

结合中国特色社会主义伟大实践，开拓当代中国马克思主义政治经济学的新境界，这是我们要承担的历史使命。这一历史使命包括以下任务：

　　一是要构建当代中国马克思主义政治经济学的学术话语体系和理论体系。以马克思主义经济学（《资本论》）为基础，构建当代中国马克思主义政治经济学的学术话语体系（基本范畴和概念），包括对现有、正在使用的学术名称和概念进行全面梳理，给予它们的丰富内涵（文献中的语言和实践运用中的语言）。恩格斯在评价马克思《资本论》的科学成就时曾指出："一门科学提出的每一种新见解都包含这门科学的术语的革命。" 马克思经济学中，有原创性的"术语的革命"，如劳动二重性、剩余价值、不变资本和可变资本等；批判继承性的"术语的革命"，如交换价值、货币、资本等；中国特色社会主义政治经济学的"话语"，如社会主义初级阶段、经济体制改革、社会主义本质、"三个有利于"、家庭联产承包责任制、先富和共富、社会主义市场经济、对外开放，等等。 构建当代中国马克思主义政治经济学的理论体系，包括对象和方法、基本范畴、基本理论问题，以及理论分析范式（研究范式）。马克思主义的理论内核的支撑点在于两个基本的命题，即历史唯物主义的"生产力决定生产关系，经济基础决定上层建筑"，构成了马克思主义政治经济学分析范式的精髓。

　　二是立足于中国实践，以原创性成果贡献中国智慧。对基于中国特色社会主义实践的理论创新成果进行全面系统地总结、梳理、提炼，这些成果是马克思主义经济学中国化的原创性成果，它推进了20~21世纪现代经济学的繁荣与发展，对世界经济发展和发展中国家转型发展有重要贡献。这些成果包括：关于社会主义初级阶段基本经济制度的理论，关于树立和落实创新、协调、绿色、开放、共享的发展理念的理论，关于发展社会主义市场经济、使市场在资源配置中起决定性作用和更好发挥政府作用的理论，关于我国经济发展进入新常态的理论，关于推动新型工业化、信息化、城镇化、农业现代化相互协调的理论，关于用好国际国内两个市场、两种资源的理论，关于促进社会公平正义、逐步实现全体人民共同富裕的理论，等等。改革开放30多年来，立足于中国特色社会主义伟大实践的"中国经济学"取得了丰富的成果，但整体上来说，我们中国的经济理论基本上还处于一个"引进和消化阶段"，尽管这些年来我们中国的经济学者在国际上发表的学术论文和出版的专著多了起来，但在20~21世纪整个现代经济学的理论发展中，我们的贡献还很少，对作为整个人类思想财富的现代经济学理论的贡献还不是太大。随着中国市场化进程的发展，随着中国经济成长为世界第二大经济体，随着中国经济越来越融入世界市场分工体系，特别是随着一些发达国家的市场体系出现过的问题（如股市波动、产能过剩和经济周期）也开始在中国经济体内部开始出现，我们应该进行创造性的理论思考，用马克思主义中国化的原创性成果贡献出中国智慧，贡献出体现继承性和民族性、原创性和时代性、系统性和专业性的成果。

三是在21世纪经济学的新发展中增强学科自信和理论自信。马克思主义政治经济学自它在150多年前由马克思、恩格斯创立以来至今仍有强大的生命力，即使是不接受它的意识形态的西方学者也不否认马克思、恩格斯对人类社会历史发展的进程以及资本主义经济运动规律揭示的科学性。但是，我们也要看到，20世纪以来人类文明和社会思想的巨大发展，使经济学已经发展成为一个庞大的体系。这个可以称之为现代经济学的理论体系，不断随着经济学内部"分工"和"专业化"的研究和发展而不断演化，也不断把其他新的经济学流派的理论吸引过来，包括新制度经济学的理论和博弈论的研究进展，等等。可以说到现在为止，在国际上基本形成了一个比较成熟、完整和规范的经济学理论体系。但是，这个理论体系又有一些很大的问题。首先是经过几十年的发展，经济学越来越"科学化""精细化"，从而变成了一个非常数理化、公理化的体系。其次，这个理论体系是以发达国家经济发展的经验和成熟市场经济的运行为基础而构建的，不能以此为参照物来解释中国和其他不发达国家、转型国家的经济现象（例如"华盛顿共识"）。第三，西方主流经济学不能解释当前资本主义社会的政治分裂、两极分化、贫富差距等问题的根本原因，虽然一些学者尖锐地指出资本主义市场制度出了问题，也看到了主流经济学"市场原教旨主义"的缺陷，并有"回到凯恩斯""回到马克思"的说法，但西方经济学的新自由主义主流立场和作为理论内核的"一般均衡模型"的缺陷使它面临一次又一次的"理论信任"危机。马克思主义政治经济学的世界观、方法论，所坚持的生产关系分析和"物质生产是社会历史的决定性因素"，以及以人民为中心的发展理念，决定了它在当前经济学多元发展和各种思想、理论交锋中的优势和科学性，我们切不可妄自菲薄。

习近平总书记2016年5月17日在哲学社会科学座谈会的讲话指出，中国特色社会主义建设是前无古人的伟大实践，必将给理论创造、学术繁荣提供强大动力和广阔空间。这是一个需要理论而且一定能够产生理论的时代，这是一个需要思想而且一定能够产生思想的时代。马克思主义政治经济学在这个时代承担起出思想、出创造性理论的责任，我们应该以马克思主义中国化的原创性成果贡献出中国智慧，贡献出体现继承性和民族性、原创性和时代性、系统性和专业性的成果。

是为序。

刘诗白

2016年7月，光华园

主编　刘诗白选集

《社会主义经济学原论》

刘诗白主编，1992年由人民出版社出版，其中前言，第一、四、十三、十四章由刘诗白撰写。

前 言

在中国共产党十一届三中全会的"解放思想，实事求是"的思想路线指引下，中国80年代的社会主义经济体制改革，取得了巨大的成就。中国的改革，坚持马克思主义的科学社会主义基本理论和中国实际相结合，从中国社会主义初级阶段的国情出发，基于建设具有中国特色的社会主义和发展社会主义有计划商品经济的要求，在社会主义生产关系的广泛领域——所有制结构、企业经营方式、交换关系、分配关系、消费关系、宏观调控方式，等等——以及社会主义政治体制领域，进行了一系列的、深入的调整、改革和创新。以引进市场和使之与计划相结合为主旋律的改革，给我国的经济注入了新鲜的活力，特别是作为社会主义经济机体的细胞的企业，开始摆脱了旧体制的某种束缚，表现出高昂的、自主的积极性和能动性。对外开放，国际经济资源的引进，以及新经营方式的采用，它所带来的新变化——集中表现是充满生机的特区经济——更是为举世所瞩目。十年改革使我国社会主义进一步完善，并由此使我国经济迅速和持续增长，人民生活水平有很大提高，综合国力进一步增强。实践证明，改革开放是强国之路，是中国经济振兴之途，坚持党的"一个中心，两个基本点"的基本路线，我国就一定能完成20世纪末的第二步战略目标，使我国社会主义社会更加兴旺发达，并且进一步阔步地迈向21世纪。

社会主义的经济体制改革，就整个国际范围来看，是一个新鲜的实践，尚无成功的先例可循，因而需要在实践中总结经验。改革是一场全新的群众性探索，需要解放思想，大胆实践。但是社会主义改革，如同社会主义革命一样，同样是以马克思主义的科学理论为指导。马克思列宁主义、毛泽东思想关于社会主义的科学思想，特别是党的十一届三中全会、十二大、十三大，以及十三届五中、七中全会以来所确立和阐述的关于社会主义初级阶段和社会主义有计划商品经济的理论，无疑地，已经为建设具有中国特色的社会主义奠定了理论基础。因而，经济学研究者面临的迫切任务是以中国共产党阐明和发展了的科学社会主义理论为指针，密切联系经济工作的实际，冷静地总结十年改革的经验教训，阐明社会主义的客观经济规律和进一步形成更加系统、更加完备的马克思主义的社会主义经济理论，用来指导我国90年代的经济改革和社会发展。

改革离不开理论导向。改革的理论越是完备，改革的实践就越能更顺利地开展。改革开放以来的十年间，社会主义经济学领域的学术探讨十分活跃，学术研究取得许多硕果，社会主义政治经济学的基本理论研究，在汲取改革开放的新实践经验中得到了发展。但是，理论经济学的研究仍然落后于实际的需要。这表现在：有关社会主义经济的一系列基本理论尚未研究得十分透彻和做出有说服力的阐述；对于有计划商品经济的含义、全民所有制及其他实现方式、计划与市场、国营企业营运方式与财产组织形式、宏观调控形式、国家管理的集中与分散的关系等问题，迄今仍然众说纷纭，莫衷一是。特别应该看到，在经济学研讨中一度也存在着自由化思潮的泛滥，在西方经济学

"热"和对马克思主义的"淡漠"化的背景下，不少基本理论观点弄得含混不清；在重视对策研究中，也出现了对理论研究的削弱；在强调实证研究中，也出现了就事论事，停留于事物表象，而忽视甚至贬低分析本质的科学抽象法，等等。总之，经济学研究中理论分析的被忽视和基本理论的较为薄弱是一个值得引起人们重视和需要加以解决的问题。因而，在加强经济学多方面的研究，加强对策研究，经济运行研究的同时，认真地和切实地加强基本理论的研究，就是摆在经济学研究工作者面前的一项重要任务。

本书是社会科学研究七五规划的一项选题，取名《社会主义经济学原论》，顾名思义，是一本属于社会主义经济的基本理论的著作。本书写作中有以下几个主要着力点：第一，对社会主义经济的生产、流通、分配、消费、再生产和调控等机制进行全面考察，着眼于社会主义本质和运行的基本规律的系统的理论分析和阐述。第二，力图把对生产关系的剖析和对经济运行机制分析结合起来。第三，提出人民财富概念，力图把人民财富的生产与最大增殖，公正分配和在消费中最有效的享用的机制的分析，贯穿于各章之中，这是本书写作中的一项新尝试。第四，力图使理论分析与我国实践相结合，特别是注意总结十年改革的经验教训。第五，把对社会主义有计划商品经济的机制和对意识形态的分析结合起来，把社会主义新经济体制及其健康运行所不可缺少的精神条件的创建，放在重要地位。当然，这一研究取得的成果和写作的初衷还存在不少距离。我们在此诚恳地希望读者提出批评意见，以便今后进一步对本书进行修改和使之完善。

本书是集体劳动的产物，各章写作的分工如下：第一章，刘诗白；第二章，柴咏；第三章，丁任重、易敏利；第四章，刘诗白；第五章，刘灿；第六章，丁任重；第七章，李建勇、程民选；第八章，余利平；第九章，王裕国；第十章，刘灿；第十一章，袁文平；第十二章，丁任重；第十三章，刘诗白；第十四章，刘诗白。

朱胜良、傅红春、吴天然、李义平、邓映翎也参与了初稿的写作和讨论。

本书由我确定框架设计，若干章节是按照我的观点而进行阐述的，全书由我进行总纂、修改、定稿，此书的不足与错误也就应由我负责。此书数易其稿，修改工作量很大（包括由各章负责人进行一再修改），在此要对参与写作与修改的同仁表示感谢。

此书出版中得到了人民出版社钟颖科副编审和郇中建（责任编辑）的大力支持，他们在审阅中提出不少宝贵意见，在此，我要对他们的辛勤劳动表示衷心的谢意。

刘诗白

1991年3月12日

于西南财经大学

第一章

社会主义社会的产生、发展和完善

社会主义生产关系代替资本主义生产关系，是资本主义经济运动的必然结果。本章作为社会主义经济学的导论，首先分析社会主义革命的必然性、从资本主义社会到社会主义社会的过渡时期，以及社会主义经济制度的建立、社会主义的基本特征；然后着重分析社会主义社会发展的阶段性和我国当前所处在的社会主义初级阶段的基本特征和根本任务；最后论述社会主义经济体制的形成，改革和完善。本章的分析为以后各章研究社会主义人民财富生产、分配、流通、消费过程中各种经济关系及其运动规律奠定基础。

第一节　社会主义革命的必然性

一、社会主义产生的历史必然性

20世纪以来，人类历史的发展进入了一个崭新的时期，开始了全世界范围内的从资本主义向社会主义的过渡。1917年在俄国爆发了十月社会主义革命，从而使社会主义成为人类生活中的现实。20世纪中叶，占世界人口五分之一的中国以及东欧和其他地区的一些国家，选择了社会主义道路，从而在世界范围内形成资本主义体系和社会主义体系同时并存，相互斗争、竞赛和同时发展的格局。人类历史上任何一个新的社会形态的产生、巩固和壮大，都要经历一个漫长的发展道路。社会主义社会的发展也是这样，这一新的社会形态的形成和壮大，不可能一帆风顺，甚至还会经历曲折，在它的幼年期还会存在和表现出种种局限性。但是，世界范围的社会主义实践表明：这一崭新的社会形态，始终是在人民群众生气勃勃的探索中，在改革中不断成长，不断发展，日益完善，越来越显示出它的优越性。社会主义改革和社会主义的振兴，这就是当前时代的主旋律。

社会主义生产方式的产生，是人类历史发展的必然，它是一个"自然的历史过程"。社会主义制度之所以必然要代替资本主义制度，是资本主义社会的物质生产力的发展以及由此引起的资本主义基本矛盾尖锐化的结果。资本主义生产方式在工业革命以后，进一步加强和发展了机器大生产的物质基础，在19世纪末，社会化的大生产与狭窄的资本家私有制的矛盾就已经体现得日益鲜明，而在20世纪以来，资本主义物质技术基础又进一步发展和上升到新的梯级，资本主义生产关系与生产力的矛盾更加激化，从而使社会主义的产生成为不可抑阻的历史必然性。马克思和恩格斯创立的社会主义学说，科学地阐明了人类社会由资本主义转变为社会主义的历史必然性，他们根据历史唯物主义的基本原理，从现代生产力的本性和生产关系一定要适合生产力性质的规律，论证了社会主义产生的不可抑阻与不可避免性。马克思创立的科学社会主义根本不同于小资产阶级的社会主义，后者是从某种关于"公平""正义"的抽象的理论和伦理准则，从人的"本性"中去寻找社会主义的依据，他们不懂得社会主义是植根于现代社会的生产关系与生产力的深刻矛盾之中。正如恩格斯所指出："一切社会变迁和政治变革的终极原因，不应当在人们的头脑中，在人们对永恒的真理和正义的日益增进的认识中去寻找，而应当在生产方式和交换方式的变更中去寻找；不应当在有关的时代的哲学中去寻找，而应当在有关的时代的经济学中去寻找。"①

马克思和恩格斯深刻地分析了19世纪中叶以来，在英国和西欧产生和迅速发展的资本主义生产方式的基本矛盾，即社会化大生产与资本主义占有之间的矛盾。资本主义的这一基本矛盾，首先表现为个别企业的有组织与社会生产的无政府的矛盾。人们已经看到，资本主义从1825年以来，生产过剩的危机就已经周期性地出现和愈演愈烈，危机使大批产品被毁灭、大量生产资料被闲置，出现了大规模的失业和千百万劳动者陷于水深火热的困境。资本主义生产方式基本矛盾的另一表现是无产阶级和资产阶级的矛盾。资本主义生产方式使广大工人阶级和其他劳动群众，置于资本榨取剩余价值的绞榨机之下，资本家对最大限度的私人利润的贪欲和资本积累的机制使他们处于贫困状态，频繁的经济危机与失业使他们朝不保夕。这一切必然使广大劳动群众对资本主义充满愤慨，促使他们奋起反抗，在科学社会主义学说的启发和武装下，他们的革命觉悟不断增长，在斗争中组织性不断增强，从而逐步形成以工人阶级为领导的，由广大无产者和劳动群众组成的强大的革命力量，这就是进行和取得社会主义革命的阶级基础和社会力量。马克思和恩格斯就是通过对资本主义生产方式的基本矛盾

---

① 《马克思恩格斯选集》第3卷，人民出版社，1972年，第307页。

深入发展和阶级斗争不断激化的必然趋势和规律的研究，得出了"生产资料的集中和劳动的社会化，达到了同它们的资本主义外壳不能相容的地步。这个外壳就要炸毁了。资本主义私有制的丧钟就要敲响了。剥夺者就要被剥夺了"[①]的论断。他们正是从生产关系一定要适应生产力性质的经济规律的作用，来论述资本主义生产关系为社会主义生产关系所取代的历史必然性，从而对社会主义的产生和必然胜利的前途，做出了不可辩驳的科学的阐明。

马克思、恩格斯根据19世纪世界资本主义的状况，得出了社会主义将首先产生于资本主义经济最发达的国家的论断。在当时，这样的国家是英国，这是由于在19世纪，英国资本主义经济的高度发展，使那里的用以实现社会主义的物质基础表现得较为成熟，而且使实现社会主义的阶级力量更为壮大。因此，马克思指出，在英国，变革过程已经十分明显。

19世纪末20世纪以来，世界资本主义的发展出现了新情况，这就是：自由竞争的资本主义过渡到垄断资本主义。发达的资本主义国家，在生产集中与资本集中的基础上，出现了操纵资本主义国家经济命脉的大垄断组织，产生了金融寡头的统治。垄断资本主义使积累起来和更加庞大的生产资料和社会财富，归居民人数中占极少数的垄断资产阶级占有和控制，这就必然使资本主义生产社会性与私人占有的矛盾更加尖锐。垄断资本主义的重大特点是：资本主义关系越出了国家范围，而向全世界各个领域、各个角落扩展。一方面，发达的资本主义国家，由于对外贸易和资本国际化的发展，它们相互之间形成了更密切的经济联系，产生了各种超国家的国际垄断资本主义组织和关

---

① 《马克思恩格斯全集》第23卷，人民出版社，1972年，第831~832页。

系。另一方面，帝国主义列强在对殖民地的大规模资本输出和商品输出及原料夺取的基础上，把一切殖民地半殖民地国家的经济纳入了金融资本的密网之中。其结果就是使世界资本主义经济体系最终形成，它使亚洲、非洲和拉丁美洲广大的殖民地半殖民地国家成为统一的世界资本主义体系的个别环节。以上情况表明，垄断资本主义使下述三大矛盾十分深刻和十分突出，这就是：发达的资本主义即帝国主义国家的基本矛盾和阶级矛盾，帝国主义国家相互之间的矛盾，帝国主义国家的垄断资产阶级和殖民地半殖民地国家广大劳动人民之间的矛盾。以上矛盾的激烈发展，是20世纪以来世界社会主义运动风起云涌地发展的经济、社会的根源。

二、经济不发达国家的矛盾与社会主义革命的爆发

20世纪社会主义运动的一个重大特征是，社会主义革命的主观条件与革命形势的形成，不是首先出现在最发达的资本主义国家，而是首先出现在那些经济不发达的资本主义国家，甚至经济十分落后的殖民地半殖民地国家。这是由于在帝国主义条件下，出现了资本主义经济与政治发展不平衡的趋势与规律。由于资本主义国家各自的经济条件（资源、人口、市场、技术）、社会条件不一样，在业已被瓜分的殖民地中它们占有的份额不一样，特别是它们的科学技术发展的速度与状况不一样，以及各国执行的经济政策的差别，因而，一些原先处于后进地位的国家在经济上取得迅速的发展和跃居世界前列，另一些原先经济发展领先的国家却落到了后面，主要的资本主义国家经济发展中表现出鲜明的不平衡的特征，而这些国家的经济、政治、社会矛盾也表现出不平衡。在一定条件下，特别是在发生帝国主义战争的条

件下①，由于经济矛盾与社会矛盾的激化，某些经济不发达国家，甚至是经济落后的殖民地半殖民地国家，群众的革命化和革命形势就可以首先形成，社会主义革命也就有可能在那里首先发生和取得胜利。而在那些可以形成革命的力量的政治优势的国家——在世界资本主义链条最薄弱的环节——革命就可能首先获得成功。可见，20世纪初叶以来，世界资本主义发展的新情况，决定了社会主义革命摇篮向东方转移，决定了社会主义运动首先从东方国家兴起。

十月社会主义革命，就是发生在资本主义在当时只有中等水平的沙皇俄国，而第二次世界大战后，一批亚洲与东欧的资本主义不发达的国家走上了社会主义道路。中国则是从一个生产力水平更低、资本主义经济更不发达的半封建半殖民地国家，经过新民主主义革命而转上社会主义道路的。

社会主义首先诞生在资本主义经济不发达、生产力水平较低的东方国家，这是20世纪最引人注目的现象。如何来看待这一历史的发展？在不同的政治营垒和不同学术观点的人们之间，存在着深刻的分歧。资产阶级史学家将它说成是"历史正轨人为的偏离和扭曲"，小资产阶级则一开始就对革命前途忧心忡忡，怀疑它是否有现实的基础。俄国十月革命前夕，孟什维克和考茨基就宣扬"俄国生产力还没有发展到足以实现社会主义的水平"，并由此反对联共（布）党的武装起义的策略。在我国新民主主义革命中，也有过陈独秀的认为中国革命不能超越资产阶级革命范围的"二次革命"的理论。在当前社会主义国家进行经济体制改革的新形势下，一些人主张社会主义国家要"全盘西化""全面发展资

---

① 列宁说："资本主义转变为帝国主义，在客观上就必然产生帝国主义战争。战争使全人类**濒临深渊**，使全部文化濒于毁灭，并且不知还会使多少百万人走向粗野和死亡。除无产阶级革命外，**没有别的出路**。"（《列宁全集》第29卷，人民出版社，1985年，第180~181页）。

本主义"，又一次提出了生产力水平低的东方国家不能搞社会主义的论点。上述那种认为生产力水平低就不能搞社会主义的观点，不仅在理论上是错误的，而且它从根本上否认世界范围内几十年卓有成效的社会主义实践，从而更是十分荒谬的。

事实上，当代世界社会主义的产生和发展乃是世界政治、经济矛盾的合乎逻辑的发展，体现了历史的必然性。首先，选择和走上了社会主义道路的经济不发达的国家，尽管生产力水平较低或是很低（像我国那样），但是毕竟伴随着资本主义经济一定程度的发展，现代化大生产已产生并成为社会生产结构的重要支柱。在中国，1949年前现代工业产值已占国民生产总值的10%，因而，生产的社会性与资本家私人占有的矛盾，已在生活中表现出来，工人阶级和广大人民群众奋起进行反对帝国主义、封建主义和官僚主义的斗争和争取自身彻底解放，实现民主主义、社会主义的斗争，已成为社会的重要现实。

其次，在帝国主义时代，形成了世界资本主义经济体系，各个国家之间经济活动互相联结，政治形势交相影响，思想文化互相渗透，形成了一个以发达的资本主义国家为核心的，把其他各种独立的、半独立的国家紧密联结在一起的世界体系。在这种情况下，个别国家内部的矛盾，不再是一个孤立的国别的问题，必须放到国际的，即整个世界资本主义体系的宏观的角度来加以考察。在这种历史条件下，个别国家的资本主义生产关系与生产力的矛盾，就不仅仅是与本国的生产力性质与状况有关，而且是与整个资本主义世界的生产力性质与状况有关。在发达的资本主义国家，内在矛盾日益加深，危机日益激化和拼命实行"向外转嫁危机"的条件下，在世界资本主义已走向没落的总的环境中，那些作为后备的经济不发达国家，尽管土著的即民族的资本主义还是一个新生的经济形式，它也将由此丧失新生期的内在力量。再加上经济不发达国家存在的前资本主义社会结构，也严重地限制和阻碍资本主义生产方式的顺利发展。可见，帝国主义时代的新的历史的和社会经济的条件，为当代那些物质生产力水平较低的东方国家，开拓了一条绕过资本主义，而从原先的殖民地半殖民地社会直接走向社会主义社会的道路。

第三，从资本主义到社会主义的历史性的过渡，从根本上说固然需要有物质基础，但是它更直接的是有赖发动和实现这一过渡的阶级力量的成熟。而上述社会主义的物质基础的形成和阶级力量的形成既是有联系的，又是有区别的。二者之间的联系是：如果没有现代社会化大生产，也就没有作为资本主义掘墓人的现代无产阶级，从而谈不上有社会主义革命。二者之间的区别是：（1）在某些情况下，新社会的物质基础基本具备了，工人阶级和其他被压迫的阶层还缺乏组织性，足以发动成功的社会主义革命的阶级力量尚在形成之中。（2）在某些情况下，十分尖锐的经济、政治、民族矛盾导致发动成功的革命的阶级力量的形成和出现了爆发革命的政治形势，但新社会的物质基础尚处在发展不足状态。在帝国主义时代，由于资本主义国家经济政治发展不平衡的规律的作用，实现社会主义的物质基础与阶级力量，二者形成的不一致和不同步大大地加强了，往往在发达的资本主义国家表现出（1）的情况，而在那些经济不发达的国家却又表现出（2）的情况。但是不论是（1），或是（2），这两种情况都是植根于现代大生产与资本主义所有制的矛盾的当代社会主义运动向前发展进程中的不同阶段和不同画面，它生动地表现了从资本主义向社会主义过渡的道路并不是笔直的，而是十分曲折并表现出具有多种特殊形式。正如列宁所说："世界历史发展的一般规律，不仅丝毫不排斥个别发展阶段在发展的形式或顺序上表现出特殊性，反而是以此为前提的。"①

综上所述，当代社会主义革命首先在经济不发达的东方国家，特别是半殖民地半封建国家取得胜利，这并不是什么不可理解的偶然事件，而是植根于社会生产力与生产关系的矛盾之中的，合乎客观规律的自然历史发展。在20世纪以来不断兴起的，以东方经济不发达国家为先驱的这一场世界范围内的社会主义运动和社会主义革命，表明了世界资本主义全盛的时代已经过去，资本主义已经走向没落。尽管历史发展会有曲折，一方面某些资本主义国家的经济在一定时期也会有再次的"繁荣"发展和出现"回光返照"那样令人迷惑的局面，另一方面，世界社会主义在资本主义的包围、封锁、军事包围以及和平演变中也会遭受暂时困难，甚至有大的曲折的发生，但是，不管当代社会主义事业在发展中的阻力有多大，世界资本主义趋于没落和世界社会主义的不可阻挡的兴起，已经是时代的真正的大趋势。

第二节　从资本主义社会到社会主义社会的过渡时期

一、过渡时期的必要性和特点

（一）过渡时期的必要性

无产阶级取得社会主义革命胜利以后，迄至社会主义社会初步的建立，还必须经历一个过渡时期。马克思的科学共产主义理论明确指出："在资本主义社会和共产主义社会之间，有一个从前者变为后者

---

① 《列宁全集》第43卷，人民出版社，1987年，第370页。

的革命转变时期。同这个时期相适应的也有一个政治上的过渡时期，这个时期的国家，只能是无产阶级的革命专政。"①过渡时期，就其最广泛的含义来说，是指从一种生产方式到另一种生产方式的转变时期，是旧的生产方式解体与新的生产方式的形成时期。过渡时期的一般特征是：它既有旧社会的经济成分，又有新社会的经济成分，存在着互相对立的、多样性的经济结构。它表明：新社会的经济关系已经产生，而且在逐步发展，但是尚未取得主导的与统治的地位，旧社会的经济关系正在被消灭，但尚未最后退出历史舞台，从而这是属于新旧社会交替之中的社会。

从资本主义社会向社会主义社会过渡的主要任务就是：实现由生产资料私有制向生产资料公有制的转变，基本上建立起社会主义的经济基础。这个过渡时期的必要性是由社会主义生产关系产生的特点决定的。由于资本主义社会内部不可能自发地产生社会主义生产关系和形成社会主义的经济基础，因而无产阶级在取得政治革命的胜利，建立了无产阶级专政的国家以后，就面对着消灭和改造资本主义旧经济，建立新的社会主义经济基础的任务。更具体地说，要对私有制旧经济进行革命改造，把多种经济成分变成以社会主义经济成分为主体的社会经济结构。上述任务不是可以一蹴而就的，需要有一个特殊的过渡时期。

社会主义社会以前的人类社会形态的发展和更替，无论是从原始公社制到奴隶制社会，还是从奴隶社会到封建社会，从封建社会到资本主义社会，都经历了它自身的过渡时期。社会主义形态出现以前的历史上的过渡时期的特征是：（1）过渡时期起始于旧社会内部，它是新社会形态要素在旧社会内开始萌芽和发展的历史过程。具体地说，

---

① 《马克思恩格斯选集》第3卷，人民出版社，1972年，第21页。

它就是旧社会的解体期。由于向新社会的过渡是发生在旧社会结构之中，因而它也就不再表现为一个独立于旧社会形态之外的独立的发展阶段。（2）过渡是自发性的。社会主义形态出现以前历史上的过渡时期的经济内容是新的私有制生产关系的产生和占据统治地位。这种新生产关系的产生不表现为自觉性的社会行为，而是一个自然发生的过程。（3）过渡进程的迟缓性。由于新经济关系的产生和旧经济关系的瓦解是发生在旧的社会制度内部，是在旧的衰朽的阶级的政治统治下进行的，因而这一破旧立新的经济发展和重大的社会变革，不能不受到衰朽势力的阻碍。对抗性的经济、政治和社会结构，成为新经济成长的障碍，决定了新社会因素发展和成长的缓慢性，使向新社会形态的过渡具有旷日持久的性质。且不说由奴隶社会向封建社会的过渡经历了数百年的时期，发生在西欧国家的封建制到资本主义的过渡，也经历了200年以上的漫长的发展。

（二）过渡时期的特点

从资本主义社会到社会主义社会的过渡时期，具有与历史上的过渡时期不同的特点，这表现在：

过渡时期是一个独立的发展阶段。从资本主义社会到社会主义社会的过渡，不同于社会主义以前历史上的过渡，它是一个独立的发展阶段，这是由社会主义生产关系的性质和它产生的特点所决定的。社会主义生产关系是公有制生产关系，它和以私有制为基础的资本主义生产关系是互相对抗的。尽管当代发达的资本主义国家高度发达的社会化的大生产呼唤新的社会主义生产关系的产生，但是资本主义私有制的排斥和资产阶级国家的阻挠，决定了社会主义生产关系不可能在旧社会内部顺利地萌生和成长。例如，即使是工人合作社这样的新组织形式，也会在私有制经济的营运机制中发生变形，转化为资本主义经济的附庸。社会主义生产关系的真正的产生和取代资本主义生产关系，只能是开始于社会主义革命之后，因而向社会主义的过渡也就会表现为一个独立的过渡时期，即由资本主义社会转变为社会主义社会的"革命转变时期"。

向社会主义社会过渡的有领导的性质。社会主义生产关系不能在资本主义社会中自发地产生，它要凭借无产阶级专政的强力，通过发挥无产阶级国家的经济组织职能有计划地建立起来。一方面，对旧的资本主义的经济和其他经济的改造，是通过党和国家的有领导、有组织的活动来稳妥地实现；另一方面，无论是社会主义的所有制结构、社会主义的市场结构，还是社会主义的微观的企业组织，都是通过人们的自觉活动而确立起来的。这也表明：向社会主义社会过渡绝不是适应各种社会政治力量的要求和自发势力自流的发展，而是体现了无产阶级及其政党的领导作用与社会主义国家的经济组织作用，归根到底，它体现了亿万人民群众在创建新社会中的自觉的能动作用。

向社会主义社会过渡的渐进性。从资本主义社会向社会主义社会的过渡，由于它是在社会主义革命取得胜利，无产阶级取得政治统治的条件下进行的，它体现了无产阶级专政的国家——通过共产党的领导——的有科学根据的指导与组织作用，人民群众在创造新社会中把主观能动性与对客观经济规律的运用结合起来，因而向社会主义社会的过渡，这一全面的社会关系的改造和变革，尽管也不会是一帆风顺，但是毕竟能够做到扎扎实实地发展、水到渠成地前进。这也就决定了向社会主义社会的过渡较之社会主义以前历史上的过渡时期的发展进程——那是一个充满了经济上的发展与衰败，政治上的革命与复辟，不断的社会震荡，长期的"分娩"的痛苦的旷日持久的过程——

将顺利得多和迅速得多。但是，向社会主义过渡，是人类历史上所经历的一次最深入的革命变革和最为复杂的历史进程。在这一过程中人们面临着有效地领导与组织社会主义经济，大力发展生产力，发展科学文化、教育事业，提高人民群众的思想觉悟和民族素质等任务，最主要的是要解决和实现深入的经济改造和社会改造，这些都是极其困难的任务。特别是对像中国这样的经济不发达的国家，由于生产力水平低，社会主义的充分的物质技术基础尚未形成，社会经济结构和阶级结构复杂，小资产阶级力量雄厚，文化教育水平低和管理水平落后，等等，因而，向社会主义的过渡将会遇到更复杂的矛盾，要解决更多的和更为艰巨的任务，实现这一过渡的道路也就不可能是笔直的，而是要采取更为复杂的"中间的途径、方法、手段和辅助方法"[1]，"走一条迂回的道路"[2]，因而这一过渡在时间上也将是更加的长。正如列宁所指出的："资本主义社会愈不发达，所需要的过渡时间就愈长。"[3]因此，人们不能采用简单化的方法，不顾客观条件的许可过急地和"超前"地过渡，而只能是遵循走向社会主义的自然历史进程所固有的阶梯，逐步登楼，循序渐进。因而，向社会主义过渡也就具有渐进的性质。

二、过渡时期的社会经济结构与社会改造

（一）经济结构的多样性

从资本主义到社会主义的过渡时期，是具有特殊的质的规定性

---

① 《列宁全集》第41卷，人民出版社，1986年，第216页。

② 《列宁全集》第42卷，人民出版社，1987年，第234页。

③ 《列宁全集》第42卷，人民出版社，1987年，第183页。

的历史阶段，这一发展阶段的重要特征是：经济结构的多样性，即包
括资本主义经济、社会主义经济，以及其他经济的多种经济成分的并
存。过渡时期始于无产阶级夺取国家政权。夺得政权的无产阶级，为
了要实现消灭私有制经济结构和建立公有制经济结构的任务，必须采
取下列的革命改造措施：剥夺即没收资产阶级的生产资料，实行大工
业、大运输业和银行的国有化，建立起社会主义全民所有制的国营经
济，使这一经济牢固地掌握国家的经济命脉，以保证无产阶级专政拥
有强大的经济基础。因此，过渡时期初期，社会主义经济就成为在经
济领域中起主导作用的经济成分。由于经济领域的社会主义革命即改
造只能逐步地进行，因而，在相当长的历史时期内，旧社会遗留下来
的以及新产生的中小资本主义经济还将在某些领域中继续存在，特别
是对于劳动人民的个体所有制经济是不能剥夺的，而只能进行改造，
逐步地吸引他们走上社会主义的道路。因而，可以说，对于任何一个
走上社会主义道路的国家，从资本主义到社会主义的过渡时期，在经
济领域中，都存在着多种经济成分，基本的是三种，即社会主义经
济、个体经济和资本主义经济。经济的多样性或多种经济成分的并存
乃是过渡时期经济的基本特征。

　　过渡时期的多种经济成分的具体结构，决定于走向社会主义的国
家的具体条件，决定于它们的物质生产力状况。在那些经济较发达、
生产力水平高、物质技术基础比较雄厚的国家，在社会主义革命后，
私有生产资料的公有化的进程将更为顺利和迅速，因而过渡时期的经
济结构中，资本主义经济、个体经济等私有制成分所占比重可能要小
些。对于原先那些经济落后的国家，由于它们的物质生产力水平很
低，现代化的物质技术基础还不雄厚，个体经济和资本主义经济等成
分，还有适合生产力发展的一面，因而这些私有制成分将在相当长的

时期，在较为广泛的领域内继续存在。

确立一个恰当的过渡时期的经济结构，对于保证经济顺利地、迅速地发展具有决定性的意义。任何一个走上社会主义道路的国家，都必须从本国的国情出发，着眼于社会生产力发展的需要，来确立一个最佳的多种经济成分的具体结构，并且要确立起过渡时期的初始阶段和此后的各个发展阶段的经济结构变化的目标。

（二）过渡时期的社会改造

过渡时期的特征是资本主义经济与社会主义经济的并存和互相斗争，列宁说，"那么过渡这个词到底是什么意思呢？它用在经济上是不是说，在这个制度内**既有**资本主义的**也有**社会主义的成分、部分和因素呢？谁都承认是这样的"[①]。资本主义经济与社会主义经济是两种互相对立的经济结构，在过渡时期的政治结构和经济结构中，在社会主义经济发挥主导作用的条件下，人们能够把资本主义经济的发展限制在一定的范围之内和使它对社会主义的发展起积极促进作用。但是资本主义经济和社会主义经济毕竟是对抗性的矛盾。即使是在过渡时期的政治经济条件下，在无产阶级掌握国家政权和社会主义经济占据主导地位的条件下，资本主义的发展已经受到制约，资产阶级已经不能为所欲为，但由于资产阶级固有的阶级本性和强烈的发展欲望的驱动，他们的各种各样超逾国家规定的界限的活动，会给社会主义经济的发展带来损害。而社会主义经济也只有在人们不断地克服来自资本主义经济的阻力和破坏中才能发展。因而过渡时期，在经济上客观存在着社会主义与资本主义的矛盾，这一时期不能不是衰亡着的资本主

---

① 《列宁全集》第34卷，人民出版社，1985年，第275页。

义与成长着的社会主义彼此斗争的时期。固然，在过渡时期，无产阶级国家要根据生产力发展的需要，保持多种经济成分并存的格局，利用资本主义生产关系的积极作用，但是，必须看到，新生的社会主义生产关系的发生、发展和占领经济阵地，是和资本主义生产关系的被削弱、改造和逐步退出历史舞台相伴同的。即使是在无产阶级专政的国家，社会主义经济和资本主义经济之间的对抗性矛盾，也是一个客观的存在，那种关于社会主义国家应该听任资本主义经济自由发展，无须对它进行限制和改造的观点，是不正确的。社会主义经济和资本主义经济的矛盾，体现了无产阶级与资产阶级两个阶级的矛盾，这就是过渡时期的基本阶级矛盾。过渡时期的基本阶级矛盾，决定了无产阶级必须坚持不懈地进行以改造、排挤私有制为主要内容的社会改造。这就是：要大力发展社会主义的经济成分，巩固它在国民经济中的领导地位；此外，要把农业和手工业者的个体经济逐步改造成集体所有制的合作经济，要把资本家的私有制经济逐步改造成社会主义的公有制经济，逐步地发展和形成以社会主义经济为主体的多样性经济结构；这是一切走上社会主义道路的国家，在从资本主义社会到社会主义社会的过渡时期的共同的历史任务。

由于各个国家的生产力发展水平、经济的政治的以及社会的与历史的等方面的具体条件有所不同，因而向社会主义过渡的形式也是多样的。走上社会主义道路的国家，必须采取适合自己国情的向社会主义过渡的措施，恩格斯说："甚至过渡的措施也是到处都必须适应当前存在的关系；这些措施在小土地所有制的国家里和大土地所有制的国家里将大不相同。"[1]列宁也指出："一切民族都将走向社会主义，

---

① 《马克思恩格斯选集》第2卷，人民出版社，1972年，第548页。

这是不可避免的，但是一切民族的走法却不会完全一样，在民主的这种或那种形式上，在无产阶级专政的这种或那种形态上，在社会生活各方面的社会主义改造的速度上，每个民族都会有自己的特点。"①各国无产阶级必须遵循把马克思主义的一般原理与本国革命的实践相结合的原则，要善于从本国的具体实际出发来运用从资本主义到过渡时期的一般规律，特别重要的是要探索和创造具有本国特色的过渡形式，这就是：从社会生产力发展的要求出发，来决定进行对生产资料私有制进行社会主义改造的形式、方法、步骤和速度。例如在改造和消灭资本主义私有制时，要根据各国生产力发展的状况和私人资本主义的性质，分别地采取没收、赎买等方式，充分利用资本主义生产关系的积极作用。在改造个体经济时，更要从个体经济在国民经济中的具体状况与具体作用出发，采取在充分利用中逐步改造的方针。总之，在改造私有制经济结构时，必须遵循客观经济规律的要求，改造的形式和步骤要从生产力的性质和发展的要求出发，采取区别对待、逐步过渡的稳健的方针。特别是对于原先资本主义经济发展不充分的国家，要着眼于充分发掘和有效利用各种资本主义私有制形式的积极作用，不能认为对私有制的社会主义改造越快越好，经济组织越大越好，所有制形式越公越好，更不能在步骤与方法上搞一刀切。实践表明，在实现过渡时期的基本任务时，不考虑每个国家的具体条件，脱离本国国情，照搬其他国家的做法，特别是在进行社会主义改造中急于求成，就会给建设社会主义的事业带来严重危害。

---

① 《列宁全集》第28卷，人民出版社，1991年，第163页。

（三）进行社会改造必须与大力发展生产力相结合

正确处理社会改造与技术改造的关系，是一切走上社会主义道路的国家，在过渡时期的一项极其重要的任务，从资本主义社会到社会主义社会的过渡时期的主要内容是，基本实现由资本主义私有制结构到社会主义公有制为主体结构的革命飞跃，因而，进行社会经济改造即社会生产关系的革命变革（主要是所有制的变革），就成为社会主义国家在整个过渡时期的政治、经济工作所要达到的基本的目标。但不能认为，实现这一基本目标的方法，就是简单地搞社会革命和进行阶级斗争，就是凭借无产阶级专政的强力来消灭、扫荡资本主义私有制和其他私有制。按照马克思主义的历史唯物主义，生产关系变革的动因是生产力的性质与状况，"无论哪一个社会形态，在它们所能容纳的全部生产力发挥出来以前，是决不会灭亡的；而新的更高的生产关系，在它存在的物质条件在旧社会的胎胞里成熟以前，是决不会出现的"①。固然，政治暴力是新的生产关系诞生的助产婆，但是没有"十月怀胎"即生产力的发育成熟，暴力也不能"制造"出社会主义生产关系，为新社会形态"催生"。所以，马克思主义经典作家从来是把无产阶级革命后的私有制生产关系到公有制生产关系的变革进程与物质生产力的发展过程联系起来。

（四）向社会主义过渡的三种模式

科学社会主义理论，基于历史唯物主义的生产关系一定要适合生产力性质的规律，业已指明：一切国家或迟或早，终将走向社会主义。如果我们把理论分析立足于社会主义形态产生和发展的历史高

---

① 《马克思恩格斯选集》第2卷，人民出版社，1972年，第83页。

度，那么，我们可以设想，有三种向社会主义过渡的模式：

1. 物质生产力达到高度发展水平的、发达的资本主义国家向社会主义过渡

在这种情况下，社会主义的充分的物质技术基础，已经在资本主义的母胎中孕育成熟，无论是城市经济或是乡村经济，都是立足于现代的社会化大生产和现代科学技术的基础之上。那么，上述国家在过渡时期的主要任务，就是实行社会生产关系从私有制到公有制的变革，由于物质基础的孕育成熟，完成这一生产关系的革命和社会主义新经济的诞生可能更为顺畅。但即使是在这样的情况下，在过渡时期，人们也必须把社会改造与技术改造相结合，也不能忽视生产力的发展而孤立地进行对私有制生产关系的社会主义革命。应该说，马克思论述的从资本主义向社会主义的过渡，就是属于这样的典型的和成熟的过渡模式。马克思指出，实现生产资料的公有化，即进行社会经济改造也必须与发展生产力同时并举。他说："无产阶级将运用自己的政治统治，一步一步地夺取资产阶级的全部资本，把一切生产工具集中在国家即组织成为统治阶级的无产阶级手里，并且尽可能快地增加生产力的总量。"[1]

2. 物质生产力只有中等发展水平的资本主义国家向社会主义过渡

在这样的国家，社会主义的物质技术基础还不够充分，例如在城市大工业领域已经有了现代化的机器大生产，但是在一般的轻工业或是第三产业，特别是在农业中，还没有完成由手工生产向机器大生产的过渡，甚至还存在着较为广泛的工场手工业，或是手工业那样的陈旧的技术基础。这样的国家在向社会主义的过渡时期，在客观上存

---

[1] 《马克思恩格斯选集》第1卷，人民出版社，1972年，第272页。

在社会主义物质技术基础形成滞后的状况。也就是说，一方面社会主义生产关系将以各种不成熟的、过渡性的形式伴随着社会主义改造的发展而在国民经济广泛领域中萌生；另一方面由于人们不能一下子实现生产力和物质技术条件的飞跃，因而在社会主义经济基础初步形成后，社会主义的物质技术基础还未充分发育成熟，从而显示出落后于社会生产关系的变革的状况。应该说，经济不发达的国家的过渡时期（包括俄国这样的资本主义经济只具有中等发展水平的国家），都会面对着这一状况。在这样的国家，无产阶级就必须把解决生产资料公有化的历史任务和实现社会主义工业化的历史任务联系起来。人们必须从大力发展生产力，建设与增强社会主义的充分的物质技术基础着手，以此为基础来开展和推进对资本主义所有制的改造。把发展生产力作为首要的任务，并不意味着人们只能先建设，后改造，先搞机械化，然后才能搞社会主义改造。恰恰相反，在实行大工业国有化和对具有中等规模的私人资本主义工业的改造中，即使是在那些尚未采用现代化的机器大生产的领域，也可以逐步地建立和发展多样形式的、初步的社会主义生产关系。如果认为在没有建立起现代化的机器大生产以前，就不能进行任何的社会主义改造，这是一种机械唯物论的观点。但另一方面，也必须冷静地看到，现代社会主义毕竟是要立足于现代化大生产的物质技术基础之上，那种认为可以无须有物质技术基础的充分准备，就可以建立起较为成熟的社会主义生产关系的观点也是错误的和十分有害的。因此，必须把社会改造与技术改造结合起来，一方面探索与各个不同的领域的物质生产力水平相适应的社会主义生产关系的形式，另一方面和更主要的是，要时时刻刻着眼于发展生产力，在寻找与选择社会主义经济的形式时，要看这一形式是否能有利于生产力的发展，要在大力发展生产力和大力增强社会的物质技术基础的前提下，逐步地进行社会主义改造。

3. 物质生产力水平低的半封建半殖民地国家向社会主义的过渡

20世纪中叶一系列像中国这样的原先资本主义经济不发达、物质生产力水平很低的国家走上了社会主义道路。这样的国家在向社会主义过渡时期，从旧社会继承下来的物质技术基础十分薄弱，现代的机器大生产只存在于某一些城市工业领域，而在国民经济的广泛领域内还使用着中世纪的手工业的工具与技术，甚至在农业的某些领域内还使用着刀耕火种这样的原始物质技术。因此，生产力水平很低的国家，经过社会改造初步确立起某种不成熟的、初级的社会主义生产关系后，与社会主义相适应的充分的物质技术基础的形成，还需要一个更长的，甚至是以数十年计的历史阶段。这样的国家在实现由前资本主义社会到社会主义社会的历史性的转变中，社会主义的充分完备的物质技术基础形成的滞后，表现得更为鲜明。生产力的水平决定着生产关系变革的广度与深度，这是过渡时期的客观经济规律。物质技术基础的薄弱制约着生产资料公有化的进程。（1）它使这一过程更带有渐进性，因为新的社会主义生产关系只能在那些生产力有较高水平的领域内产生和逐步地推广，而不能不分地区、不分场合"一哄而起"。（2）它决定了新的生产关系的不成熟与不完全性，因为人们只能适应生产力的性质，采取某种过渡性的和不完全的社会主义生产关系的形式，而不能追求"一大二公"，不断地向前推进生产关系的变革。（3）它使人们要花更大的力气，用更长的时间来稳定新生产关系，使它得到巩固和真正站稳脚跟。可见，生产力水平很低的国家在社会主义改造时期，将发展生产力作为出发点和首要的任务更加必要。这就要求人们必须大力抓好经济建设，千方百计地发展工农业生产，将生产力的发展和技术改造作为推进社会改造的物质条件，而不能脱离生产力的状况，孤立地进行所有制领域的社会主义革命。

可见，为了顺利地完成过渡时期的历史任务，实现社会经济关系的根本改造，就必须遵循生产关系一定要适合生产力性质的规律，在经济工作中实行发展生产力与社会主义改造并举，妥善地把技术改造与社会改造结合起来，既要积极地进行社会改造，发挥新的社会主义生产关系对生产力的积极促进作用，又要严格地根据生产力的现实水平及其所能容许的限度，选择新生产关系的具体形式和规定推行这种新的经济组织的范围，从而使社会改造密切地适应生产力的性质与要求。

三、中国向社会主义的过渡

中国是在一个经济落后的半封建半殖民地国家的新民主主义革命取得胜利后，开始进行社会主义革命和走上社会主义的道路的。中国向社会主义过渡的时期，始于新中国成立和人民民主专政的建立，到生产资料私有制的社会主义改造基本完成而结束。中国共产党把马克思列宁主义的普遍原理与中国革命的具体实践相结合，从中国的国情出发，制定了一整套向社会主义过渡的路线、方针和政策，开拓了一条中国向社会主义过渡的具有特色的道路。

基于中国过渡时期的多种经济结构的性质与主要矛盾，1952年中国共产党提出了从新民主主义到社会主义过渡时期总路线，规定了要在一个相当长的时期内，基本上实现国家工业化和对农业、手工业、资本主义工商业的社会主义改造。总路线的实质，就是要解决生产资料私有制转变为生产资料公有制的问题。

（一）对资本主义工商业的改造

在对资本主义工商业的社会主义改造中，中国共产党把半殖民地半封建旧中国民族资产阶级与无产阶级的矛盾作为人民内部矛盾来处理，并采取和平的方法和赎买政策，通过国家资本主义的多种过渡形式，如加工订货、统购包销、公私合营等，循序渐进地把资本主义私人企业改造成为社会主义的国营经济。中国在对资本主义工商业改造中，把企业的改造和对资产阶级分子的改造结合起来，把他们中的绝大多数人改造为自食其力的劳动者。还采取了把对农业的社会主义改造和对资本主义工商业的社会主义改造结合起来，用农业合作化来推动资本主义工商业的改造。1956年实行全行业公私合营后，国家对资本家实行定息制度，这时，公私合营企业基本上已经是社会主义性质，对资本主义工商业的改造由此取得基本胜利。

（二）对农业和个体经济的改造

中国是一个原先经济十分落后的国家，劳动人民的个体经济有如汪洋大海，把个体经济逐步改造成社会主义经济，这是过渡时期的一项极其重要但又极为艰难繁巨的任务。中国共产党在民主革命时期就领导农民组织起来走共同富裕的道路。土地改革后，中国采取了积极引导农民走互助合作道路的方针，根据生产力发展的要求和农民的觉悟程度，采取了由低级到高级、逐步过渡的形式，即由具有社会主义萌芽的互助组、半社会主义的初级农业合作社、完全社会主义性质的高级农业合作社的三个循序渐进、互相衔接的形式与步骤，一步步地把个体农民私有制变成社会主义的集体所有制。1956年，中国基本上实现了农业合作化。

中国的对个体手工业的社会主义改造采用了与农业的社会主义改

造相同的基本原则，但又根据个体手工业的特点，采取手工业劳动者从供销方面组织起来的供销合作小组、手工业供销合作社到完全的社会主义手工业生产合作社三种循序渐进的步骤和形式。在1956年，中国基本上实现了手工业合作化。

（三）新的实践和探索

如何进行社会主义的经济改造，这是社会主义国家的一项全新的实践和全新的探索。对此，人们还缺乏经验。特别是在一个生产力水平很低，经济不发达的、小农经济有如汪洋大海，资本主义经济也有着相当的力量的中国，如何进行经济结构与社会结构的根本改造，奠定过渡时期多样结构的经济基础，这是1949年以后中国无产阶级和共产党面临着的一项重大任务，而要按照中国国情来圆满地完成这一任务，无疑是十分困难的。中国的社会主义改造，并不是一帆风顺的，在工作中也不是没有犯过错误和经历过挫折与曲折。例如在社会主义改造中存在过急于求成，在改造的步骤上，存在步子过大、过快，特别是在某些改造的方法上，存在着因袭他国模式，未能真正从中国国情出发，上述缺点给此后中国经济的发展带来了许多后遗症。这些缺点的根源不仅是由于人们缺乏经验，也是在于"左"的思想和路线，在于人们未能真正贯彻一切从实际出发的马克思主义的思想路线。我们应该以马克思主义的历史唯物主义为指针，来正确认识中国所经历过的社会主义改造的历史过程，要总结历史经验，从走过的曲折中吸取教训，以指导今后的工作。但是也要正视工作的成绩，公正评价共和国人民自身创造和推动的历史发展。要看到，在一个生产力、生产方式与经济结构落后的半封建半殖民地国家，在一个一穷二白的、人口众多的东方大国，能够较为顺利地完成对私有制经济结构的根本改造，建立起以社会主义公有制为国民经济主体的社会主义经济制度，这本身就是社会主义的历史性的胜利。这一胜利为中国社会主义经济的发展，开拓了新的道路。

第三节　社会主义社会的基本特征

一、社会主义社会的基本经济特征

走上社会主义道路的国家，在基本完成了对生产资料私有制的社会主义改造后，社会主义经济在国民经济中占据统治地位，成为社会的经济基础，社会主义经济制度就基本确立，狭义的过渡时期就基本结束，社会主义的发展阶段也就由此开始。

关于社会主义社会的基本特征，马克思、恩格斯曾经做出十分深刻的、闪耀着天才火花的理论阐述，他们的分析论述为科学社会主义奠定了坚实的理论基础。马克思主义经典作家之所以能在19世纪的资本主义发展阶段，就对社会主义的基本经济特征做出科学的预测，就是因为他们坚持运用辩证唯物主义和历史唯物主义的基本原理来分析资本主义经济的实际。他们由于抓住了资本主义社会的矛盾，因而能揭示社会基本矛盾所规定的发展趋势，从而也就能够对未来社会的基本特征做出科学的预见。革命的理论是实践的指南。马克思和恩格斯关于社会主义的科学原理，过去、现在和将来都将有力地影响社会主义的实践，成为世界社会主义走向胜利的指针。

马克思主义经典作家关于社会主义的理论阐述是以当时资本主义经济有较高发展程度的工业国——英国为背景的，他们所分析的主要是从资本主义较高发展的母体中诞生和成长起来的成熟的社会主义，而不是产生自经济不发达的东方国家的社会主义。20世纪以来世界资本主义的发展出现了许多新情况和新特点。当代的实践中的社会主义在某些方面超出了马克思、恩格斯当时的设想，它不是脱胎于资本主义高度发达的西方国家，而是诞生于资本主义经济发展不充分、生产力水平低的东方国家，因而我们对于社会主义社会基本特征的认识，必须立足于社会主义的实践，要根据科学社会主义的基本原理，认真总结世界社会主义革命与建设实践的经验，对马克思主义创始人所作出的论述进一步加以补充、丰富、发展和具体化，而不能停留在经典作家原有的论述之上。

大体说来，社会主义有下述基本经济特征：

（一）社会主义的所有制结构：生产资料公有制

马克思所创立的用来分析社会形态的历史唯物主义的方法就是：把社会关系归结为生产关系，把生产关系归结为所有制关系，把所有制关系归结于生产力的高度。历史唯物主义的这一方法把所有制结构作为划分社会形态的基本标准，依据这样的划分标准，人类社会是经历原始公社、奴隶制、封建制、资本主义、社会主义（共产主义）等不同形态的向上递进。历史唯物主义的这一方法把所有制作为最原本的关系，使人们能找到和把握住生产关系复杂的结构的本原和基础。

马克思主义的经典作家采用上述方法，把社会主义、共产主义的经济形态，首先归结为生产资料的公有制。马克思指出：无产阶级革命的任务是："无产阶级将用自己的政治统治，一步一步地夺取资产阶级的全部资本"①，"把资本变为属于社会全体成员的公共财产"②。在《哥达纲领批判》中马克思将社会主义、共产主义形态归结为"一个集体的、以共同占有生产资料为基础的社会"③。恩格斯在《反杜林论》中指出，社会主义要实现"由社会占有全部生产资料"④。列宁指出，社会主义就是生产资料公有与按劳分配，"社会主义的任务是把一切生产资料转归全体人民所有"⑤。马克思主义创始人把所有制结构由私有到公有的质变作为社会主义的基本经济的特征，把社会主义归结为生产资料公有制，这就指出了科学社会主义的要义，也就把科学社会主义和非科学的社会主义区别开来。各种各样的小资产阶级社会主义，都是从某种关于"公平""正义""博爱"的道德原则出发，特别是宣扬社会主义就是"公平"分配。形形色色的资产阶级社会主义，更是把那些不触动资本主义私有制基础的"改良"措施，通通贴上社会主义的标签。这些关于社会主义的定义，回避了向社会主义过渡的社会经济变革的实质——由私有制经济结构到公有制经济结构的变革。科学社会主义把公有制结构作为社会主义、共产主义经济结构的本质特征，也就为新社会的构建指明了方向，为社会主义运动规定了任务，这就是：不仅废除资本家的生产资料私人占有，而且消灭一切私有制，实现全部生产资料的归社会占有。这是人类历史发展中社会生产关系的最深刻的变革，是对传统社会经济结构的最彻底的改造。可见，把生产资料公有制作为社会主义的基本经

---

① 《马克思恩格斯选集》第1卷，人民出版社，1972年，第272页。

② 《马克思恩格斯选集》第1卷，人民出版社，1972年，第266页。

③ 《马克思恩格斯选集》第3卷，人民出版社，1972年，第10页。

④ 《马克思恩格斯选集》第3卷，人民出版社，1972年，第321页。

⑤ 《列宁全集》第33卷，人民出版社，1985年，第427页。

济特征的科学社会主义，为共产党人和一切进步人类，确立了一个远大的理想和宏伟的奋斗目标。

（二）社会主义的分配（个人消费品分配）结构：按劳分配

消费品的分配是社会生产关系的重要方面，它是生产资料所有制即生产条件的分配的结果。因为任何一种生产资料所有制形式，不仅是劳动力与生产资料相结合的形式，而且也是当事人占有生产品，特别是占有与分享消费品的形式。马克思说："消费资料的任何一种分配，都不过是生产条件本身分配的结果。而生产条件的分配，则表现生产方式本身的性质"[1]。

个人消费品按劳分配，是社会主义公有制的实现，也是社会主义新经济结构的一个重要方面，这十分鲜明地表现出新的社会主义制度的优越性。马克思主义经典作家在分析未来社会时，首先是剖析了未来新社会的基础结构——生产资料公有制，然后进一步从生产资料的公共占有方式，合乎逻辑地引申出消费品的按劳分配方式。在《哥达纲领批判》这一著作中，马克思论述了社会主义社会个人消费品的分配方式是："他以一种形式给予社会的劳动量，又以另一种形式全部领回来。"[2]并且把这种消费品的按劳动付出的分配的方式，作为社会主义阶段与共产主义阶段相区别的重大标志。列宁做出了社会主义就是生产资料公有制和按劳分配的简要概括，他说："人类从资本主义只能直接过渡到社会主义，即过渡到生产资料公有和按个人的劳动量分配产品。"[3]按劳分配是对资本榨取剩余价值和资本家之间的按资分

---

① 《马克思恩格斯选集》第3卷，人民出版社，1972年，第13页。

② 《马克思恩格斯选集》第3卷，人民出版社，1972年，第11页。

③ 《列宁全集》第29卷，人民出版社，1985年，第178页。

配的根本否定。按劳分配把消费品占有即分配权还给劳动者，每一个公民，在进行同等社会劳动的基础上享有分配和享用消费品的同等权利，这样就宣告了几千年的私有制社会中，一小撮不劳动的统治阶级，凭借生产资料的所有权白白地榨取劳动者的血汗，不劳而获、劳而不获的不合理现象的结束。按劳分配，把劳动作为消费品分配的唯一尺度，它实现了按付出劳动量领取消费品的平等，避免了多劳少获或少劳多得。按劳分配这一社会主义原则，成为劳动者共同富裕的保证，而共同富裕，这正是社会主义的基本经济特征，是社会主义制度的优越性的一个重要表现。

按劳分配与平均主义是毫无共同之处的。由于劳动者本身的先天的或后天形成的劳动能力的不同，例如一些人天赋高，一些人则差一些；一些人勤奋学习获得更熟练的技能，一些人则学习时间少获得的技能差些，这样，在一定劳动时间内人们付出的劳动就是不同的，一些人付出量大，一些人付出量少。再加之人们的劳动态度不一样，一些人勤勉劳动，一些人马马虎虎，甚至个别人磨洋工，等等。因而，这更增大了个人劳动状况和劳动付出量的差异性。按劳分配的实质就在于在消费品分配中承认劳动付出的差别，使劳动付出量多的多得，劳动付出量少的少得，从而起到奖勤罚懒和调动劳动者的积极性的作用。

按劳分配既要承认差别，又要反对收入高低悬殊。固然，按劳分配所固有的消费品分配中的差别，在劳动者家庭的赡养人口不同的情况下，会进一步增大人们在享有消费品从而生活富裕中的差别和事实上的不平等。但是这种收入差别，毕竟只是被局限在人们的劳动付出量的差别的范围内，这种分配差别和由此带来的消费生活的不平等，是社会主义经济中难以避免的和可以容许的，它与资本主义制度下由阶级对抗引起的收入悬殊和贫富两极分化有根本不同。

总之，按劳分配就等量劳动领取等量报酬这一方面来说，它体现了消费品分配中的平等和社会公正，但是按劳分配的进步意义不仅仅表现在这一方面，甚至主要不是表现在这一方面，——而一切小资产阶级社会主义者是将按劳分配的意义主要归结为这一点——按劳分配就其多劳多得的收入分配机制来说，它体现了对劳动的物质鼓励，这一经济鼓励机制是社会主义发展阶段劳动的积极性的重要源泉，并且起着促进生产力发展的历史进步作用。可见，在个人消费品分配中把劳动报酬的平等性和收入差别性结合起来，既不是因为报酬的平等性而搞平均主义，也不是因为收入的差别性而形成贫富悬殊，而是通过把报酬平等与合理差别相结合，实现社会公正与效率的统一，这就是社会主义按劳分配的基本内涵和基本特征，这也是这一分配形式的优越性之所在。

（三）社会主义的交换方式：交换的商品形式

交换关系是社会经济结构的重要方面，因为生产的社会性，乃是人类生产固有的特征，而这一社会性表现为生产者之间在社会生产过程中的互相依赖，这种主体之间的相互依赖和密切协作，必然要表现为它们之间进行的活动交换。因而，这种经济学上广义的交换，乃是任何社会生产形态的必要内容。在人类社会形态的演进中，交换活动采取直接的活动交换、产品交换、商品交换等形式。而商品交换又有萌芽性的偶然的商品交换，存在于经济局部领域的不发达的商品交换，通行于统一的国民经济大市场发达的商品交换等形式。

交换既是生产社会性的产物和表现，因而随着生产社会性的发展，交换活动也越加频繁，交换形式也就越加发展，交换关系也就越加从生产过程中分化出来，获得独立的运行形式，并更加积极地对生产发生作用。可见，交换是社会经济结构的一个重要组成要素。

要把握某一社会经济结构的具体的特征，人们就必须弄清社会的交换的性质。交换关系直接地决定于所有制。在拥有独立的、排他的主体利益的所有制形态下，交换表现为等价的商品交换。资本主义的所有制，把商品交换发展到登峰造极的地步，交换的市场形式，成为资本主义经济结构的特征。社会主义经济结构是以公有制为基础，实践中的社会主义表明，社会主义公有制的经济主体，仍然具有相对独立的经济利益，这就决定了生产者之间产品与劳动交换仍然要采取等价的商品交换形式。

交换的等价性，赋予社会主义生产物以商品性，生产的商品性，乃是社会主义经济的一个重大特征。马克思主义经典作家认为，随着社会主义公有制的确立，商品交换将要消亡，由此认为社会主义是一种不存在商品的产品经济。社会主义的实践修正了这一观点，事实证明，社会主义不仅不排斥和压抑主体之间的商品交换，而且，社会主义存在着较为发达的商品交换——市场交换形式。这种包罗消费资料和十分广泛的生产资料于其中的商品交换关系，是社会主义经济结构的十分重要的组成部分。完备的商品交换方式及有效的市场机制，对微观经济起着有效的引导作用，成为实现社会主义国家的宏观调控的基本经济工具。

社会主义交换的商品形式，表明社会主义生产具有商品性。这种生产物表现为商品，实行商品交换，从而人们的经济活动要从属于商品经济的基本规律——价值规律——的经济，仍然是一种商品经济。不过，它是立足于生产资料公有制基础之上，从属于计划经济的基本规律——有计划、按比例发展规律——的新型的、特殊的商品经济，即社会主义有计划的商品经济。

商品生产和商品交换不是社会主义的异己物，而是社会主义本身具有的性质。由于商品性是社会主义经济的内在属性，因此，社会主义经济的理论模式就是：公有制+按劳分配+有计划的商品经济。当然，社会主义制度下，商品经济的交换方式和运行方式和社会主义的占有方式与分配方式的要求也会发生矛盾，上述情况，反映了复杂的社会主义经济结构的不同方面的既相矛盾又相统一。上述情况也决定了国家采取适当形式，实现一种使商品交换的机制从属于等量劳动与等量劳动相交换的社会主义原则，这是顺利发展社会主义商品交换关系的重要条件。

（四）社会主义的阶级结构：剥削阶级的被消灭和全体社会成员的工人阶级化

阶级是以生产资料私有制为基础的。在人类历史的发展中，随着私有制的产生，出现了社会成员的划分即剥削阶级和被剥削阶级。阶级的对抗，乃是以私有制为基础的社会的特征。资本家阶级和工人阶级两大基本阶级的划分和二者之间的阶级对立，乃是人类历史上最后一个阶级对抗形态：资本主义社会形态的特点。社会主义要消灭一切私有制从而消灭一切剥削阶级。随着成熟的社会主义的形成，私有制关系将彻底被消灭，剥削阶级及其残余就不再存在。列宁在论述一个成熟的社会主义社会的特征时说："因为资本家已经没有了，阶级已经没有了，因而也就没有什么**阶级**可以**镇压**了。"[1]成熟的社会主义的社会，将表现为一个自由的劳动者组成的利益共同体，成为一真正的和完全消灭了阶级和阶级对抗的社会。

---

[1] 《列宁全集》第31卷，人民出版社，1985年，第91页。

阶级的被消灭，要经历一个发展过程，随着从资本主义到社会主义的过渡时期的所有制改造基本完成，剥削阶级基本上被消灭，但是剥削阶级的残余还将存在。要彻底完成消灭剥削阶级的任务，还需要有社会生产力的更强大的发展，因而还需要时间。

消灭阶级，对于那些革命前资本主义高度发达的国家来说，主要是改造资本家所有制和消灭资产阶级的问题。对于那些原先经济不发达的国家，由于小资产阶级还在国民经济中占很大比重，消灭阶级就不仅要消灭资本家阶级，还包括改造和消灭城乡小私有者阶级，从而消灭工人阶级和农民阶级之间的本质差别。过渡时期的社会改造的另一个重要内容是对个体农民和个体手工业者进行社会主义改造，这是消灭工农阶级差别的必要步骤。通过发展多种形式的合作化和其他的组织经济联合的方法，吸引广大个体小生产者逐步地转上社会主义集体经济的轨道，这样就能逐步地消灭小私有制经济，从而使工人与农民都成为社会主义劳动者，"使**所有的人**都成为**工作者**"[①]。但是，改造个体经济，是一个极其艰巨的任务，消灭个体所有制不能采取剥夺的方式，只能通过自愿的联合，这是马克思主义的一条基本原理。要能够顺利地进行对个体经济的改造，除了依靠深入细致的思想工作与组织工作而外，还必须以物质技术基础的壮大为前提。对于那些原先经济十分落后的国家，由于社会主义充分的物质技术基础的形成将需要相当长的时间，因而消灭个体私有制经济，将经历一个相当长的历史阶段，并且会延续到社会主义社会的发展阶段，成为社会主义社会的自我完善的一个内容。

总之，社会主义国家随着地主、资本家等剥削阶级被基本消灭，

[①]　《列宁全集》第37卷，人民出版社，1986年，第273页。

个体私有者的农民、手工业者在发展社会主义联合化过程中逐步转变为社会主义劳动者，形成了由工人阶级、劳动农民阶级和劳动知识分子组成的崭新的社会结构，几千年来以激烈的阶级斗争为运转主轴的阶级社会就由此宣告结束，人类社会由此跨进了以社会成员和社会集团基本利益一致为特征的新社会的门槛。当然，由于国内剥削阶级的残余还将长期存在，社会主义社会的多样性经济结构和商品性经济运行机制和分配机制中还有新的剥削分子产生的土壤，由于在国际上，帝国主义的和平演变和各种对社会主义的颠覆活动还将长期存在，因而阶级斗争并未消灭，有时还可能以较为激化的方式表现出来。但是阶级斗争作为主要矛盾的时代已经过去。随着社会主义制度的不断自我完善，特别是公有制的日益成熟，社会主义分配更加完善，社会成员经济利益的一致，政治上和思想、道义上的一致，这一社会主义社会的特征，将日益鲜明地表现出来。

以上我们基于对社会主义社会的基本生产关系的分析，阐明了社会主义经济结构的四个方面的特征，写成一个简括的公式，社会主义＝生产资料公有制＋按劳分配＋有计划的商品生产与交换＝消灭了剥削阶级的新社会，这是一个以生产资料公有制为基础，实行按劳分配的，按照有计划的商品经济轨道运行的新社会形态。人们看见，走上社会主义道路的国家，经过从资本主义到社会主义的过渡时期，经过深入的和逐步的社会主义改造，将开始出现上述经济结构和社会结构的基本框架，由此开始进入社会主义社会的发展阶段。

二、社会主义的物质技术基础

按照历史唯物主义社会观，任何一个特定的社会形态都有其特定的经济结构（基础结构）、政治结构和意识形态（上层建筑）。此外，它还有其特定的物质技术基础。

社会的上层建筑决定于经济基础，经济基础又决定于物质基础，这就是社会结构内在的基本依存关系与运动规律。对于社会主义社会的本质特征的理论分析，就不仅仅要展示它在经济基础即经济结构上的特征，而且要展示它的上层建筑的特征，此外，还要展示它在物质技术基础上的特征。只是单纯地分析社会主义的经济结构，而不涉及和规定社会主义经济结构所由以产生的物质基础，这样的分析，并不能充分阐明社会主义生产关系产生和壮大成熟的客观必然性。可见，剖析社会结构的科学方法，是三维分析方法，其基础是生产关系和生产力的状况。正如列宁在阐述马克思主义历史唯物主义的基本原理时指出，这一科学的历史观把社会形态归结为生产关系，又把生产关系归结为生产力的高度[①]。

基于社会三维结构的理论和基本方法，那么，我们就可以如下地规定社会主义社会的特征：这是一个以现代公有制为经济基础，以现代机器大生产为物质基础，以高度社会主义民主和高度社会主义精神文明为其上层建筑的新社会。简单地说：成熟的社会主义=社会主义的经济基础+与这一经济基础相适应的社会主义的上层建筑+用以承载以上二者的先进的物质技术基础。

（一）社会主义物质基础的性质

什么是社会主义的物质技术基础呢？社会主义是人类社会历史发展的必将到来的一个阶段，是比资本主义社会更高的社会形态。这个

---

① 参见《列宁全集》第1卷，人民出版社，1984年，第110页。

作为从资本主义社会形态的向前发展和演化出来的更高的社会形态，它的物质基础理应以资本主义的物质基础为起点和最低界限。资本主义在18世纪末和19世纪的产业革命以来建立起现代机器大生产，以机器大生产为特色的现代化生产方式，乃是资本主义的所有制、以榨取剩余价值为内容的资本主义生产，以及资本主义的政治制度和意识形态的物质基础。从资本主义社会脱胎出来的社会主义社会，显然地，它的物质基础应该是资本主义物质生产力的继续、发展和提高，因而社会主义的物质基础的起点应是机器大工业。列宁指出，社会主义的物质基础是"为千百万人服务的大企业"[①]，"是同时也能改造农业的大机器工业"[②]。资本主义的物质基础随着当代科学技术的发展而不断壮大和提高，20世纪初期已由以蒸汽为动力的机器大生产发展为以电力为动力的大机器生产，进入"电气化时代"。列宁根据这一新的发展，又进一步把实现电气化作为建设社会主义物质基础的任务，并提出了共产主义等于苏维埃政权加全国电气化。由此可见，社会主义国家应该充分考虑资本主义已经达到的物质技术基础的水平，从而确立起社会的物质文明建设的宏伟目标，而不应人为地降低新社会的物质标准。当前，世界上正在兴起一场以原子能、微型电子计算机、新型材料、生物工程、光导纤维等的广泛应用和航天技术、海洋开发等的迅速发展为特征的新技术革命，这场革命将带来社会生产力的新的飞跃。社会主义国家在制定建立社会主义物质基础的奋斗目标时，应该充分考虑这场新的技术革命对生产力的发展将带来的变化和结果。

---

① 《列宁全集》第34卷，人民出版社，1985年，第240页。

② 《列宁全集》第42卷，人民出版社，1987年，第7页。

（二）社会主义物质基础的形成是原经济不发达国家建设社会主义的中心任务

马克思主义的历史唯物论科学地阐明了世界上的一切国家都将走向社会主义。如果社会主义变革发生在一个资本主义经济和资本主义的物质技术基础高度发达的国家，那么，由于适应社会主义改造的物质基础业已在旧社会的母胎中形成，可以说，新的社会主义经济结构，由于业已拥有自身的物质载体，从而可以较为顺利地产生。在这样的国家，由于社会主义物质基础的率先形成，向社会主义过渡的主要内容就表现为变革社会生产关系，创建和形成社会主义的经济基础。马克思和恩格斯曾经强调指出，由资本主义到社会主义的转变，是对传统的私有制关系实行"彻底的决裂"。他们的这些论断是立足于新社会的物质生产力已在旧社会中产生和发展成熟的假定之上。可以说，这是社会主义物质技术基础形成而导向社会主义经济基础形成的典型的社会主义转变的形式。当代世界上的高度发达的资本主义国家，在今后转变为社会主义时，将要采取这一形式。但是当代实践中的由资本主义向社会主义转变，却是采取了社会主义经济结构率先形成，然后启动生产力的大发展和充分的社会主义物质基础形成的变革形式。

当代世界实践中的社会主义开始于经济不发达的国家。尽管在这些国家，生产力水平较低，现代化的物质基础发展不充分，但是社会政治、经济结构深层的矛盾的孕育成熟，使社会主义变革成为不可抑阻的历史必然性。因此，在这些走上社会主义道路的国家，历史的发展就表现为由社会主义经济基础形成进一步引导和促使社会主义充分物质基础形成的形式。对于那些原先的经济落后的国家来说，由资本主义社会（包括前资本主义社会）向社会主义社会的革命转变，就包括两个方面：一是实现由资本主义私有制（包括其他私有制）向现代公有制的转变，二是实现由落后的二元经济结构向社会化大生产的转变。基于上述社会主义形成的客观规律和时代的特征，无产阶级和人民群众应该在共产党的领导下，适应社会主义革命的热潮的兴起，去夺取政治革命的胜利，并且在社会主义充分的物质基础尚未形成的条件下，积极地向前推进适当的生产关系变革，确立起社会主义经济结构的基本框架，实现第一个历史转变：由私有制为主体到公有制为主体的转变。但另一方面，人们又必须冷静地估计到社会主义的不充分的物质基础形成的滞后，以及由此产生的对新生产关系负载能力的局限性，注意社会生产关系改造的形式与步骤的适应性，防止生产关系变革的"冒进"和"脱离"生产力水平的"跳跃前进"。更重要的是：在社会主义政治革命取得胜利后，人们要把第二个转变即大力发展生产力，创建社会主义的充分的物质基础作为首要的任务。要把第二个转变与第一个转变结合起来，使第一个转变立足于和适应第二个转变，这是经济不发达的社会主义国家在推进革命和建设中的一项中心课题。可见，大力促进和保证社会主义充分的物质基础的形成，就成为经济不发达国家的建设社会主义的一项根本任务。

（三）中国的社会主义充分的物质技术基础的创建

中国原先是一个经济落后的半封建半殖民地国家，植根于半封建半殖民地社会的经济、政治矛盾，特别是20世纪初叶，帝国主义、封建主义和官僚资本主义对广大人民群众的压迫和残酷剥削，合乎逻辑地引发了中国的新民主主义革命和由此不可抑阻地推动了中国由新民主主义转向社会主义的政治变革与经济变革。中国人民在共产党领导下，获得了夺取政权的胜利，建立起人民民主专政的新中国后，顺应中国经济政治的矛盾和生产力的要求，积极推进了生产关系领域的革命变革，在中国率先确立起社会主义的经济结构。但是中国的社会主义的物质技术基础是远远不充分的，这主要表现在：第一，现代化工业生产发展不足，工业产值在总产值中的比例较低，广大国民经济领域，特别是农业领域还通行着落后的手工生产技术。第二，人均国民生产总值还比较低，与发达国家有较大差距。第三，农业人口在国内总就业人口中所占比重较大。第四，主要工业品生产能力还比较低。

中国在基本完成生产资料的社会主义改造以后，中国社会主义社会展示出如下的状况和特征：先进社会主义经济制度（初步的），立足于落后的物质技术基础之上。社会主义经济结构率先形成，先进的社会主义经济结构与落后的物质基础的矛盾，在中国社会主义社会表现得特别鲜明。社会主义物质基础形成的滞后性，以及由此而产生的多种多样的经济的和社会的矛盾，决定了中国社会主义建设更必须把发展生产力，把奠定、充实和壮大社会主义物质基础，作为首要的任务。对中国来说，为了构建社会主义新社会的大厦，必须自始至终把社会主义物质基础的建设，作为经济工作的中心和出发点。在中国，如果不能迅速实现以使用手工工具为特征的传统生产力到以机器大生产为特征的现代生产力的转变，中国就不能使国民经济迅速、稳定地增长，长期困扰着我国，使我国亿万人民群众深受其苦的贫穷与落后的问题就得不到彻底解决，人民的物质生活水平就不能迅速地提高，作为成熟的社会主义的重要特征之一的普遍富裕就不能形成。物质技术基础的薄弱，社会主义经济和政治、文化制度将因缺乏坚强的物质载体而难以巩固和进一步发展，社会主义优越性将难以充分地发挥。

中国与发达国家主要经济指标比较（1980年）

指标	单位	中国	美国	日本	联邦德国	法国	意大利	英国
人口	万人	100072	22981	11765	5976	5396	5720	5583
国土面积	万平方公里	960	936.3	37.7	24.8	54.7	0.1	24.4
森林覆盖率	%	12.5	30.4	67.2	29.4	26.7	21.1	8.6
国内生产总值	10亿美元（现价）	236.3	2587	1040	819	625	394	523
按人口平均国内生产总值	美元（现价）	236	11365	8905	13306	12137	6903	9355
发电量	10亿度	300.6	2356	519	359	243	185	285
能源生产量	万吨	63721	209035	4283	15995	5018	2642	27540
按人口平均能源生产量	公斤	637.21	11361	3723	5992	4297	3041	5135
钢材	百万吨	27	101	111	43	23	26	11
汽车	千辆	222	8068	11042	3893	3992	1612	1414
水泥	百万吨	79.9	65	88	34	29	42	15
农业人口占总就业人口比例	%	72	3.5	10.0	6.0	8.6	13.3	2.8
谷物生产量	千吨	317772	269997	13197	23084	48001	18324	19212
按人口平均谷物生产量	公斤	315	1，186	113	375	894	321	342

资料来源：《世界经济年鉴》（1981年、1982年）、《中国统计年鉴》（1981年）

中国四个现代化的实现与社会主义充分的物质基础的最终形成，将是一个要付出艰苦努力的长期历史过程，展望其发展，它将经历这样几个阶段：通过大力发展社会主义有计划的商品经济，完成国家的工业化和大力推进生产的商品化、社会化，在20世纪末，建立初步的物质技术基础，人民生活达到小康水平；在确立了初步的物质技术基础后，进一步发展社会生产力和现代化建设，到下世纪中叶达到中等发达国家的水平，实现人民生活初步的富裕化。然后，在这个基础上继续前进，再经过一个发展阶段，使国家综合经济实力和生产力水平赶上和超过发达资本主义国家，实现富裕的社会主义。在中国的现代化过程中，社会主义制度将保证和有力地促进现代化事业的发展，而现代化的迅猛跨进和物质基础的不断增强，又不断地巩固社会主义制度，促使它不断地自我完善。而在这一个过程中，将实现先进的社会主义经济制度与雄厚的物质技术基础的相互促进、适应和内在结合，从而使社会主义制度的优越性获得充分的发挥。

第四节　社会主义社会的发展阶段

一、关于社会主义、共产主义形态的发展阶段

（一）马克思主义创始人关于社会发展阶段性的论述

按照辩证唯物主义的发展观，任何事物都处在一个由量变到局部质变，再进至根本质变的运动之中，这样的运动也就表现出阶段性的特征。人类社会的发展也是如此，它不仅要经历原始公社制、奴隶制、封建制、资本主义、社会主义、共产主义等一系列社会形态，从

而表现出一个由低级阶段到高级阶段的有秩序的递进，而且就某一个
社会形态来说，也是要经历一个初生期、成熟期、解体和向新社会过
渡时期等小阶段。这就是说，任何社会形态都有一个由低级向高级、
由不成熟向成熟的发展过程，因而任何一个社会形态的发展也存在着
阶段性。例如原始共产主义形态，适应以原始石器、新石器为标志的
生产力水平的不同，而可以划分为母系氏族社会和父系氏族社会；奴
隶制社会适应以青铜器、铁器为标志的生产力水平的不同，可以划分
为不发达的奴隶制和发达的奴隶制；封建制社会形态，适应农业生产
力发展水平的不同，而可以划分为农奴制经济和地主制经济；在资本
主义社会形态，适应初期机器大生产、现代机器大生产、当代自动化
机器大生产等不同的生产力发展水平，而可以划分为自由竞争的资本
主义、垄断资本主义、国家垄断资本主义等阶段。对于取代资本主义
而登上人类历史舞台的共产主义社会形态来说，在经济发展中也要表
现和划分为不同的发展阶段。马克思在《哥达纲领批判》中，提出了
关于共产主义社会形态的三阶段论：（1）从资本主义到社会主义（马
克思使用的是"共产主义"）的过渡时期；（2）共产主义第一阶段即
低级阶段；（3）共产主义第二阶段即高级阶段。这一划分方法科学地
阐明了共产主义社会形态发展的阶段性。如下图：

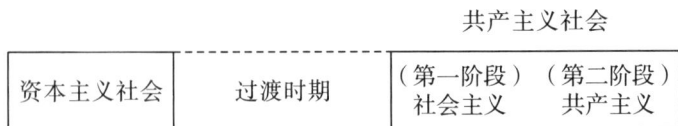

共产主义社会

资本主义社会	过渡时期	（第一阶段）（第二阶段） 社会主义　　共产主义

　　社会主义的发展，是否还要表现出阶段性？如何来划分社会主义
发展的阶段性？这是当代实践中的社会主义向人们提出的新课题。由
于历史条件的限制，马克思当时只能用上述最一般的方式来描述未来

社会的发展前景，没有也不可能对社会主义的主要发展阶段及其具体特点进行阐述。

（二）列宁对社会主义发展阶段性的论述

列宁根据苏联社会主义革命和建设的初步实践经验，对社会主义自身发展阶段性问题作了进一步研究和阐述。列宁的功绩是：

第一，提出和分析了经济不发达国家向社会主义过渡，即从资本主义到社会主义的过渡的阶段性。列宁阐述了：（1）向社会主义过渡的长期性。他论证了从资本主义到共产主义的过渡，不是可以经过一两次"红卫军"对资本的"冲击"就能完成的，恰恰相反，列宁根据资本主义经济不发达、物质生产力水平不高的俄国的具体情况，阐明了向社会主义过渡的长期性，指出了"资本主义社会愈不发达，所需要的过渡时间就愈长"[①]。（2）向社会主义过渡的阶段性。列宁指出在俄国这样的国家，无产阶级在取得政治革命的胜利之后，也要经历若干小阶段和步骤才能实现社会主义。（3）过渡的曲折性。列宁指出走向社会主义的道路不是笔直的，而是要经过一系列中间环节迂回曲折地发展。可见，明确提出经济不发达国家从资本主义到社会主义过渡的阶段性和渐进性，是列宁的重要理论贡献，他论述了在从资本主义到社会主义这一社会急剧转变时期，人们在组织社会主义新经济时，必须循序渐进，注意防止各种超越社会发展的客观阶段的企图和冒进行为。他说："在社会生活急剧过渡和急剧转变的时候，最困难的事情就是要估计到各种过渡的特点。"[②] "我们担负的任务的全部困

---

① 《列宁全集》第42卷，人民出版社，1987年，第183页。

② 《列宁全集》第38卷，人民出版社，1986年，第113页。

难、政策的全部困难和政策的全部艺术，就在于要估计到每一种这样的过渡的特殊任务。"①只有客观地考虑某个社会中一切阶级相互关系的全部总和，因而也考虑该社会发展的客观阶段，考虑该社会和其他社会的相互关系，才能成为先进阶级制定正确策略的客观依据。

第二，列宁还阐述了社会主义自身发展的阶段性。列宁基于俄国这样的资本主义经济未获得充分发展的国家的具体情况，预见到社会主义社会将有一个由发展不完备、不充分、不发达的阶段到完全的、发达的阶段的发展进程，他明确提出了"发达社会主义"的概念。列宁多次强调，向共产主义社会前进的过程会显示出若干重要的阶段，并且运用"完备的""完全的""发达的"社会主义等概念，来说明社会主义自身发展的前景。由于列宁去世过早，他的主要精力着重放到处理向社会主义过渡时期的苏联的政治、经济问题，因而对划分社会主义发展阶段的意见还只能限于一些一般性的假设和推测，不可能做出具体的说明②。

（三）苏联关于社会主义发展的观点

正确认识社会主义发展的阶段性，以及按照现阶段社会主义的性质和特征，来制定正确的政策和方针，以保证人们的社会主义的实践活动立足于客观规律之上，避免各种"过急的冒进"行为或是"保守"的倾向，这对于争取社会主义的胜利，具有头等重要的意义。

当代社会主义首先是诞生于生产力水平低的经济不发达的国家，

---

① 《列宁全集》第38卷，人民出版社，1986年，第113页。

② 列宁在批评布哈林脱离实际地侈谈未来的"发展了的社会主义"时也说"要论述一下社会主义，我们还办不到；达到完备形式的社会主义会是个什么样子，——这我们还不知道，也无法说。"（《列宁全集》第34卷，人民出版社，1985年，第60页。）

由于存在着社会物质基础薄弱、经济商品化发育不充分，以及文化教育水平不高等方面的限制因素，社会主义不可能在短时期内一下子成熟，必须经过由低到高的若干发展阶梯，使得社会主义社会的发展过程显示出更加鲜明的阶段性。而按照现在社会主义的发展阶段的规律与要求，来构建经济体制和经济机制，来进行经济建设和政治、文化建设，就是保证社会主义顺利发展的前提。正因如此，科学区分和认识社会主义发展的阶段性就更加重要和更加迫切。人们对社会主义发展阶段性的认识，是在社会主义革命与建设的实践中，在经历了曲折的痛苦和付出代价后逐步加深的。

在列宁逝世后，斯大林在领导苏联社会主义建设的过程中，违反了列宁的向社会主义逐步过渡和社会主义有阶段的发展的思想，实行了一举消灭一切非社会主义经济和用国家强力来推进集体化的冒进方针。1936年在苏联实现了农业集体化后，在国家工业化的水平还较低、社会主义的充分的物质基础尚未形成的条件下，斯大林就宣布"基本上实现了共产主义第一阶段，即社会主义社会"①。斯大林把社会主义经济制度的初步确立视为社会主义建成。并且提出：苏联社会开始向共产主义直接过渡。1939年，在苏共十八次代表大会上，他宣布：我们正向共产主义前进。这次代表大会闭幕时，《真理报》发表社论说："十八大将作为从社会主义向共产主义过渡的伟大胜利道路的代表大会载入史册。共产主义！这个对许多人来说是不能实现的理想，对于我们，十八大的同代人，共产主义就是最近的明天。我们正在建设并将建成共产主义。"②斯大林把社会主义建设视为直接与向共

---

① 《斯大林文选（1934—1952）》（上），人民出版社，1962年，第90页。

② 《真理报》1939年3月22日。

产主义过渡相统一的进程，否认从资本主义到社会主义的过渡时期结束之后，有一个独立的社会主义社会发展的历史阶段，即社会主义社会在自身的基础上发展、充实、提高、成熟的历史时期，然后进入向共产主义过渡的时期。他把社会主义阶段看得很短，并由此出发，匆促地向人们提出建设共产主义的目标。1952年，苏共第十九次代表大会在宣布建成社会主义的同时，提出："现在，苏联共产党的主要任务是：从社会主义逐步过渡到共产主义，最后建成共产主义社会。"[1]上述关于社会主义经济制度初步确立=社会主义建成=向共产主义直接过渡的开始的观点，是排斥与否认社会主义发展阶段论的。这种理论成为社会主义建设中华而不实的冒进口号的依据。

二、社会主义初级阶段思想的提出和表述

（一）对我国所处社会主义发展阶段在认识上的深化

关于社会主义发展阶段性的科学理论，形成于中国。中国共产党在十一届三中全会以来，在冷静地和正确地总结了我国几十年社会主义建设历史经验，基于中国现实的国情，提出了中国处在社会主义初级阶段的命题；阐述了社会主义初级阶段是中国社会主义发展中的一个很长的历史时期，它始于1956年我国社会主义改造的获得基本胜利，迄至21世纪中叶；论述了中国社会主义只有经历了初级阶段，才能过渡到更为成熟的发展阶段。上述理论，不仅具有十分重大的现实意义，是我国建设具有中国特色的社会主义的理论依据，而且，它用关于社会主义发展的长期性和阶段性的理论来补充马克思主义关于共

---

[1] 《苏共决议汇编》第5分册，人民出版社，1958年，第298页。

产主义两阶段的学说，具有十分重大的理论意义，是当代科学社会主义的新发展。

我们党对我国所处的社会主义发展阶段的认识经历了一个曲折的过程。新中国成立后，经过3年的国民经济恢复时期，1953年中国开始执行过渡时期的总路线，总路线的根本任务是要在一个相当长的时期内，基本上实现国家工业化和对农业、手工业、资本主义工商业的社会主义改造。按照毛泽东同志当时的设想，过渡时期大约要经历15年时间，但是在实际过程中改造步子却迈得太大，仅仅用3年多时间，即在1956年，就宣布三大改造基本完成和进入了社会主义。在当时，尽管在我国社会主义公有制经济结构业已形成，但是国家工业化的任务只不过刚刚开始，国民经济的广大领域和众多部门还是立足于十分落后的物质技术基础之上。特别是拥有数亿人口的农业，仍然是以传统的手工技术与手工劳动为基础。由于缺乏社会主义发展阶段性的理论，特别是不懂得中国将经历一个社会主义发展不充分、不成熟的"初级阶段"，再加上社会主义速成思潮的泛滥，这一切，导致了超越阶段向前"冒进"的"左"的政策。它的主要表现是：第一，在"破私立公"的口号下，追求消灭和不存在一切非社会主义成分的纯社会主义；第二，追求"一大二公"，在所有制上不停顿地变革，不断"并社""升级"，搞"高级的"社会主义；第三，混淆社会主义与共产主义两个有质的区别的发展阶段，宣扬"跑步进入共产主义"。在经济工作中，超现实地许可，跳跃式地向前发展，在三大改造中就已经出现。在1958年"大跃进"和人民公社中，在猛烈的"共产风"之下，出现了违反我国初生期社会主义性质的第二次大规模冒进活动。由于人为地拔高生产关系，追求"一大二公"，使生产关系"超前"变革，脱离了现实的生产力水平，其结果是使国家和人民遭受严重挫折，不得不在1961年进行第一次国民经济的大调整。由于缺乏关于社会主义初级阶段的科学理论，看不清我国社会矛盾的症结是生产力水平的落后，人们也就不可能从理论高度深刻总结经验教训，纠正"左"的错误，由此酿成"文化大革命"的历史悲剧。实践表明，缺乏对我国所处的社会主义发展阶段的性质的科学认识，人们在建设社会主义中就失去正确的理论指导，这正是我国50年代中叶以来在社会主义革命和建设上一再出现"左"的路线和政策的错误的认识上的根源。

（二）社会主义初级阶段思想的形成

党的十一届三中全会重新确立了实事求是的马克思主义思想路线，遵循"实践是检验真理的唯一标准"，通过对新中国成立以来的正反两个方面经验的正确总结，使我们有可能进一步加深对我国所处的社会主义发展阶段的性质的认识。

1981年党的十一届六中全会通过的《中共中央关于建国以来党的若干历史问题的决议》中提出："尽管我们的社会主义制度还是处于初级的阶段，但是毫无疑问，我们已经建立了社会主义制度，进入了社会主义社会，任何否认这个基本事实的观点都是错误的。"又说，"当然，我们的社会主义制度由比较不完善到比较完善，必然要经历一个长久的过程"[①]。"决议"第一次明确提出了我国社会主义制度处于初级阶段，并指出我国社会主义制度由比较不完善到比较完善要经历一个长期过程，这具有重要的理论和实践意义。

1982年，党的十二大报告在谈到精神文明建设时，再一次提到社

---

① 《中共中央关于建国以来党的若干历史问题的决议》，第53页。

会主义初级阶段的问题，指出："我国的社会主义社会现在还处在初级发展阶段，物质文明还不发达。但是，如同有了一定程度的现代经济，有了当代最先进的阶级——工人阶级及其先锋队共产党，社会主义革命就可能成功一样，在建立了社会主义制度以后，我们就能够在建设物质文明的同时，建立起高度的社会主义精神文明。"[①]

1986年，党的十二届六中全会通过的《中共中央关于社会主义精神文明建设指导方针的决议》，对社会主义初级阶段作了进一步论述，指出："我国还处在社会主义的初级阶段，不但必须实行按劳分配，发展社会主义的商品经济和竞争，而且在相当长的历史时期内，还要在公有制为主体的前提下发展多种经济成分，在共同富裕的目标下鼓励一部分人先富裕起来。"[②]上述论断当时都是针对不同的问题提出的，还没有把社会主义初级阶段作为全局性问题提出来作进一步的论证。1987年10月召开的党的第十三次代表大会，清醒地估量了我国国情，明确提出"我国正处在社会主义初级阶段"[③]，对社会主义初级阶段的特征、中心任务和党的基本方针，作了系统的论述。十三大把关于社会主义初级阶段的理论放到十分重要的地位，作为建设有中国特色的社会主义的首要问题，作为我们党制定和执行正确路线、方针和政策的根本依据，这标志着作为马克思主义和科学社会主义新发展的社会主义初级阶段理论的确立，党的十三大将以贡献了关于社会主义初级阶段的理论而载入史册。

社会主义初级阶段理论的形成，反映了人们在实践中对社会主义的认识的深化，它有助于人们去清除头脑中的种种从主观和空想出发

---

① 《中国共产党第十二次全国代表大会文件汇编》，第34页。

② 《中共中央关于社会主义精神文明建设指导方针的决议》，第11页。

③ 《中国共产党第十三次全国代表大会文件汇编》，第7页。

的关于社会主义的华而不实的概念，使人们正确认识和把握住现实的实践中的社会主义，并用这种基于实际的理论观念来指导自己的建设社会主义的行为。可见，关于社会主义初级阶段的理论，对于中国的社会主义建设的发展，是再重要不过的了。

（三）划分社会主义发展阶段性的标准

按照马克思创立的历史唯物主义，任何一个社会形态的基本框架包括三个方面的要素：

（1）经济结构即基础；（2）决定于（1）即经济结构的政治结构；（3）决定于（1）和（2）的文化、思想意识。（2）和（3）共同组成社会的上层建筑。而社会的经济基础又是密切地依存于和决定于物质基础即生产力。列宁在论述了马克思的历史唯物论时指出：这一理论"把社会关系归结于生产关系，把生产关系归结于生产力的水平"①。基于上述理论，人们在区分社会形态时，首先要根据经济基础的性质，而生产关系就成为划分社会形态的直接标准。众所周知，马克思把人类社会区分为五种社会经济形态，就是以生产关系为划分标准的。但是由于经济基础总是密切地与生产力相联系，特别是在同一社会形态的长期发展过程中，尽管生产关系根本性质不会变化，但是适应于社会不同阶段生产力的不同水平，生产关系还是会具有不同的特色，表现出局部的质的差别，可见，人们在划分同一社会形态的不同发展阶段时，必须既以生产关系为直接标准，又要以生产力为必要标准。

为了正确回答从资本主义社会到社会主义社会的过渡时期结束

---

① 《列宁全集》第1卷，人民出版社，1984年，第110页。

后，社会主义处在什么样的发展阶段这一问题，为了科学地划分和确定到底是处在社会主义不发达、不成熟的初级阶段，还是处在社会主义十分发达和成熟的高级阶段，或者是介乎二者之间的中级阶段，人们必须先考虑到生产关系的性质和状况，还要考虑到生产力的性质和状况。大体说来，社会主义的发展可能具有以下几种类型：（1）设想一个诞生于高度发达的资本主义的社会主义，一方面由于社会主义生产关系——主要是公有制和按劳分配——表现为较为成熟和较为完善的形式；另一方面发展到高度的现代生产社会化，意味着社会主义物质技术基础的成熟，因而社会主义将较为迅速地进入它的成熟的形式。在这样的国家，将不经过一个初级阶段而较快地登上社会主义的成熟阶段。（2）诞生于资本主义具有中等发展程度的社会主义，由于社会主义生产关系还带有某些不成熟的特征，而社会主义物质基础也还带有某些未发育成熟的性质。例如生产力发展尚未达到发达资本主义国家的水平，因而社会主义将具有某些不成熟的特征，这样的国家，将要经历一个短暂的初级阶段的或是中级阶段的社会主义，再进至高级阶段的社会主义。（3）诞生于资本主义不发达的半殖民地半封建社会的社会主义。由于社会主义生产关系还带有相当鲜明的不成熟性，例如生产关系的不纯性、公有制结构的多层次性，等等，另一方面生产力水平相当低，生产力多层次性和不平衡性十分显著，社会主义充分的物质基础形成的滞后性更加鲜明。上述社会主义经济基础的不成熟性和物质基础的不充分的特征，决定了在这样的国家，将不可避免地要经历一个相当长的，带有稳定性的社会主义初级阶段，才能逐步过渡到社会主义的高级阶段，甚至还要经历一个社会主义的中级阶段。中国就是这样的国家。由于半殖民地半封建旧中国的生产力水平十分低下，中国在过渡时期基本结束，社会主义生产关系基本确立起来后，二元生产结构还将长期存在，局部领域的生产力还将长期带有传统生产力的性质，实现生产现代化还需要以数十年、上百年计的漫长的岁月，因而在中国，较为完善的社会主义更不可能一蹴而就，更不可能指望迅速地向共产主义过渡。中国将在一个相当长的时期内处在社会主义初级阶段，这种情况是中国的特殊国情所决定的。

可见，在评判和划分社会主义的发展阶段上，我们有必要既坚持以生产关系为直接标准，又同时引入生产力标准。在评判我国现阶段社会主义时，运用这双重标准考察社会主义经济基础和社会主义物质基础这两方面的性质和特征，我们就能合乎逻辑地得出，我国还处在社会主义初级阶段的科学论断。基于这双重标准，我们也才能够较有根据地对我国社会主义的未来发展阶段进行展望。

三、我国社会主义初级阶段的经济特征

社会主义初级阶段，不是一个适合任何一个社会主义国家的泛指的概念，而是有其特殊含义的，它是指生产力水平较低的国家的社会主义发展的特定阶段，具体地说，它是中国这样的原先经济不发达、生产力水平十分低下的国家，在经历了对生产资料私有制的社会主义改造后的社会主义发展阶段，可以说，是中国的幼年期的社会主义。社会主义初级阶段的基本特征，概括地说就是物质生产力水平低和社会主义经济结构的不成熟性。

（一）生产力水平低，高度现代化的物质技术基础尚未形成
社会主义初级阶段的特征，表现为生产力的发展水平低，与成熟的社会主义相适应的高度现代化的物质技术基础尚未形成。

社会主义是以现代化大生产为物质基础的。以机器大生产为标志的现代化大生产，使生产力超越了资本主义生产关系的狭窄的界限，这种现代生产力只有在实行社会的占有和社会管理的条件下，才能获得顺利的发展，而对生产力的社会的占有即公有化，不过是"在事实上承认现代生产力的本性"[①]。马克思、恩格斯之所以设想社会主义首先诞生于资本主义经济高度发达的国家，正是因为在那样的经济高度发达国家，不仅完成了传统的生产力到现代的生产力的转变，而且现代生产力也在不断发展之中，从而实现向更高级的社会主义社会形态转变所需要的物质条件业已具备，因而，实现较为彻底的公有化，把一切生产资料归全社会占有，实行消费品的统一地按劳分配，较为彻底地实现消灭剥削阶级，总之，较为迅速地建立起一个较为成熟和完备的社会主义，不仅是可能的，而且是必要的。人类历史总是在曲折中发展的，世界资本主义向社会主义的转变也是这样。事实上社会主义的产生并不是表现为上述资本主义高度发达国家在高度生产社会化基础上实行全社会公有化的典型形式。当代的现实的社会主义，就是在中度的生产力水平或是较低的生产力水平的基础上实现的。中国就是在一个生产力十分低下、经济十分落后的半殖民地半封建的地基上开始社会主义建设的。旧中国的资本主义经济极不发达，远远还未经历和完成充分的工业化，现代工业生产集中在某些城市，特别是沿海大城市，它们在国民经济中的比重也很低，在国民经济中占主要地位的农业则是以落后的中世纪的手工工具、畜力动力、手工劳动为基础。在那些经济最落后的地区，还有刀耕火种的原始生产。我国社会生产力的总的特征是：（1）机器大生产与手工劳动等的多层次劳动方

---

① 《马克思恩格斯选集》第3卷，人民出版社，1972年，第318页。

式的并存；（2）现代的、中世纪的、原始的物质技术组成的多层次的生产力结构的并存；（3）发达的、一般的、落后的经济地区组成的多层次和不平衡的地区生产力结构的存在。上述情况表明，由传统的生产力到现代生产力的转化尚未实现，而与完备的现代社会主义公有制相适应的现代化机器大生产物质基础也就尚未形成。在20世纪的帝国主义的发展阶段，深深孕育于当代世界和中国社会的政治经济矛盾，却又极度发展和高度激化，不断深化的阶级矛盾和民族矛盾，给亿万中国人民带来无限灾难，特别是日本帝国主义对中国发动的侵略战争，把中国人民推入苦难的深渊，从而大大激发了人民争取进步的革命意识，这一切不可抑阻地推动了中国转上了社会主义的发展道路，因而，当代中国就出现了由半封建半殖民地国家向社会主义转变的威武绚丽的历史发展图景。

中国向社会主义转变的历史发展，决定了在中国诞生的社会主义的特点，首先就是：在过渡时期基本结束，社会主义经济制度基本建立起来后，社会主义充分的物质基础尚未形成。依靠社会主义制度的优越性，依靠党和国家正确的方针政策和全民族的奋发努力，中国人民完全有可能以前所未有的速度来发展生产力。但是现代化的物质技术基础的形成毕竟有其不能逾越的客观规律，中国实现现代化和跻身于世界的前列，不可能"一跃而成"，还必须经历上百年的时间。正是因此，物质基础的发育不充分，将是中国社会主义社会很长一个发展阶段的固有的特征。

社会主义物质基础的发育不充分，是现实的社会主义发展中的多种困难的症结和矛盾之所在，它不能不对我国的经济、政治、思想、上层建筑和社会生活、家庭生活等方面发生制约作用，使这一新社会形态的结构、关系和活动方式，不可能臻于十分完善、十分完美。一句话，物质基础的薄弱性，是社会主义初级阶段的重要特征，它成为一个制约因素，使社会主义制度的优越性不可能得到充分的发挥。

（二）社会主义经济结构的不成熟性

社会主义初级阶段的特点，还表现在这一阶段社会主义经济结构的不成熟性上。有什么样的生产力，就有什么样的生产关系，这是历史唯物主义的一条基本规律，中国社会主义的发展，必然地要从属于这一规律。既然完备的、成熟的社会主义所需要的高度现代化的物质基础尚未形成，社会主义经济结构也就不可能发育成熟和充分完备。

社会主义经济不成熟和不完备，首先表现为它的不纯性。初级阶段的社会主义，它的重大经济特征在于包括非社会主义因素的多样性经济结构的存在。经济结构的多样性表现在：在所有制上，一方面有占据主体地位的社会主义所有制，另一方面有作为补充的非社会主义所有制；在分配上，一方面有占主导的按劳分配，另一方面有作为补充的非按劳的和非社会主义的分配形式；在经济的商品性上，一方面有作为主体的社会主义商品经济，另一方面有作为补充的非社会主义商品经济。总之，社会主义的初级阶段，在生产、分配、流通与消费等关系上，也就是它的全部经济结构都表现出既有占主体的社会主义关系，又有旧的非社会主义经济的要素，因而这是一种不纯粹的社会主义。

马克思主义经典作家，在分析社会主义时，指出在这一阶段，它"不是已经在自身基础上**发展了的**，恰好相反，是刚刚从资本主义社会中**产生出来的**，因此它在各方面，在经济、道德和精神方面都还保留着脱胎出来的那个旧社会的痕迹"①。但是，社会主义初级阶段经济的不纯性和不成熟，与马克思主义经典作家论述社会主义经济的不成熟，在含义上是有区别的。第一，马克思主义经典作家所论述的是一种典型的、纯粹的社会主义经济结构中所体现的旧经济的"痕迹"，因为他们设想的社会主义，是完全的生产资料公有制+完全的按劳分配，他们谈到旧社会痕迹时，仅仅限制于消费品分配关系领域，他们认为，在其他领域，特别是在生产资料所有制领域，旧社会的传统痕迹就不再存在②。而社会主义初级阶段的经济不成熟，则不是仅仅存在于分配领域中的局部的现象，而是社会主义经济广泛领域的特征，首先是所有制领域中的特征。第二，马克思主义经典作家论述的社会主义阶段经济的不成熟，是指社会主义生产关系的某种区别于共产主义生产关系的规定性。具体地说，是按劳分配在实现消费的共同分享中的某些局限性，即对体力、智力不可能一律的人们来说，按劳分配会带来事实上的不平等。对这种性质，马克思审慎地使用了"旧痕迹"一词，指出它只不过是包含与体现在社会主义新质中的东西。而社会主义初级阶段经济的不成熟，则是指经济结构中的非社会主义因素与成分。如个体经济、私营经济、中外合资经营，以及与这些经济成分相适应的非社会主义的个人收入形式，等等。总之，马克思主义经典作家论述的社会主义经济中的"旧痕迹""旧传统"是一个属于"社会主义一般"的东西，而不是我们在这里所提到的社会主义初级阶段经济中的私有制残余，后者乃是诞生于生产力水平低的国家的、社会

---

① 《马克思恩格斯选集》第3卷，人民出版社，1972年，第10页。

② 列宁在《国家与革命》中指出："只要产品'按劳动'分配，'资产阶级权利'就会继续通行。""而社会主义则把生产资料变为公有财产。在这个范围内，也只是在这个范围内，'资产阶级权利'才不存在了。"（《列宁全集》第31卷，人民出版社，1985年，第90页。）

主义发展的幼年期的一种规定性，严格说来，是属于社会主义的"异己"的性质。

社会主义初级阶段经济的多样性与过渡时期的多种经济形式并存是有区别的。当中国进入从资本主义到社会主义的过渡时期这一阶段时，首先面临的是非社会主义经济成分在国民经济中占主体，而过渡时期的主要任务就是通过生产资料的社会主义改造，不断发展和壮大社会主义经济成分，相应地不断缩小非社会主义经济成分，使社会主义公有制占据统治地位。当这一过程最终完成，即以公有制为主体的多种经济形式并存的社会经济结构形成并相对稳定时（1956年），过渡时期就结束，进入了社会主义初级阶段。因此，初级阶段经济的多样性与过渡时期经济的多样性的区别表现在：第一，在整个过渡时期，公有制经济并不是始终占统治地位的，而在整个社会主义初级阶段，社会主义公有制经济将通过自身的积累和发展，在整个国民经济中作为"普照之光"，始终起主导作用，这是过渡时期无法比拟的。第二，过渡时期、初级阶段都存在非社会主义经济，但它们在不同时期的作用是不同的。在过渡时期，特别是在改造以前的非社会主义的私人资本主义经济，它与社会主义经济存在深刻矛盾，因而只有加以改造、限制才能有效地利用。而在初级阶段，非社会主义经济是在国家的管理与调控之下，作为社会主义经济的补充而存在的，当然，也需要防止和克服它的一定的消极作用，但更多的是利用和发挥其积极作用，促进社会生产力和商品经济的发展。

综上所述，我国社会主义初级阶段，一方面，社会主义经济结构已经建立起来，但是整个社会经济结构中的社会主义还不完全，还存在非社会主义经济成分，从而经济结构具有多元性；另一方面，社会主义的物质基础还较为薄弱，还缺乏充分适应社会主义生产关系的强大的物质载体。但是这一切并不妨碍社会经济本质上的社会主义性质。我国社会毕竟已经进入了社会主义社会的阶段，由半殖民地半封建旧社会向社会主义社会的历史性的转变，毕竟已基本实现，这是具有深远影响和世界意义的重大事件，当然社会主义还很不成熟和很不完备，还需要经过一个很长的建设和发展过程，我国社会主义才能进入它的更成熟的和更完备的阶段。

四、我国社会主义初级阶段的主要矛盾和根本任务

（一）对社会主要矛盾的不断认识

社会主要矛盾是社会存在的许多矛盾中居于主导的和支配地位的矛盾，它的存在和发展制约着其他矛盾，因而，这一矛盾的不断解决是社会发展的积极动因。从理论上弄清社会主义初级阶段主要矛盾的性质和适应这一矛盾的要求来制定正确的路线、方针、政策，确定党和国家的中心工作，对于社会主义事业的顺利发展，具有决定性的意义。

关于社会主义的主要矛盾，1956年召开的党的八大曾经做出正确的表述。刘少奇同志在八大的政治报告中，分析了生产资料所有制社会主义改造基本完成后，国内经济结构和阶级关系的新变化，指出："我国无产阶级同资产阶级之间的矛盾已经基本上解决"，"我国的主要矛盾，已经是人民对于建立先进的工业国的要求同落后的农业国的现实之间的矛盾，已经是人民对于经济文化迅速发展的需要同当前经济文化不能满足人民需要的状况之间的矛盾"。基于这一主要矛盾，八大提出：全国人民的主要任务是集中力量发展社会生产力。尽管当时，人们还未曾有"社会主义初级阶段"的概念，但是八大基于中国现实国情做出的关于主要矛盾的表述和主要任务的规定，都是正

确的。由于缺乏社会主义初级阶段的科学概念，人们也就不可能真正从理论的高度来认识和把握我国的主要矛盾和紧紧掌握住我国社会主义建设的中心任务。因此，人们很快受到"左"的思潮的影响，在各项工作中脱离了党的八大路线。首先是在理论上否定了八大关于国内主要矛盾的正确分析，对我国阶级状况做出脱离实际的估量，把无产阶级和资产阶级的矛盾，社会主义道路和资本主义道路的矛盾，作为我国社会的主要矛盾，并且错误地提出"以阶级斗争为纲"的口号。由于指导思想的错误，人们把开展阶级斗争，搞政治运动作为中心工作，最终导致60年代中的"一个阶级推翻另一个阶级"的"文化大革命"。我国社会主义建设过程中发生过若干曲折，给我国社会主义事业带来很大的不利影响，其主观原因就在于对我国现阶段的主要矛盾，缺乏深刻的理论认识。

党的十一届三中全会坚决抛弃了"以阶级斗争为纲"的"左"的指导思想，决定把全党全国工作的重点转移到现代化建设上来。十一届六中全会通过的《中共中央关于建国以来党的若干历史问题的决议》重新肯定了八大关于社会主要矛盾的分析，并作了新的理论概括："在社会主义改造基本完成以后，我国所要解决的主要矛盾，是人民日益增长的物质文化需要同落后的社会生产之间的矛盾。"党的十三大再次肯定了我们在社会主义初级阶段所面临的主要矛盾，"是人民日益增长的物质文化需要同落后的社会生产之间的矛盾。阶级斗争在一定范围内还会长期存在，但已经不是主要矛盾"[1]。十三大关于我国主要矛盾的确认，并不是对八大提出的论断的简单重复，而是以社会主义初级阶段的科学理论为指导，是根据我国进入社会主义初

---

[1] 《中国共产党第十三次全国代表大会文件汇编》，人民出版社，1987年，第10页。

级阶段的现实——社会主义经济的基本框架建立于落后的物质基础之上——状况而得出的合乎逻辑的结论。因为，既然一方面，社会主义经济的基本结构业已建立，它也就开辟了全体社会成员的生活水平逐步提高和人民的福利不断增长的道路；而另一方面，社会主义的充分完备的物质基础却又尚未形成，人民财富生产能力还有局限性，人民不断增长的物质文化需要和落后的社会生产之间的矛盾，就成为现实经济生活中的主要矛盾。

（二）社会主义初级阶段的根本任务是大力发展生产力

社会的主要矛盾规定着人们的主要任务。社会主义初级阶段的主要矛盾，决定了党和国家在当前的根本任务是发展社会生产力。十三大政治报告提出："为了解决现阶段的主要矛盾，就必须大力发展商品经济，提高劳动生产率，逐步实现工业、农业、国防和科学技术的现代化，并且为此而改革生产关系和上层建筑中不适应生产力发展的部分。"

社会主义的目的是实现社会公正和普遍富裕。随着社会主义经济制度和政治制度的确立，在我国实现了经济领域中的社会公正和政治领域中的人民民主，经过30多年社会主义建设，人民物质生活水平逐步得到提高。但是由于我国社会主义脱胎于半殖民地半封建社会，物质生产底子薄弱，特别是人口众多，增加了经济发展的困难，因而，迄今仍未根本改变生产力水平较为低下的状态。根据国家统计局的资料，1980年我国人均国民生产总值297美元，属于低收入国家行列；1985年上升到450美元，稍微超过世界银行划分的低收入国家最高值400美元的标准，进入了中等偏下收入国家的行列。我国业已建立起社会主义的经济的基本结构，财富的占有和分配实现了社会公正，社会主义生产关系方面的优越性初步得到了表现，但是由于物质基础薄弱，特别是拥有11亿人口，人均收入低下，消费品占有量少，我国人民的生活水平和物质富裕程度还很低，人民的许多物质的文化需要还不能得到满足，甚至有一部分居民还不能摆脱贫困。在我国，社会主义形态在提高人民物质生活水平和实现普遍富裕方面的潜力和优越性尚未得到有效的发挥。因而，加速人民财富的生产、增殖和社会主义富裕化的历史进程，是中国社会主义建设的中心任务。为此，必须从大力发展生产力入手。

邓小平同志多次强调和深刻地阐述了我国发展生产力的极度重要性和迫切性，他说："社会主义任务很多，但根本一条就是发展生产力。"[1]又说："搞社会主义，一定要使生产力发展，贫穷不是社会主义。我们当然要坚持社会主义。但要进一步建设对资本主义具有优越性的社会主义，首先必须建设能够摆脱贫困的社会主义。现在虽说我们也在搞社会主义，但事实上不够格。只有到了下世纪中叶，达到了中等发达国家的水平，才能说真正搞了社会主义，才能理直气壮地说社会主义优越于资本主义。"[2]

在社会主义初级阶段，发展社会生产力所要解决的历史课题，是实现工业化和生产的商品化、社会化和现代化。发展社会主义有计划的商品经济，是我国生产力迅速发展的必由之路。商品经济的发展是人类历史发展不可逾越的阶段，在旧中国，我国没有经历一个在资本主义条件下充分发展商品经济的过程，因而在社会主义条件下必须补足充分发展商品经济这一课。发展有计划的商品经济的过程，也就是

---

[1] 《邓小平文选》第3卷，人民出版社，1994年，第137页。

[2] 《邓小平同志重要讲话》，第23页。

我国工业化和现代化的过程，依靠商品生产者的积极性和主动性，依靠计划机制和市场机制的结合，将给我国经济增添活力，促使普遍的技术进步，促进以手工为基础的劳动方式的变革，使整个社会生产转到现代的大机器生产的基础上来，改变我国国民经济中明显的"二元经济结构"，加速我国生产的现代化和社会化，并且进一步去迎接和发展当代的新技术革命，把社会主义物质基础的建设推上一个更高的阶段。

第五节　社会主义经济体制改革和社会主义制度的完善

一、社会主义经济体制的内涵和结构

（一）社会主义经济体制概念的内涵

经济体制，就是生产关系的具体形式的总和，它包括两个方面：（1）基础性的生产关系的具体形式，即所有制关系、分配关系、交换关系等的具体形式。由于所有制是生产关系的基础，因此，所有制形式是基础性生产关系的核心。（2）上层性的经济关系的具体形式，主要是国家对社会经济活动进行管理的具体形式，通常称之为国民经济管理体制。

经济体制这一概念的内涵，还可以进一步地加以分析：

第一，经济体制从根本上说，是一个国家或社会在一定发展阶段的基础性生产关系的具体形式，但由于它还包括国家在实行管理与调节经济活动的职能中的各种关系、形式，因而它又具有某些上层建筑的属性。

第二，经济体制包括企业体制、计划体制、财政体制、金融体制、劳动工资体制、商品流通和物资供应体制、对外贸易体制、农业体制等各方面的内容，但它并不是以上各种体制的简单相加，而是它们的有机结合。

第三，经济体制作为一个国家在一定发展阶段上各种生产关系的具体形式，任何一种经济体制总是体现了某一特定的所有制性质。比如，人们不能把一国的经济体制仅仅归结为集中型的计划经济体制、分散型的市场经济体制等形式，而且还必须把握上述体制的所有制基础，例如是以资本家私有制为基础的市场经济体制，还是以社会主义公有制为基础的计划市场相结合的经济体制，等等。

第四，经济体制一般说来，总是根据某种经济观念和理论，在政府采取的一定的政策下形成起来的。但是从根本上说，人们不能任意选择经济体制，经济体制具有客观性。一个国家采取哪一种体制，总是要适应基本生产关系的要求，而基本生产关系又取决于生产力状况。

基于以上所述，社会主义经济体制，就是社会主义的生产关系的具体形式的总和，它包括基础性的生产关系的形式和国家管理经济的形式。社会主义经济体制是以生产资料公有制为基础，它体现了联合劳动者在生产、分配、交换、消费和管理中的社会主义的互助合作关系。社会主义经济体制是国家基于现实的具体经济条件和客观经济规律的要求，在自觉地领导与管理国民经济活动中建立起来的。完善的社会主义经济体制，不仅保证社会主义国民经济活动生气勃勃地和协调有序地发展，而且它不断巩固社会主义公有制经济基础，因此，它是保证社会主义社会生产力最迅速发展的社会经济组织形式。

（二）社会主义经济体制的内在结构及功能

社会主义经济体制，如果着眼于它的内在组织结构及功能，应该包括以下各个组成部分：

1. 所有制结构

这就是指社会主义国家在经济的某一发展阶段的所有制形式，它表现为宏观结构和微观结构两个方面。宏观的所有制结构，是指多样性所有制结构中各种类别的所有制形式及其相互关系，包括以国民生产总值的份额来划分的各种所有制所占的比重；微观所有制结构，是指企业的所有制形式及其结构，例如所有权、占有权、支配使用权的关系，等等。

2. 决策结构

就是指有关生产、交换、分配和消费等过程中的决策权限或管理权限的划分。任何一个以社会化大生产为基础的国民经济活动，它的正常运行都需要有不同层次和类型的管理决策职能，例如，宏观经济决策，微观经济决策；长期决策，短期决策；重大战略决策，日常经营决策；生产决策，投资决策；分配决策，消费决策，等等。上述决策权，需要在国家、企业、个人三者之间进行划分，划分方式的不同，就会形成不同的决策结构。如所有决策权都由国家掌握，这是高度集中的决策结构；而几乎所有决策都由地方、企业和个人作出，这是高度分散的决策结构；也可以实行不同层次、不同程度的集中决策和分散决策的多种多样的结合。

3. 调节结构

任何一种社会生产，都需要适应社会需求状况以及组织供给的状况（包括各种生产要素的状况，劳动方式、技术进步等的变动状况）而不断地重新合理地分配人力、物力和财力，以保证资源的合理配置和生产要素的最佳结合，这种制约和影响资源——生产要素的重新配置和组合的经济变动机制，就是经济调节机制。在商品经济中，资源的配置，主要是依靠市场调节，通过市场传递信息和商品生产者对市场的自动适应来调节和理顺各种经济活动，形成大体有序的社会再生产。社会主义是有计划的商品经济，社会主义商品经济的十分复杂和充满矛盾的再生产过程，它的各种关系的协调和得到理顺，从而能实现资源的合理配置和经济有序的运转，是以计划经济和市场调节相结合的调节机制的发挥有效作用来实现的。计划和市场这两种调节手段如何运用，以及如何与不同的信息（货币流通、价格信息和非价格信息）传输和反馈系统相适应，便会形成各种类型不同的调节结构。

4. 利益和动力结构

任何一种表现出活力和能实现顺利运转的经济，都有其相适应的动力结构，社会主义经济是充满活力地、生气勃勃地自行运转的，这种经济运转的内在契机，在于它的完善的和有效力的利益和动力结构。在社会主义制度下，全社会成员在根本利益上是一致的，但仍存在社会、企业集体、个人之间的非对抗性的利益矛盾，对这些利益矛盾的不同的处理方式，可以形成不同的利益和动力结构。例如，片面强调社会利益或整体利益，单纯强调人们思想觉悟的启动和单纯依靠政治动员的作用；或者单纯强调物质利益动机。此外，在运用物质利益动机与思想动力相结合上，也存在各种侧重不同的方式。特别是在利益关系的处理上，在个人收入分配差距的调节上，也会出现各种不同的方法，比如或者是偏重于激励出更大的动力和效率，或者更着重于社会公平原则，这样就会产生不同的经济推动力，也就会形成不同的利益和动力结构。

5. 组织结构

在社会主义经济运行中，会出现各种经济活动的不同组织形式。例如所有经济主体单位都是采取政企不分的，一切经济活动都按国家行政系统或行政区划来组织；或者是所有经济主体单位都是独立的或相对独立的经济实体，一切经济活动都是按专业化协作和商品经济内在联系来组织。还有的既有行政型的组织管理，又有经济型的组织管理，以及二者在各种不同程度上的结合。

以上五个方面就是社会主义经济体制所包含的最基本的结构，这些结构互相交错、互相联系、互相制约，构成一个总的模式框架，一个大的经济运行系统。

二、社会主义经济体制的形成及其改革

（一）传统体制的形成和基本特征

从十月革命胜利至第二次世界大战后，走上社会主义道路的各个国家，在其经济建设过程中都首先建立了高度集中的计划管理的传统体制。这种传统体制模式的主要特征是：（1）高度集中管理型或集权管理型，即社会经济活动的决策权除个人消费外几乎全部集中在国家手中，国家机关既是全部宏观经济活动的组织者和管理者，又是企业的直接经营者和管理者。（2）行政权力型，这种体制以生产资料的国家所有制为基础，经济决策由拥有巨大经济权力和经济资源的中央行政机构和各级行政部门作出，利用僵硬的行政上下级服从关系和行政命令的层层下达，形成一种强制性的经济的运行。（3）指令性计划管理型。在这种以行政办法来进行管理的体制下，采用指令性计划来分配资源和直接调控微观经济活动，行政手段成为国家组织、管理经济

的主要手段。上述高度集中管理的体制是首先形成于30年代的苏联，在相当长的时间内，这种体制被认为是社会主义的唯一模式。第二次世界大战后走上社会主义道路的国家，几乎都照搬了苏联的这种传统体制。

（二）传统体制的弊病

世界社会主义的实践证明，这种传统的高度集中的计划经济体制存在着严重的缺陷和弊病，主要表现在：

第一，经济决策权高度集中于国家，企业处于被动的无责、无权、无利的状态，其结果是压抑了企业和劳动者的积极性，企业长期没有自我改造、自我发展的能力，技术进步缓慢，生产效率低下，经济失去活力。

第二，按纵向的行政系统来组织经济，企业被禁锢在条条块块的狭小圈子内，难以通过市场发展不可缺少的横向联系，从而造成信息不灵、生产资料和劳动力的合理流动困难、资源配置的自动调整能力差和严重滞后。

第三，排斥市场机制和价值规律的积极作用，用单一的行政性、指令性计划来管理国民经济，使国民经济计划失去了经济依据，其结果只能是国民经济发展比例失调，资源配置难以优化和经济活动效率低。

由于传统体制在以上三方面的严重缺陷，它在各个社会主义国家运用的结果，暴露出来的几乎都是：宏观经济方面的比例失调和微观经济方面的低效率同时并存。传统体制是一定的历史条件下的产物。从社会主义各国的实践来看，传统体制的运行实际上是服从于国家在一定时期优先发展重工业的需要，因而在这种体制下，消费品的生产是受到压抑的。随着战后世界形势发生新的变化，社会主义国家经济的增长，技术进步的速度加快，人均国民收入提高从而消费者的要求越来越多样化，而经济发展由于遇到资源紧张不得不从粗放型发展过渡到集约化增长。在这种情况下，传统体制所承受的压力也越来越大，以至于在50年代，几乎所有的社会主义国家都出现了各种经济困难，有的甚至诱发了某种政治动乱。因此，从五六十年代开始，南斯拉夫、苏联和东欧社会主义国家都相继进行了不同程度的经济体制改革，这些改革，都是在对传统的高度集权管理模式进行反思的情况下进行的，都是针对传统体制存在的弊病来开展的。

（三）坚持改革的社会主义方向

社会主义国家的经济体制改革并不是一帆风顺的，改革会遇到困难和风险，在一定条件下，改革还有偏离正轨的危险。这是因为，社会主义国家的经济体制改革是在缺乏经验需要在实践中不断探索的情况下进行的，而且，要完成从传统体制到新体制的转换，是一项十分艰巨的任务。特别是在改革的过程中，还存在着两种思潮、两个不同方向的激烈斗争。

从社会主义国家的改革所处的国际环境来看，自从社会主义出现于地球之上以来，一直就存在社会主义和资本主义的矛盾和斗争，帝国主义从来没有放弃从内部颠覆社会主义制度和复辟资本主义制度的险恶用心，它们把和平演变的希望寄托于我们的第三代、第四代人身上。在社会主义国家的改革兴起之后，帝国主义对促使社会主义经济迅速振兴和社会主义国家迅速强大的社会主义改革充满恐惧，它们利用社会主义国家实行改革开放，变本加厉地进行思想渗透、经济控制和政治分化，企图使社会主义国家在经济上放弃公有制，在政治上放弃共产党的领导，瓦解无产阶级专政，在思想上推行资本主义思想体系。帝国主义敌对势力，利用社会主义国家在改革进程中遭遇到的暂时困难和动荡，进一步插手和介入社会主义国家的内部事件，推波助澜，支持"不同政见者"，扶持政治上的反对派，唆使他们发动政治动乱，向共产党领导的政府夺权。正是在这种情况下，出现了1989年东欧国家的政治风云变幻，在我国也发生了企图把社会主义改变成资本主义的政治风波。

从社会主义改革所处的国内环境来看，实行社会主义制度的国家，尽管剥削阶级已经消灭，但它们的残余还存在，而且客观上还存在新的剥削分子产生的条件，因而，阶级斗争在一定范围内还存在，在一定条件下还可能激化。特别是在实行改革开放的新的条件下，资产阶级自由化思潮的滋生，除了有来自国外的因素而外，还有内在的土壤。一旦人们削弱了政治思想工作，放弃了反对资产阶级自由化的斗争，自由化思潮就会泛滥，那些坚持资产阶级自由化和搞政治阴谋的人和社会上的敌对势力，他们的社会主义不如资本主义的反动思想和顽固立场，总是要表现出来，他们打起"推进改革"的旗号，力图把资本主义的那一套照搬和引入我国。例如，在经济上，以"彻底摆脱改革的困境""危机"为借口，宣扬中国的希望在于走私有化的道路，公开主张把公有制变成私有制；在政治上，打着"推进社会主义民主政治"的旗号，宣扬"多元政体"，企图取消共产党的领导；在思想上鼓吹西方的价值观念，散布形形色色的资产阶级和其他剥削阶级的腐朽没落思想，动摇人们对马克思主义的信仰，毒害人们的灵魂。

结合东欧某些社会主义国家近年来出现的严重的政治、社会动荡的情况，以及我国改革开放中的不平静的发展进程，人们可以清楚地认识到：改革中客观上存在反映两种相反的立场和主张的矛盾斗争，弄得不好，就有离开社会主义方向的危险。而要在改革开放中坚持社会主义方向，便必须注意克服"左"的和右的干扰，基于当前的具体条件，人们有必要十分重视克服右的干扰，高度警惕国内外敌对势力破坏改革、扭曲改革方向、实行和平演变甚至暴力颠覆的阴谋。

总之，为了保证在中国大地上兴起的波澜汹涌、方兴未艾的改革开放大潮，始终沿着社会主义的方向发展，为此，我们必须坚持四项基本原则，旗帜鲜明地反对资产阶级自由化，并且把四个坚持贯穿于整个改革开放的长期过程之中。中国将挑起历史的重任，成为坚持社会主义，坚持改革开放的旗手。

三、我国社会主义经济体制改革的目标模式

（一）我国经济体制改革的目标模式

传统经济体制的最大弊病，就在于这种体制模式不是建立在商品经济的基础之上的。在我国50年代中期建立起来的苏联式的高度集中的经济体制下，国家职能过度膨胀，管理经济方法不当，国家通过庞大的行政组织体系、无所不包的指令性计划和行政命令，直接控制与指挥微观经济活动。这种高度集中的、行政型的体制就是建立在社会主义产品经济论的基础之上的，它把整个国民经济当作一个大工厂，把企业当作车间，把企业的经济活动当作产品生产，把企业间的活动交换，视为直接的产品调拨。这种体制排斥了价值规律和市场机制的作用，经济运行主要是由强制性的行政手段来推动。我国社会主义的实践证明，这种高度集中的传统经济体制，是一个僵化的模式，它把企业管死，使民经济失去活力，因而必须加以改革。

我国体制改革以社会主义是有计划的商品经济为理论依据，根据这一理论，我国经济体制改革的目标，是建立一个适应商品经济发展

的，实行计划经济与市场调节相结合的、充满活力的新模式。这一新的经济体制的基本框架是：

第一，所有制结构。宏观结构的多样性和微观结构的多层次性乃是新体制的基础。宏观结构的多样性表现为，以公有制为主体的多种所有制并存，这种多种所有制结构中，包括有多样性的私有制成分（个体经济、私营经济、外商独资企业）和各种过渡性成分（私有和公有相混合的联合体经济、中外合资合作企业）。从微观所有制形式来说，无论是全民所有制企业或是集体所有制企业，都有着多样性所有制结构和不同的财产组织形式，如经济联合体存在着混合所有制的各种类型；在股份制企业中，存在着国家所有、企业所有、劳动者集体所有、职工个人所有相结合的不同形式。这种宏观所有制结构和微观所有制结构的多样性和多层次性，恰当地调整、处理和维护了各种类型的主体之间的不同利益，在坚持国家所有制的前提下，承认与维护了企业适当的特殊利益，从而使企业表现出充分的活力，成为独立的和相对独立的商品生产者和经营者。

第二，经济决策结构。实行中央、地方、企业分层决策，改变过去由国家高度集中决策权的单一结构，这种多层次决策结构，在坚持国家对宏观经济和某些微观活动的决策权的前提下，赋予企业以微观活动的充分的决策权力，这是使企业能够进行独立的商品经营活动和对市场做出积极反应的重要条件。

第三，经济调节结构。实行计划经济与市场调节相结合，对于一般性的生产与经营活动，在充分发挥市场调节的作用的基础上，把国家有计划的宏观控制和市场协调结合起来，在这些领域，以市场机制的自动调节为经济调节的基础，国家通过调控市场来诱导微观活动。对于一些重要的与国计民生攸关的生产与交换领域，实行直接计划调节，这种计划调节也要利用市场作用。社会经济活动的调节机制中，就表现为既有市场的自动调节作用，又有国家的计划调节作用。这种经济调节结构，既能发挥商品生产者的活力，又能保证国民经济运行的有序。

第四，利益和动力结构。实行物质利益原则与政治思想教育相结合。一方面通过按劳分配为主的多种分配形式（包括体现私人占有的各种收入形式），充分贯彻物质利益原则，有效发挥经济激励作用，调动生产者的积极性；另一方面坚持社会公正原则，正确调节和规范各类劳动者收入差别，保证社会主义共同富裕的实现。更重要的是要坚持不懈地对广大劳动者进行社会主义、共产主义的思想教育，充分发挥先进精神的激励作用，通过物质鼓励与精神动力相结合，最大限度地调动社会主义劳动群体的积极性。

第五，经济组织结构。实行政企分开，发展企业间的横向联合，以中心城市为枢纽来进行经济管理。改变原来的政企不分、纵向隶属为主、条块分割的行政型的经济组织结构，这是打破产品经济的封闭性，促使经济商品化和市场关系发展的必要条件。

总之，我国经济体制改革的目标模式，是适应社会主义有计划的商品经济的要求的计划经济与市场调节相结合的新体制。

（二）由旧体制向新体制的转变

由旧体制向新体制的转变，表现为具有以下三大特点：

第一，微观组织的企业化。对于全民所有制的国营企业来说，首先是要从企业改革着手，通过企业财产支配关系、利益关系、决策方式、经营方式的调整，使企业成为责、权、利相结合的经济实体与经营主体，成为能对市场状况做出积极反应的相对独立的社会主义商品生产者。这一变革不仅是发展商品经济和引进市场作用的基础，而且是充分调动广大职工的积极性和搞活企业的前提条件。

第二，交换方式的商品化。新的经济体制是建立在商品性的交换的基础之上，为此，要根本改革商品流通方式。要在广泛的生产一般性产品（与服务）的领域，将传统的消费品配给制和物资分配制转变为以等价交换为基础的市场流通，从而在上述领域形成一个社会主义市场体系，使市场机制得以充分发挥作用。只有完成了这一变革，上述领域中的企业才能真正地被推向市场，并在市场力量的牵动下积极主动地进行生产和经营。这样，在我国国民经济的一个相当广泛的领域中，市场机制才能成为企业经济活动的直接调节者，社会主义商品经济的自动运行所依赖的调节机制的基础才得以奠定。

第三，国家调控方式的间接化。新的经济体制并不取消和削弱国家的经济管理，相反，它要求国家经济调控能力的强化。除了对于某些基本产品生产领域需要实行科学的直接的计划调节和依靠行政手段进行管理而外，对于较广泛的生产领域，需要采用新的国家调控方法。首先，进行经济管理的行政机构要与企业相分离，前者不直接干预企业活动，而是着眼于进行行业规划，主要是制定方针、政策和提供多方面的服务。其次，进行经济管理的政府机构的调控对象主要是宏观经济，主要是借助市场机制，依靠经济手段，即通过由政府确定的或是从属于政府调控的市场参数去影响、引导企业的经济活动。只有完成这一国家对宏观经济调控方式的变革，才能既充分发挥企业的自主经营的积极性，又能把宏观经济管住，使国民经济有序地运行。

总之，新的经济体制，无论是在微观组织上，或是交换方式上，以及在国家管理调控经济的方法上，都需要进行深刻的变革。而由传统的经济体制向以企业化、商品化、调控间接化为特征的新的经济体制的转换的完成，就意味着社会主义计划商品经济机制的形成，可以说，具有中国特色的社会主义将由此确立。我们真正找到了和构造出适合我国生产力性质的社会主义生产关系的具体形式，我国国民经济充满活力、生气勃勃的运行和生产力的最迅速发展的经济基础就由此奠定了。

（三）改革是社会主义制度的自我完善

当前的社会主义经济体制改革，是一场旨在克服社会主义初创期经济体制中必然会存在的某些局限性的革新，是在人们对社会主义的认识更加深化的基础上自觉进行的一场十分深刻的社会主义制度的自我完善。

世界社会主义，迄今只有70多年的历史，还是一个年轻的事物。在苏联形成的传统的经济体制，是属于社会主义初创时期的东西，这种体制是在人类历史上罕见的、大规模的与十分激烈的阶级斗争条件下的产物，它深深地打上了初生的社会主义国家当时具体的历史条件的烙印。人们可以清楚地看到，高度集权的社会主义经济模式，正是苏联这样的原先经济不发达国家，在30年代帝国主义包围的严峻形势下，在国家工业化成为世界上第一个社会主义国家生死存亡的问题的时代背景下，不得不做出的抉择。当然，也必须看到，苏联传统的经济体制的形成，也与人们缺乏建设社会主义的经验和对社会主义在认识上的局限性有关。

总之，苏联传统的经济体制的形成，以及其他社会主义国家在一段时间内采用了传统的经济体制，这都是一定的历史条件的产物。在人类历史发展中，任何一个社会形态的较适合的经济体制与政治体制以及意识形态的形成，都要经历一个长期的发展过程。社会主义是20世纪新生的、人类历史上进步的社会形态，它还处在幼年时期。社会主义国家的经济体制作为人类创造新社会的最初的探索的结果，它还不完善，存在一些不适合的甚至不合理的因素是不足为奇的。现实的社会主义新社会，尽管还处在初始阶段，社会主义国家都还在克服困难中发展，但是社会主义具有无比美好的发展前景。社会主义制度的生命力与优越之处在于它的高度的自我认识、自我改造、自我完善的能力。社会主义解放了全体劳动者——历史创造的主体，广大人民群众表现出创造新生活的高度自觉的积极性。社会主义建设者的指导思想是马克思主义，是以科学性和革命性相统一为特征的不断发展的进步学说。马克思主义要求人们批判地对待客观世界和主观世界。在马克思列宁主义、毛泽东思想的理论武装下，中国人民在建设社会主义的实践中不断地提高自己，深化对社会主义的认识，更加自觉地和更卓有成效地建设和发展社会主义。以邓小平同志及其他老一辈同志为代表的中国共产党人，在十一届三中全会以后，重新恢复了马克思主义的思想路线，通过对新中国成立以来的正反两方面的革命与建设经验的总结，深化了对社会主义经济基本特征和我国现阶段社会主义的性质、矛盾的认识，提出了一系列适合中国国情的建设社会主义的路线、方针和方法。邓小平同志是中国改革的积极倡导者和旗手，他提出：以经济建设为中心，坚持四项基本原则，坚持改革开放，建设具有中国特色的社会主义。以1978年党的十一届三中全会为起点的、我国现阶段的经济体制改革，就是对原来的社会主义经济体制的自我革新和自我完善，改革将促使一个更加适合和更加完善的社会主义经济体制的出现，改革一定会导致具有中国特色的社会主义的形成。

第四章

社会主义经济是有计划的商品经济

　　基于上一章所论述的社会主义所有制的特点，社会主义经济具有计划性，同时也具有商品性。社会主义经济，也就是有计划的商品经济。社会主义经济的这种计划性和商品性相统一，一方面要求对国民经济进行有意识的、自觉的控制与管理，以保证经济运行的有序和从属于有计划、按比例发展的规律；另一方面要求充分发挥微观主体的自主经营的积极性、主动性与首创精神，强化经济机体的活力和使微观经济活动充分从属于价值规律的作用。按照社会主义经济的计划性与商品性相统一的本性，构建一个完善的有计划商品经济的体制，对于创建和发展社会主义，具有无比重要的意义，这是实现社会主义人民财富最大增殖和保证社会主义制度优越性获得充分发挥的前提条件。

第一节　社会主义经济的计划性

一、社会主义经济是计划经济

计划经济，是社会主义经济或生产方式运行的根本特征。计划经济的特点是：国民经济在国家或社会中心事先制订的统一计划的指导和规范下，在某种计划管理机制的作用下，按比例地和协调地发展。

计划经济概念的内涵，大体说来有以下三个方面：

第一，经济发展的自觉性。计划经济的实质，乃是经济活动不再是自发地与盲目地发展，而是从属于人们的自觉的控制。国民经济的计划性，是一个高级的社会形态的特征。人们知道，在原始社会，人类生活是从属于变化莫测的自然的强暴的力量。在奴隶制经济与封建制经济中，人们生活于分散的、自给自足的经济单位中，谈不上社会经济的组织性与计划性。资本主义市场经济形态，是以自发性与无政府性为特征，在那里，"……商品生产者及其生产资料在社会不同劳动部门中的分配上，偶然性和任意性发挥着自己的杂乱无章的作用"①。

只有在社会主义经济中，人们通过制订有科学依据的统一计划和实行符合客观经济规律的计划管理，从而使国民经济有计划发展。这种情况表明：社会意志体现于"先定"的计划之中，计划性寓于经济运行与经济发展之中，从而，国民经济的运行，就受到社会主体的意志的制约、控制与调节。这样，社会主义经济这一部大机器的极其复杂而多样的活动，就不是杂乱无章的，更不是互相对立、互相碰撞，而是处在社会的经济管理中心有意识地与自觉地调节与控制之下，从

---

① 《马克思恩格斯全集》第23卷，人民出版社，1972年，第394页。

而社会经济活动就具有自觉的性质。正如马克思所说，社会主义形态下，人们"……自觉地把他们许多个人劳动力当作一个社会劳动力来使用"①，人们的活动从属于"有意识的社会调节"②。社会主义经济活动的这种组织形式和运行方式表明，人们不再是从属于物，而是成为社会生产的真正的主人。可见，国民经济在国家或社会中心的管理与调节下，摆脱了盲目性，实现了自觉性，成为"一种能够有计划地生产和分配的自觉的社会生产组织"③。经济活动的自觉性，这就是社会主义经济的鲜明特征，它与资本主义制度下，经济生活在根本上从属于盲目性的市场调节，存在着鲜明的对比。

第二，经济运行的计划性。人们对社会经济生活与经济发展的有意识的自觉的控制，不可能是以任意的决策与指挥来实现，而总是要通过预先制订的计划，借助使基层生产单位能按照计划的要求来进行活动——国民经济计划化——的机制而实现的。马克思说，在社会主义形态，"……生产者将按照共同的合理的计划自觉地从事社会劳动"④。在社会主义经济中，人们将制订有科学根据的统一的经济和社会发展计划和寻找与建立一种恰当的、能有效地组织、实施、贯彻落实社会"先定"的计划的机制，保证国民经济按照"先定"的计划发展，由此来实现人们对社会经济活动的自觉的控制。可见，计划是社会主义经济的重要的现实的范畴。计划的制订、组织、实施，即国民经济的计划化，就成为社会主义经济的特点，它与资本主义市场经济运行中难以摆脱的无政府性形成鲜明的对比。

---

① 《马克思恩格斯全集》第23卷，人民出版社，1972年，第95页。

② 《马克思恩格斯选集》第4卷，人民出版社，1972年，第369页。

③ 《马克思恩格斯选集》第3卷，人民出版社，1972年，第458页。

④ 《马克思恩格斯选集》第2卷，人民出版社，1972年，第454页。

第三，国民经济总体的计划性。计划经济不是一个个生产单位，即企业内部生产的有组织和计划性，也不是国民经济局部领域——如某一生产领域，如托拉斯——经济活动的计划性，而是国民经济总体的活动的计划性，它包括对生产、交换、分配、消费活动在总体上进行有计划地组织、管理、控制与调节。计划经济意味着社会经济的运行和发展在总体上的从属于人们的自觉控制。显然，单有个别生产单位的有组织，谈不上计划经济；如果只是有局部领域的计划性，而没有国民经济总体上的有计划发展，也谈不上计划经济。

二、计划经济是公有制的产物

计划经济是一个现代公有制经济的范畴。

计划经济的物质基础是当代的生产社会化，即以机器大工业为物质基础的现代生产社会化，它表现为十分发达、十分复杂和精细的社会分工和劳动协作，表现为数以千万计的企业之间、各个产业部门之间和各个地区之间的经济活动密切地相互依赖，活动交换十分频繁和越来越发展。这种单位、部门、地区之间的复杂的劳动交换中产生的矛盾与冲突，已不可能由自发性的市场机制来加以协调，其他的社会组织（如行业协会等）的协调作用也无能为力，而只有在生产资料公有制的基础上，由一个有权威的社会中心，即国家，采取计划协调的方式才能加以解决。可见，经济活动的从属于计划的需要是植根于现代的生产社会化之中。但是不能说生产社会化就能实现计划经济，计划经济是高级社会形态经济的特征。计划经济的经济基础是生产资料公有制。对经济生活的有意识的指导与调节，是公有制的一个重要特征。在以生产资料资本家私有制为基础的资本主义经济中，生产活动是生产者的私事，从来是从属于生产者私人的意志和决策。尽管当代资本主义国家也要采取调节经济的措施，但是资产者的私人利益，使它视国家的调节为对它的活动的侵犯与"干预"，可见，私有制的本性是和实行自上而下的社会调节相冲突的，是自发地趋向与要求"自由放任"和"经济自由"的。在社会主义制度下，尽管一个个的企业是自主经营、具有相对独立性和利益差别的主体，但生产资料社会主义公有制把它们联结在一起，使它们成为社会共同体的细胞。公有制企业（以及部门、地区）根本利益的一致性，决定了它们能够服从体现社会共同利益的统一的经济计划的调节，这也就是社会主义国家能够对企业和整个国民经济活动进行有效的计划管理与调节的依据。可见，经济运行的计划性是公有制的产物，是公有制在经济运行中的必然表现，而国民经济以有计划形式按比例地发展，就成为社会主义经济的一条重要客观规律。受这一规律支配的社会主义经济，也就是计划经济。归根到底，真正的计划性是社会主义公有制生产关系的实现。

社会主义计划经济，在宏观上表现为整个国民经济按照体现社会意志与全社会利益的统一计划，长期持续地保持协调、有序的发展；在微观上表现为作为国民经济基层单位的企业经济活动要从属于国家的计划调节、指导和控制。国民经济发展的有计划性、有组织性、按比例性和无危机性，是社会主义计划经济的鲜明特征。而要实现计划经济，除了要具备物质生产条件而外，最根本的就是要实现从资本主义私有制到公有制的根本变革，建立起社会主义的经济制度。

必须指出，不能把资本主义的"计划化"和社会主义计划经济混为一谈。如上所述，在资本主义商品经济中，单个企业内部的生产是有组织和有计划的，但是这种个别单位内部生产与经营活动的有计划，包括托拉斯内部的有计划性，只不过是加强了企业间盲目的竞争和社会生产的无政府状态。

当代资本主义，在生产社会化进一步发展，资本主义基本矛盾更加激化，出现了严重的1929~1933年经济大危机的新的条件下，作为资产阶级的总代表的国家，基于凯恩斯主义理论竞相采取国家干预经济的"救治"政策，如采取对生产、投资、出口、增雇劳动力等活动进行控制或鼓励的各种各样的措施，即所谓"经济计划化"。第二次世界大战后，资本主义国家采用的这种计划种类甚多，范围很广，西方资产阶级经济学家大肆宣扬他们实行了"计划经济"，把"计划经济纳入了市场经济"之中①，并竭力宣扬这种"计划化"能够消灭危机与失业！显然，这种资产阶级的经济"理论"，是缺乏科学根据，也经不起事实的检验的。因为，资产者至高无上的私人所有权和私人利益，总是和外来的干预格格不入的。即是在当代资本主义国家资产者至高无上的私人利益，决定了实行自由的市场经济，仍然是经济生活的主要趋势和必然规律，因而，"把计划经济纳入资本主义制度"，完全是不可能的。

当代资本主义国家也对公营经济实行计划管理，但是一般说来，它们的国家计划是不具有约束力的，多半是一种"参考性"的计划。当然，二战后发达的资本主义国家，针对战后的经济的越加不稳和难以摆脱的萧条，大力运用各种经济杠杆，通过实施调控宏观经济的财政、信贷政策和其他的"计划化"的措施，取得了协调经济发展的一

---

① 当代西方资产阶级经济学家的时髦理论是资本主义和社会主义两种不同制度的"趋同"论（Convergence of Economic System），斯坦福大学的经济学家豪厄尔（J.E.Howell）等在《欧洲经济学：东方和西方》（纽约：世界出版公司1967年版）中说：现代经济的最优运行需要把集中的经济管理和非集中化的竞争的市场经济混合起来，因此在当前现代的不同性质的国家的经济管理制度"日益汇合起来"。这种趋同论，把当代国家垄断资本主义条件下资产阶级国家经济管理职能的发展说成是会改变资本主义经济制度的性质，并使资本主义获得新的生命力。

定的效果。但是应该看到，资产阶级国家的"宏观政策"和"计划化"，顶多只是使局部经济活动有某些计划性，但却不能实现全局的计划性；即使能暂时地使局部范围的经济活动受到"计划"调节，也只会引起或加深长期的经济活动的"失控"与更大的无政府状态；即使能带来再生产矛盾的暂时的缓和和导致一定时期国民经济在政府控制与调节下相对稳定的发展，但或迟或早必然产生新的萧条和促使更激烈的、新的经济危机的到来。这并不是理论上的推断，而已为当前世界众多资本主义国家的经济发展越来越不稳定、危机频频出现与日益陷入困境的事实所证明。归根到底，以私有制为基础的资本主义制度与计划经济是风马牛不相及的。

三、搞好计划的综合平衡是计划经济的首要任务

国民经济有计划按比例发展，是不可能自发地实现的。在社会主义制度下，以公有制为基础的生产单位，它们的生产活动也不可能是经常做到互相协调一致的，恰恰相反，复杂的社会主义再生产过程中的种种不协调与矛盾是经常发生的。国民经济运行的计划性的实现，有赖于社会主义国家的计划管理活动：（1）制订协调各种基本比例关系的科学的计划；（2）通过计划管理来实现有计划发展。可见，计划性并不是经济自发地趋于平衡，而在于人们自觉地保持平衡，在于社会主义国家的发挥计划管理的职能。而按照客观经济规律的要求，制订出一项能保证再生产协调、有序发展的一系列关键性的平衡的比例关系的计划，这是计划管理的前提和出发点。

企业是国民经济的细胞，保证一个个企业的生产活动健康而有序地发展，是实现国民经济有计划发展的前提，为此必须使企业能获

得必要的生产资金，能获得各种投入品，能销售它的产出品，能收回它投入再生产过程中的生产资金，也就是说，要能够实现实物平衡和价值平衡。要保证属于分工不同的部类、部门的千百万个企业的生产活动的互相衔接和有序发展，就要求能实现内容更为复杂的实物平衡（它是一个内涵复杂的，包括各种生产资料、消费资料在企业、部门中的互换的投入产出大系统），同时也要求实现更为复杂的价值平衡，后者的实现要求社会产品总供给与总需求的平衡和社会产品供给结构与需求结构的平衡。把上述导致经济协调发展的恰当的比例关系，科学地加以确定和反映于统一的经济计划之中，这就是搞好国民经济综合平衡的要求，乃是计划机构所承担的重要任务。

搞好计划的综合平衡，是国家发挥计划管理职能的前提条件。不做好严格的、有科学依据的综合平衡，不制订出一个能保证整个国民经济内在的基本比例关系协调化的科学的计划，人们就不能对作为客体的国民经济活动进行有意识的指导和自觉的调控，就不可能"自觉地保持比例性"，就谈不上计划经济。

为了制订出一个符合综合平衡要求的科学的计划，社会主义国家应该建立起一个高效的计划机构，计划工作人员要掌握社会主义客观规律和科学的计划统计方法，要拥有先进的物质手段，通过调查研究，完备地了解本国国情，以及各种经济条件的具体变化。要根据每个时期的社会再生产总体的状况，通过确定一系列经济指标，来形成能够保证再生产各环节、各部类、各部门、各企业能够顺利地进行各环节物质补偿与价值补偿的恰当的比例关系。

如果更具体地加以阐述，即搞好计划的综合平衡，要求编制出综合的国民经济计划，以保证下述主要的基本比例的协调：

第一，保证总供给与总需求的对应，实现宏观总量平衡。总供给与需求的平衡，既包括社会再生产过程中的产品使用价值的量的平衡，也包括在价值形式上的量的平衡。这一总量平衡乃是正常的社会再生产的条件。如果社会生产提供出的使用价值总量与社会耗费（包括正常储备）的使用价值总量发生不均衡，那么生产单位将不可能实现再生产所必要的物质补偿；如果生产单位的总产出和总收入在价值量上不平衡，这些单位就不能在再生产过程中顺利地进行和实现价值补偿，就不可能实现正常的再生产，从而不可能有国民经济的有计划、按比例的发展。

第二，保证两大部类比例关系的协调，实现两大部类平衡。社会总产品按其使用价值形态，划分为生产资料，即投资产品和消费资料，即消费品，这两种产品生产的部类保持恰当的比例，乃是社会再生产顺利运行的必要条件。马克思的再生产理论，揭示了实现再生产内在均衡的社会总产品两大部类的比例关系的规律，这就是在简单再生产条件下，$I(V+M)=IIC$；在扩大再生产条件下，$I(V+M)>IIC$。通过计划的综合平衡，设计和形成上述比例关系，是国民经济有计划、按比例发展的必要前提，也是社会主义计划经济固有的要求。

第三，保证农、轻、重部门的比例协调。社会生产两大部类，是一种社会产品的部类划分的抽象形式，在现实的经济生活中社会产品总是主要表现为农产品、轻工业产品、重工业产品，因而现实的产业部门划分，表现为农业、轻工业和重工业。而两大部类比例的协调，是通过农业、轻工业、重工业等产业部门的合理的结构来实现的。而通过计划的综合平衡，规划和保证产业结构中农业、轻工业和重工业的合理比例，就是实现两大部类比例关系协调化，保证国民经济有计划、按比例发展的前提条件。

第四，保证国民收入中积累与消费比例的协调，实现扩大再生产中对投资品、消费品的需要与供给相平衡。积累基金是使用于扩大再生产，消费基金是使用于人民生活消费。在社会主义条件下，基于社会主义基本经济规律的要求，必须使积累基金能适应扩大再生产的需要，消费基金能适应人民生活水平逐步提高的需要。正是因此，探索与确立积累与消费的合理比例，就是社会主义国家计划的重要任务和出发点。上述积累与消费的合理的比例的有计划形成，是社会主义制度下生产稳定增长和人民消费水平逐步上升的前提，也是社会主义计划经济的优越性的表现。

积累基金与消费基金的比例，是受国民经济两大部类的比例关系制约的。消费基金在实物形态上是由消费资料构成；积累基金，一般情况下，大部分是由生产资料构成。因而，人们在安排积累与消费比例时，要从社会两大部类的结构的现况出发，要根据国民收入中生产资料所占的比重和消费资料所占的比重而通盘筹划，合理安排。在第一部类的比重较高，国民收入中生产资料所占份额较大的情况下，人们不能贸然地在计划中提高消费的比重；反之，在第二部类比重较高，国民收入消费资料所占份额较大的情况下，人们不能任意地在计划中人为地提高积累的比重。因此，人们必须根据再生产的具体条件与现实情况，在做好综合平衡的前提下，科学地确定积累与消费的比例关系。这是社会主义计划经济的一项具体要求。

第五，保证资金运动各种形式的内在比例的协调，实现财政收支、信贷收支的平衡。在商品经济条件下，社会再生产过程要表现为社会资金的运动，这一资金运动的主要方面是：财政资金的形成、分配和使用。财政资金正常运动的条件是财政收支的均衡。财政资金运动的不均衡形式，即赤字财政必然会引起货币超量发行，从而引起货币流通与商品流通的不平衡，其表现是通货膨胀。在存在银行信贷的条件下，社会再生产过程中还包括银行信贷资金的运动，即银行资金的形成和分配使用。银行信贷资金正常运动的条件是信贷收支的均衡。信贷资金运动的不平衡形式主要是信贷膨胀，其结果是购买力超过总供给，引起物价上升，另外，增加信贷支付的困难，甚至引起支付危机。因此，通过计划的综合平衡，形成和保持上述社会资金运动的均衡的比例关系，就成为社会主义计划经济固有的要求。

第六，保证商品进出口的协调，实现国际收入与支出的平衡发达的进出口贸易，是社会主义国民经济的一个重要组成部分。商品的进出口（以及无形的进出口）表现为货币价值形态的国际收支的运动，这一国家对外的货币价值形态的资金的正常运动的条件，是国际收支的平衡。国际收支的不平衡，即收支逆差，必然要引起黄金与外汇储备的耗竭，引起汇价的波动和本国货币币值的不稳，从而对整个国民经济带来不利影响。而通过计划的综合平衡，形成和维持国际收支的平衡，就成为社会主义计划经济的一项重要要求。

总之，越是复杂的社会经济机体，它要实现顺利的、有序的再生产，就越需要有各种基本的比例关系的协调，需要有经济运行的内在均衡的保持。在社会主义经济中这种基本比例关系的形成和经济运行内在均衡的保持，主要依靠体现社会意志的"先定"的计划，依靠做好计划的综合平衡。用计划自觉地协调基本比例关系和保持再生产的内在均衡，这是计划性的实质之所在，也是社会主义计划经济的固有的要求。

四、搞好计划管理是实现计划化的关键

制订计划，只是计划化的起点，更重要的是要将先定的计划付

诸实施，这就要求有贯彻计划，使之落实于生产、分配、交换和消费等活动之中的经济管理机构。这一经济管理机构，不仅要能够按照计划的要求，对生产和流通进行指导和规制，对基本物资实行调配，对社会资金实行聚集与集中使用，对国民收入的分配与利益关系进行调节，即实行组织宏观的国民经济的功能，而且要通过灵活的信息搜集和反馈系统的作用，对经济活动进行监测，找出对计划化的干扰因素和趋势，即实现监督经济运行的功能。更重要的是要根据计划的要求（包括经过实践而加以修订和校正过的计划），采取有效的手段，对国民经济进行调节与控制，以克服经济运行的自发性，减少经济活动中的偏离力量，加强经济运行的计划性。上述对经济活动的组织、监督、调控，就是计划管理，它是社会主义国家所固有的一项重要职能。社会主义国家是否能承担起这一职能，是否能找到和采用正确的方法来履行这一职能，是经济活动与经济运行的有计划性能否得到实现的前提条件。

一般地说，计划管理需要有：（1）与社会经济性质相适应的、有效的计划管理手段与方法的体系。大体说来，对商品经济实行计划管理的方法，包括行政方法与经济方法；以宏观经济（总产值、商品流通总量、货币流通总量、销售总量、工资总量、总就业、总人口，等等）为对象的计划管理和以微观经济（企业及个人的经济活动）为对象的计划管理；下达指令性计划，运用行政手段进行管理的方法与下达指导性计划，运用经济手段进行调控的方法。社会主义经济，特别是初级阶段的社会主义经济，是一个复杂的机体，它具有不同层次的结构，因而，与这种经济机体相适应的是一个运用各种方法和杠杆的调控手段体系，要采用包括直接的控制与间接的控制等多样形式。（2）实行有效的计划管理，还必须寻找和建立一个恰当的和高效的计划调控体系。以上实行计划管理的手段和方法体系，以及管理组织体系，共同构成社会主义计划管理体制。寻找与建立起一个恰当的社会主义计划管理体制，是保证社会主义经济的计划性，实现国民经济持续稳定发展的主要条件。社会主义的计划管理的体制有不同类型：（1）严格用指令性计划来进行计划管理，这就是苏联型的传统的计划体制的特征。（2）用指导性计划为主的计划管理体制，这是社会主义国家计划体制改革的目标。（3）基本放弃国家计划指导的市场经济体制，这种体制在实践中并未获得好的效果。看来，一个完备的计划管理体制的形成，是一个还需要经过实践来加以验证的新的探索。

五、社会主义计划经济的结构

归结起来，计划经济是一种社会经济活动组织形式和经济运行方式，大体说来，计划经济具有以下特征：

第一，自主生产的微观单位不是利益互相敌对的经济主体，而是社会经济机体中的具有共同利益的细胞。

第二，体现社会意志和反映客观经济规律要求的计划在经济运行中居于核心地位，是经济的大脑。

第三，计划机制是起主导作用的调节器，这一计划机制表现为：通过经济政策的制定和发挥经济调节的杠杆体系的组织、指导与调节功能，使微观生产单位的经济活动，符合社会先定的计划的要求。因而，计划机制这一"看得见的手"起着牵动、调控宏观经济和影响、引导微观经济的作用。

上述计划经济的经济组织与运行机制可以表示如下：

计划目标 → 经济政策 → 经济调节杠 ⎧ 指令性计划 → 宏观经济活动
的制订　　的制定　　杆的作用 ⎨ 指导性计划　　微观经济活动

计划机制的 → 经济调节的杠 → 国民经济的
决策活动　　杆体系的作用　　有计划运用

```
[企业]    [企业]    [企业]
          ↑
[企业] ← [计划] → [企业]
          ↓
[企业]    [企业]    [企业]
```

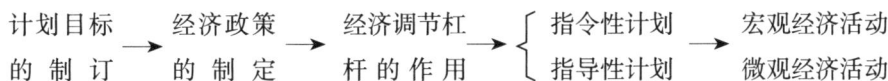

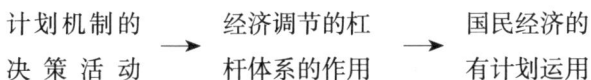

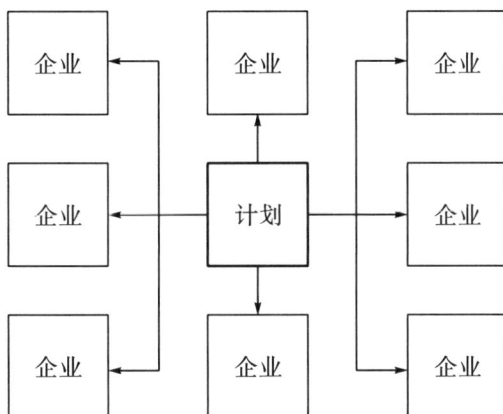

第二节　社会主义经济的商品性

以上我们阐述了社会主义经济的计划性，即经济活动从属于计划的可能性与必要性，计划性是以公有制为基础的社会主义经济的重大特征。但是，社会主义经济还具有商品性，这就是：劳动产品还具有价值形式，社会生产过程中的劳动协作与交换中还体现着等价关系，经济活动还要从属于价值规律。由于商品性是共产主义初级阶段经济，即社会主义经济固有的特征，因而，社会主义经济仍然是一种商品经济，不过是公有制基础上的崭新的商品经济。

一、对社会主义经济性质的认识的深化

对社会主义经济的商品性质的阐明，具有重大的理论意义和现实意义，就其理论意义来说，它涉及社会主义的生产、交换、分配、计划性等方面的特征的阐明，涉及社会主义经济的运行机制与调节机制的科学揭示。就其现实意义来说，它涉及社会主义目标模式的选择和体制改革的方向。因此，对社会主义经济的商品性的理论探讨与理论阐述，就成为社会主义政治经济学的一项基本课题。

马克思主义创始人关于社会主义经济性质的观点。关于社会主义经济的商品性的认识，是在社会主义经济建设的实践中逐渐深化的。为了全面地考察对这一问题的理论认识的演进过程，首先必须从马克思主义创始人的思想谈起。

马克思、恩格斯创立科学社会主义是在19世纪中叶。当时，尽管在西欧先进的资本主义工业国，无产阶级的社会主义运动已经兴起，但是由于社会经济条件的不成熟，在当时还没有取得成功的社会主义革命，世界上还没有建立起社会主义国家，因此也谈不上有社会主义建设的实践。在这种条件下，马克思、恩格斯只能根据当时资本主义经济发展的状况，运用逻辑的方法，来分析未来社会的某些基本特征和描绘它的大体轮廓。作为辩证唯物主义和历史唯物主义的创始人，大师们自然也无意去详尽地描述和规定社会主义经济的细枝末节。

按照马克思主义的理论分析方法，要选取事物发展的成熟形态作为对象，对它进行科学抽象，用以发现该事物的本质特征。马克思选取了在19世纪资本主义经济发展最成熟的英国作为对象，从中抽取和概括出关于资本主义本质的理论观点和关于资本主义经济运行的科学规律。马克思和恩格斯在展望未来社会的特征时，他们心目中往往是设想一个生产力高度发展，在经济上高度成熟的社会主义形态。可以说，他们分析阐述的是以西欧发达的工业国的生产力为起点的、进一步发展成长起来的成熟的社会主义，而不是东方的经济不发达国家产生的初生期社会主义。

正是基于上述的方法论，马克思和恩格斯描绘了一个产品社会主义的基本构架：

第一，社会占有全部生产资料，是产品社会主义的出发点。马克思、恩格斯描绘了一个完全的全社会公有制。在那里，不仅不存在私有制，而且也不存在部分劳动人民所有制即集体所有制。在那里，实现了自由劳动者在全社会范围的联合，形成了一个全体自由人组成的统一的大联合体。

第二，自由人大联合体是生产资料的直接占有者，也是生产活动的统一组织者，社会中心或国家是各种生产的物质要素（土地、生产资料等）和人身要素（劳动力）的统一支配者。正如马克思所说："设想一个自由人联合体，他们用共同的生产资料进行劳动，并且自觉地把许多个人劳动力当作一个社会劳动力来使用。"[1]

第三，自由人大联合体也是社会产品直接的分配者，社会中心或国家将按照有计划生产的需要，直接组织各种物资在各个生产单位之间的调拨，同时将按照人们在生产中的劳动付出，通过给以证明劳动付出量的劳动券，而统一地组织消费品的配给。

第四，按照上述对物资实行直接调拨，对消费品实行统一配给的设想，社会主义经济中的、处在发达的社会分工体系中的众多企业之

---

[1] 《马克思恩格斯全集》第23卷，人民出版社，1972年，第95页。

间的十分频繁的和十分发达的活动交换和物资互换，将无须通过等价的商品交换来实现。因为，直接的中央计划将轻易地完成这一任务。"在共产主义社会里无论生产和消费都很容易估计。既然知道每一个人平均需要多少物品，那就容易算出一定数量的人需要多少物品；既然那时生产已经不掌握在个别私人企业主的手里，而是掌握在公社及其管理机构的手里，那也就不难**按照需求来调节生产了**。"①

这种由国家（或社会中心）直接进行调拨和配给的产品，也就不再进入交换，不具有价值性，不再是商品，从而货币、价值、市场等范畴也就不再存在。正由于此，马克思在著名的《哥达纲领批判》中说："在一个集体的、以共同占有生产资料为基础的社会里，生产者并不交换自己的产品；耗费在产品生产上的劳动，在这里也不表现为这些产品的价值，不表现为它们所具有的某种物的属性。"②

马克思主义创始人所设想的社会主义，就是这种建立在高度发达的物质技术基础之上的，以全社会公有制为基础的，由社会中心（或国家）根据计划来直接组织生产、交换（调拨）与分配的经济。这是一种消灭了商品生产和市场机制的产品经济。

列宁在其早期的理论中，同样持社会主义要消灭商品经济的观点。在十月革命前后，列宁曾把社会主义经济比喻为社会大工厂，他说："在这里，**全体**公民都成了国家（武装工人）的雇用的职员。**全体**公民都成了一个全民的、国家的'辛迪加'的职员和工人。"③显然，作为这个全社会大工厂的基层单位的企业，如同工厂里的车间，它们之间的活动交换当然是排除等价的商品交换关系的。在俄国十月

---

① 《马克思恩格斯全集》第2卷，人民出版社，1972年，第605页。
② 《马克思恩格斯选集》第3卷，人民出版社，1972年，第10页。
③ 《列宁全集》第31卷，人民出版社，1985年，第97页。

革命前后的西欧社会民主党人中，也都流行着一旦社会主义取得胜利，商品货币就消亡的观点。1918年倍倍尔在《妇女与社会主义》中说："新社会不制造专供买卖用的'商品'……在新社会没有'商品'，所以没有货币。"①

社会主义产品经济实践的历史教训。马克思主义创始人论述的关于社会主义产品经济性质的理论，并未能为当代社会主义的实践所证实，恰恰相反，按照产品经济来建设新社会的实践活动，表现出许多消极的影响。1917年，俄国十月社会主义革命取得胜利，在世界上诞生了第一个社会主义国家。在俄国十月革命胜利后的战时共产主义时期，苏维埃国家就采取实行由限制商品货币关系到消灭商品货币关系的政策。如俄共（布）八大的党纲中指出，要"坚定不移地继续在全国范围内用有计划有组织的产品分配来代替贸易"，"尽量迅速地实行最激进的措施，为消灭货币作好准备"②，这种政策由于超越了社会发展阶段，因而它的强制推行只是加剧了当时苏维埃经济的困难。正如列宁在1921年所指出的："在经济战线上，由于我们企图过渡到共产主义，到1921年春天我们就遭到了严重的失败，这次失败比高尔察克、邓尼金或皮尔苏茨基使我们遭到的任何一次失败都严重得多，重大得多，危险得多。这次失败表现在：我们上层制定的经济政策同下层脱离，它没有促成生产力的提高，而提高生产力本是我们党纲规定的紧迫的基本任务。"③列宁及时总结了战时共产主义政策的错误，断然地提出了新经济政策，采取了大力发展商品生产和运用市场来建设社会主义的各种措施：（1）废除余粮征集制，实行粮食税，对农村实

---

① 倍倍尔：《妇女与社会主义》，人民出版社，1985年，第404页。

② 《列宁全集》第36卷，人民出版社，1985年，第110、769页。

③ 《列宁全集》第42卷，人民出版社，1987年，第184页。

行自由贸易，用商品经济来刺激个体农民的生产积极性；（2）国营企业和托拉斯取消实物配给制，改行经济核算，即实行自负盈亏的商品生产和经营；（3）允许一定范围的私人资本主义商品经济发展。列宁对从资本主义到社会主义的过渡时期保存商品生产的必要性作了新的阐明，特别是他阐明了社会主义合作化必须建立在对商品货币关系的利用之上，指出应"使全体居民人人参加合作社的业务"①，提倡建立从事商品经营的供销合作社。可见，这里已包含了商品关系存在于社会主义经济内部的思想。

应该说，由战时共产主义政策到新经济政策这一建设方针的重大变革，还缺乏充分的理论基础，人们对于社会主义建设与商品经济的关系，并未曾从理论上予以透彻的阐明，在更多人的心目中，新经济政策是被视为一种暂时"退却"和向资本主义做出妥协的措施。例如在当时，联共（布）党的决议，就是把利用市场作为进一步废除市场的阶梯来认识的。对商品货币关系的利用，被当作某种权宜之计，而不是作为社会主义建设的长期的基本方针。

对社会主义经济的性质的理论认识的模糊，导致人们不能深入总结经验和坚持正确的政策。列宁逝世未久，斯大林匆匆地取消了新经济政策，在实行国家工业化和农业集体化过程中，采用削弱和缩小商品货币关系的方针，全面推行指令性的物资调拨和消费品配给，从而在30年代形成了一个僵化的产品经济体制，即人们通常称之为高度集中的计划经济。

斯大林在晚年重新总结苏联30年社会主义经济建设的经验，在《苏联社会主义经济问题》一书中，论证了社会主义制度建立后还必

---

① 《论合作制》：《列宁全集》第43卷，人民出版社，1987年，第363页。

须保留商品生产的原因，明确地将商品生产的存在归之于社会主义经济本身的性质，即两种社会主义公有制的存在，从而克服了"外铄论"即从社会主义生产关系之外去寻找商品生产存在根源的理论。斯大林还阐明了社会主义商品生产的性质和发展社会主义商品生产的重要意义，以及在经济建设中尊重和利用价值规律的必要性。但是，斯大林将商品局限于全民所有制与集体所有制间交换的产品，以及国家和职工间交换的消费品领域。他认为全民所有制企业间交换的产品，只保留商品的外壳，实质上不是商品。他过分强调对社会主义商品交换范围的限制（如反对将拖拉机等主要生产资料作为商品在全民所有制与集体所有制间进行交换），过早地主张把集体所有制与国家间进行农产品的交换改变为产品交换，忽视了进一步发展与运用集体经济的商品性质，以促进社会主义农业生产的社会化。斯大林把价值概念归结为企业进行劳动核算的需要，他否认实现阶值的市场机制的作用。可见，斯大林对社会主义商品经济存在的原因、性质、范围、作用、前途等，均未能做出全面的科学阐明，他对社会主义经济的认识，很大程度上仍然停留在社会主义产品经济的框框之中。

理论上的缺陷必然会导致政策的失误。苏联在长时期国民经济管理体制中实行高度的中央集权，把企业变成行政机构的附庸，妨碍了社会主义商品经济关系的发展和完善，这一传统经济体制越来越成为生产力发展的障碍。把社会主义视为产品经济的传统观念，从50年代直到80年代初长时期在中国占支配地位。中国是从一个生产力水平极为低下的东方半殖民地半封建社会，经过新民主主义革命胜利而走上社会主义建设的道路的。如何在东方落后的农业国的地基上建设社会主义，对我们来说是一个新的、十分陌生的课题。由于社会主义经济理论准备得不足，我国1956年基本上完成了生产资料所有制的社会主义改造后，在组建社会主义经济体制时，搬用了苏联的建设方法，建立起一个高度集中的计划经济体制。在这一体制下，国家用指令性计划来直接调控企业的生产活动，对主要的生产资料实行计划分配，对消费品的主要部分实行计划收购和计划供应，因而这是一个排斥商品生产和市场机制的产品生产和分配体制。尽管这一高度集中的体制，在我国社会主义工业化的最初时期有其积极作用，但是由于中央过度集权，管得过死，使地方和企业失去积极性，从而造成国民经济缺乏活力。

对我国这样的生产力水平较低、地区之间经济发展水平差别很大、旧的自然经济传统十分深厚的国家来说，在实现社会主义改造以后，客观上需要大力发展商品货币关系，要在等价基础上发展企业之间、各地区之间、各个经济主体之间的交换关系，要按照商品经济的机制来组织社会主义新经济的运行。但是，由于人们对此缺乏明确的理论认识，采取了在高度集中的经济体制下限制商品化，推行全面产品化的做法。50年代中叶以来采取的人为地禁锢商品交换经济和强制推行产品经济的做法，很快就暴露出它的消极的后果。人们囿于社会主义产品经济的观念，很难找到这些消极后果的真正的体制上的原因。而且，在幼稚的和盲目的"恐商"心理支配下，在中国出现了两度对商品经济的大限制和大砍伐。第一次在1958~1960年的"大跃进"时期，第二次在1966~1976年的十年动乱时期，这是中国在驶向社会主义的航程中发生的两次航向大偏离。由于我国经济的进一步产品化，经济体制更加不适合，生产力进一步遭受破坏，国民经济濒于崩溃，人们由此进一步尝到排斥、削弱商品关系带来的苦果。

马克思主义经济理论的新发展。中华民族是具有卓越的理论思维能力的。在党的十一届三中全会提出的"解放思想，实事求是"的正确思想路线指引下，基于新中国成立以来社会主义建设过程中正反两方面经验的总结，也基于世界社会主义经济建设的经验的总结，中国共产党人和中国经济理论界经过深入的讨论，摆脱了对书本上的社会主义和他国社会主义模式的因袭，形成和确立了基于实践的社会主义经济的新概念——社会主义经济是"有计划的商品经济"。这一关于社会主义经济的新概念，通过党的十二届三中全会决议的形式而公之于众。

社会主义经济是有计划的商品经济的命题，把商品性作为社会主义经济的一个固有的属性，是对社会主义经济的一个重要规定性的科学揭示。根据这一命题，社会主义经济的基本特征是：公有制，按劳分配，计划性，商品性。可见，这一科学命题进一步丰富了马克思主义的科学社会主义理论，把马克思主义推向了一个新的发展阶段。社会主义是有计划的商品经济的命题，是社会主义经济体制改革的重要理论基础，是确定我国经济体制改革目标模式的基本依据。而且，我国的社会主义政治体制和文化结构的改革，也是要适应社会主义有计划商品经济的性质的。可见，关于社会主义经济是有计划商品经济的命题，不仅具有重大理论意义，而且具有极其重大的现实意义。

二、社会主义经济的商品性的依据

商品是一种体现主体特殊利益的生产关系。商品是供市场交换的劳动产品，它包含着两个因素：使用价值与价值。使用价值是产品与商品的共同内容。马克思说："不论财富的社会形式如何，使用价值总是构成财富的物质内容。"[①]而价值却为商品所特有，是商品的本质特征。在产品经济中，人们所着眼的物质财富即使用价值的数量与质

① 《马克思恩格斯全集》第23卷，人民出版社，1972年，第48页。

599

量，在商品经济中，人们必须关心的是产品的价值的大小。产品的本质特征，是通过它的五光十色的、丰富多样的具体物质形态与各种物质性能（物理学的、化学的、生物学的等性能），一眼就为人们感知和认识；而商品的本质特征，是人们看不见、摸不着、嗅不出的幽灵般的"价值对象性"①。

既然商品的本质特征是产品的价值性，那么，要回答为什么生产物表现为商品，就必须从揭示产品的价值性着手。

产品要成为商品，取决于以下两个条件：第一，社会分工的存在；第二，当事人是具有特殊经济利益的经济主体。商品是供市场交换的劳动产品，而当事人之所以要进行相互交换，在于他们在社会分工中处于不同地位，他们生产的是使用价值不相同的产品。农民生产的是小麦，裁缝生产的是衣服，他们都对对方的产品拥有主观的需要，他们的产品也才以商品形式进入市场交换的舞台。如果没有生产者之间的社会分工，如果生产者提供的是同一种产品，自然地，就不会有交换行为的发生。

尽管"分工是商品生产的条件"，但是人们"不能反过来说商品生产是社会分工存在的条件。在古代印度公社中就有社会分工，但产品并不成为商品。或者拿一个较近的例子来说，每个工厂内都有系统的分工，但是这种分工不是通过工人交换他们个人的产品来实现的"②。决定产品进入交换和成为商品的直接原因，在于当事人是一个拥有自身特殊的经济利益的主体。他或者是一个私有者，或者是股东共同所有的公司，或者是原始氏族共同体。作为独立的利益主体，它

---

① 《马克思恩格斯全集》第23卷，人民出版社，1972年，第90页。
② 《马克思恩格斯全集》第23卷，人民出版社，1972年，第55页。

们在生产和交换中存在着从自身利益出发的对整体利益的关心，即内在利益动机。因而他们要考虑和比较他们所从事的生产活动与交换活动的利害得失，具体地说，他们在互相交换产品时，要比较他们在产品生产中的劳动耗费，建立起一种能补偿劳动耗费的交换关系，并且力图在交换中做到付出劳动少些，换回劳动多些。如同物质世界中诸力的作用形成一个合力一样，市场上众多交换当事人基于自身利益的交换行为交相作用的结果，就形成了产品按照生产中耗费的社会平均必要劳动——价值——对等地交换的客观必然性。可见，正是在市场交换中生产者之间自发地进行劳动耗费的比较的社会过程，赋予产品以价值性和决定交换的等价性。马克思指出："劳动产品只是在它们的交换中，才取得一种社会等同的价值对象性。"① "商品交换使商品彼此作为价值发生关系并作为价值来实现。"②

以上分析表明，产品转化为商品，也就是商品的价值性的形成，在于：（1）劳动的平均化，即个别劳动耗费转化为社会平均必要劳动耗费；（2）劳动的物化，主体的劳动凝固于商品体之中，转化为物化劳动。总之，商品的价值本性不是产生于产品的自然属性，它表现了一定的商品生产关系，即体现有主体特殊利益的占有关系。"商品形式和它借以得到表现的劳动产品的价值关系，……这只是人们自己的一定社会关系。"③

以上我们指出，产品表现为商品，是那种体现有主体特殊利益的占有关系的产物。在人类历史上，这种占有关系首先出现于私有制经济，在那里，无论是在奴隶主私有制、封建主私有制、个体私有制，

① 《马克思恩格斯全集》第23卷，人民出版社，1972年，第90页。
② 《马克思恩格斯全集》第23卷，人民出版社，1972年，第103页。
③ 《马克思恩格斯全集》第23卷，人民出版社，1972年，第89页。

或者是近代资本家私有制，人们都以产品私有者即私人利益主体的身份而在市场上互相对立，互相进行有偿的等价的交换。因而，产品表现为商品乃是开始于私有制，更确切地说，开始于主体之间存在社会分工的私有制结构。马克思经济学的历史功绩，正在于他对这种以私有制为基础的商品经济做出深刻的理论阐明。这一关于商品根源的理论被称之为"所有制论"。

关于商品根源的所有制论，似乎与社会主义经济具有商品性的论断相悖。因为，社会主义经济是以生产资料公有制为基础的，一旦生产资料公有制确立起来，在全民所有制领域，各个企业都是全民所有制的基层单位，它们都是以国家为共同的主人，企业和企业之间就不再是利益相敌对的关系。那么，按照商品根源的所有制论，企业之间就不再存在有偿等价交换的必要性，就不再有商品关系，而理应出现一种社会对产品的直接调拨和直接分配关系，即产品关系。马克思主义经典作家正是基于这一对社会主义全社会所有制的理解，得出了商品经济随私有制的消灭而消灭的论断的①。1951年，斯大林在总结苏联30年经济建设的经验与教训的基础之上，提出了社会主义制度下还存在商品生产和交换的论题，强调了在建设社会主义经济中不是要排斥而是要加强对商品关系的利用。但是斯大林只是从社会主义公有制两种形式及其利益矛盾来论证商品生产存在的原因。斯大林认为全民所有制是一个无利益差别的大共同体，因而全民所有制内部并不存在主体间进行商品交换的必要性，从而全民所有制内部交换的产品只是具有"商品外壳"，实质上是产品。

---

① "一旦社会占有了生产资料，商品生产就将被消除。"（恩格斯：《反杜林论》，见《马克思恩格斯全集》第3卷，人民出版社，1956年，第323页。）

事实上，社会主义经济的商品性，完全可以从社会主义的主体所有制——社会主义全民所有制企业的占有关系和利益关系的特点中得到说明。

我国还处在社会主义的初级阶段，由于社会物质技术基础的薄弱，决定了我国在相当长的历史阶段，社会主义还是不成熟的与不完备的。社会主义的不成熟，在所有制领域的表现是：（1）社会主义公有化的不完全，在社会经济结构中还存在非社会主义经济；（2）局部占有关系的广泛存在，社会主义占有全民化或占有全社会化的不完全。这种占有全社会化的不完全还表现于社会主义全民所有制具有某些局部占有的性质上，从而是一种不成熟的和不完全的全社会公有制。具体地说：（1）马克思主义经典作家所论述的社会主义所有制是一种完整的全社会公有制，是生产资料归"社会公开地和直接地占有"①，由社会"共同使用"②，企业的全部劳动成果属于全民，归全体社会成员共同支配和享有；在不成熟的全社会公有制下，企业的生产资料所有权属于全社会，支配、使用权属于企业，在产品分配中存在某些企业局部占有因素。（2）在完整的、成熟的全社会公有制下，企业不存在产品局部占有的因素，企业的一切经济活动，直接体现全民利益；在不成熟的全社会公有制下，还存在企业对产品的局部占有因素，企业的经济活动除了体现全社会利益外，还在一定程度上体现企业局部利益。（3）在完整的全社会公有制下，尽管不同企业的物质技术条件与其他社会经济条件不可能做到一样，企业收益有高低的差别，但劳动者只要付出了同等数量与质量的劳动，就从社会共同的消

---

① 《马克思恩格斯选集》第3卷，人民出版社，1972年，第319页。
② 《马克思恩格斯选集》第2卷，人民出版社，1972年，第219页。

费基金中领取同等劳动报酬，享有同等的利益；在不成熟的全社会公
有制下，劳动者除了从社会共同的消费基金中领取劳动报酬外，还要
从归企业支配与占有的消费基金中领取劳动报酬，从而享受某些特殊
的利益。归根到底，成熟的、完整的全民所有制是生产资料社会公有
化的高级形式，它做到了生产资料与产品无差别地归全体社会成员直
接占有和直接按劳分配。而在不成熟的全社会公有制下，却还存在企
业局部占有因素，还存在企业的特殊的局部利益，体现了生产资料社
会公有化还不彻底和不完全。

不成熟的全社会公有制，正是决定社会主义经济的商品性的内在
条件与根据。这是因为，既然全民所有制企业的生产除了体现社会共
同利益之外，还在一定程度上存在各自的特殊的局部利益，全民所有
制企业相互之间还存在着经济利益的差别与矛盾，这就决定了企业在
经济活动中客观存在着对自身特殊利益的关心，企业在相互交换产品
时，事实上仍然是以拥有特殊利益的主体的身份互相对立的。因此，
他们也就不能将产品无偿地让渡给对方，而要考虑和计较生产中的劳
动耗费是否能够得到补偿，这就决定了这种交换要采取有偿、等价的
商品形式。可见，产品作为具有价值的商品和实行等价交换，正是现
阶段社会主义全民所有制的占有关系和利益关系的必然表现。

总之，有如前社会主义社会的漫长历史发展中出现过的各种不同
类型的商品经济，都是从具有特殊利益的微观主体的地基上萌发和成
长起来一样，社会主义社会的有计划的商品经济，也是从具有自身局
部利益的主体结构的基础上产生的。因此，对社会主义经济的商品性
的理论阐明，必须要从社会主义全民所有制的自主经营、自负盈亏，
企业的财产组织结构和经营机制的具体分析着手，关键在于对现阶段
社会主义全民所有制的不成熟性做出深入的理论阐明。

三、社会主义商品经济的基本特点

社会主义社会的商品经济是特殊的、崭新的商品经济。乍一看来，社会主义经济结构的微观组织，仍然是一个个商品生产者；商品生产者的活动仍然是以获取交换价值为直接目标；市场交换在经济运行中仍然起着重要作用，价值规律对交换与生产活动仍然是重要的调节者。总之，社会主义的商品经济仍然具有历史上一切商品经济在组织上和运行上的共同的特征。但是，历史上任何一种商品经济结构，总是与特定的生产方式相联系的，体现了某种特殊的所有制结构的特点，从而具有由这种生产方式所规定的社会特征。在任何一种具体的商品经济形态下，商品经济的一般规律也将有其特殊的表现形式。马克思说："商品生产和商品流通是极不相同的生产方式都具有的现象，尽管它们在范围和作用方面各不相同。因此，只知道这些生产方式所共有的抽象的商品流通的范畴，还是根本不能了解这些生产方式的不同特征，也不能对这些生产方式作出判断。"[①]在认识社会主义社会的商品经济时，我们不仅应看到它与历史上的商品经济之间所具有的共性，而且也要认识它所具有的特性，这样才能抓住它的社会本质，把握住它的运行的特点，才不会将社会主义商品经济与资本主义商品经济混为一谈，才能避免在改革中的偏向，例如，把资本主义市场经济的机制原封不动地照搬到社会主义经济体制之中。

社会主义商品经济的特征，表现为以下两个方面：

---

① 《马克思恩格斯全集》第23卷，人民出版社，1972年，第133页注（73）。

（一）以公有制为基础的商品经济

社会主义商品经济是以生产资料社会主义公有制为基础，不存在人对人的剥削。贯串于这种商品经济之中的劳动者之间的交换关系，就其本质来说，体现的是社会主义联合劳动者之间互助合作的关系。

商品生产与交换关系本身是一定的所有制关系的产物，又是这种所有制关系的表现。马克思说："交换的深度、广度和方式都是由生产的发展和结构决定的。"①因此，商品经济的性质、特点，均是取决于所有制的性质。从历史上看，除了原始氏族公社末期出现的萌芽性的商品关系是以公有制为基础而外，迄至社会主义社会诞生以来的商品经济，都是以生产资料私有制为基础的。在以私有制为基础的商品经济中，以个体所有制为基础的农民和手工业者的商品经济，是一种小私有者之间平等的生产分工和劳动协作的组织形式。此外，其他的以私有制为基础的商品经济形式，如古代的以奴隶主占有生产资料和生产者为基础的商品经济，中古的商业资本家从事的商品经营，近代的以资本家私有制为基础的商品经济，均是以劳动者被剥夺了生产资料所有权为特征，因而劳动者与生产资料相结合，采取了私有者压榨劳动者剩余劳动的阶级对抗的形态。特别是资本主义商品经济，体现了资本家对雇佣劳动者的最精巧的剥削。而社会主义的商品经济，则是在生产资料社会主义公有制基础上产生的，它体现的是在社会分工中处于不同地位的社会主义企业之间的产品等价交换关系，即组织在企业中的联合劳动者之间的等量劳动互换关系。由于劳动者不再是"无产者"，他们是以公共财产所有者身份自主地联合起来和编组于多样的联合劳动者组织之中，这样的劳动者与生产资料相结合的方

---

① 《马克思恩格斯选集》第2卷，人民出版社，1972年，第102页。

式，就从根本上使社会主义商品经济摆脱了历史上那些以私有制为基础的主要商品经济组织所固有的剥削内容。联合劳动者拥有对公有财产的所有者的身份和不存在人对人的剥削，这是社会主义商品经济的根本特征。

（二）能体现等量劳动与等量劳动相交换的商品经济

马克思创立的科学社会主义学说，把社会主义区别于共产主义的主要之点，归结为劳动者之间的等量劳动互换的关系。他把这种付出劳动与获得劳动之间的对等关系称之为"按劳分配"。这就是：在社会主义公有制经济中，财产不再是分配的尺度，联合起来的劳动者只是按照他们的劳动付出，从社会消费品中平等地分配消费品。劳动者个人获得的劳动量等于他的个人劳动付出量扣除为社会的劳动量以后的余额。例如：

	个人付出劳动量	为社会的劳动量	个人获得的劳动量
甲	12（小时）	4（小时）	8（小时）
乙	10（小时）	4（小时）	6（小时）

尽管甲和乙个人获得的劳动量存在着差别，但这是由于他们各自的付出劳动存在着差别，在扣除了为社会的劳动量之后，他们"以一种形式给予社会的劳动量，又以另一种形式全部领回来"①。马克思就是这样通过对按劳分配机制的阐述，把社会主义经济的重大特征归结

---

① 《马克思恩格斯选集》第3卷，人民出版社，1972年，第11页。

为等量劳动与等量劳动相交换，因为，这种劳动对等交换关系表明：（1）这里已消灭了按资分配的占有法则和社会不公正；（2）这里已实现了按照付出劳动量分得消费品的平等。

社会主义商品经济的实践表明，等量劳动和等量劳动相交换，不仅仅是体现于按劳分配之中，而且借助一定的机制，也可以体现于社会主义商品经济的等价交换之中。

商品交换的过程，是一个人类劳动的比较和抽象化的过程，为了进行交换，交换主体要进行两种比较：（1）劳动量的比较，即商品生产中耗费劳动量的多少；（2）劳动质的比较，即把不同性质、不同熟练程度的劳动还原为同质的劳动。而等价交换则是用以实现上述两种比较的机制。

等价交换就是按照社会必要劳动量相交换。社会必要劳动量不是任何一个生产者在产品生产中的千差万别的个人劳动耗费，而是在平均生产条件下，具有平均熟练程度的劳动者的劳动耗费，即社会平均必要劳动耗费，这种社会平均必要劳动耗费形成价值实体，并成为商品交换的尺度。

价值是劳动比较的砝码，市场机制中的价值水准的形成，意味着：（1）把各行各业中的、劳动形式千差万别的具体劳动，转化为同一的无差别的人类劳动；（2）把同一种行业、同一种产品生产中的熟练程度不同的主体劳动，转化为同质的人类劳动；（3）把各个经营方式、生产效率互不相同从而耗费各不相同的个别劳动，转化为同一的社会平均必要劳动。商品经济中的等价交换的规律，成为一种强制力，它使一切生产者不是按照个人实际劳动耗费相交换，而是按照劳动平均化机制所形成的平均劳动耗费相交换。

可以说，等量劳动相交换，存在两种形式：（1）产品经济中按照自然劳动时间相交换，例如按照一个个具体的自然人——成年男劳动力、妇女劳动力，等等——的个别劳动时间互相交换。我国传统体制下农村社队平均主义的评工计分，以及城市全民所有制企业的实行统负盈亏和统一工资，就体现了这种按照个别劳动时间互相交换。这是一种粗放的、平均主义的对等交换，由于实行干多干少一个样，干好干坏一个样，它并不能真正实现劳动对等交换，实际包含少劳多得和多劳少得。其后果是打击先进，鼓励落后，严重地钝挫人们的劳动积极性。（2）按照社会平均必要劳动时间相交换，这就是按照市场竞争中形成的价值水准进行交换。这样，那些因为付出了更大量劳动耗费和付出优化劳动（更熟练的体力、脑力劳动）的生产者，将从市场价值形成机制中受益，获得超额利益。而那些劳动付出少、劳动品质差的生产者，将从市场价值形成机制中受损，他们的获得劳动，甚至会低于他们实际的个别劳动付出。这种等价交换方式下的劳动对等交换具有奖勤罚懒的进步作用，能鼓励那种优化的生产劳动与经营劳动，调动生产者提高劳动的熟练水平，革新生产的物质技术，改进经营管理。

必须指出，商品经济的等价交换与等量劳动和等量劳动相交换的原则，并不是完全一致的，它们之间存在着矛盾。这种矛盾表现在以下两个方面：

第一，假设同一生产部门中拥有有机构成不同的生产者，在按照价值进行交换的场合，就生产同一产品的、物质技术条件不同的生产者来说，那些使用先进物质技术条件，即拥有高位有机构成的生产者，他们在产品中的个别劳动耗费低于平均必要劳动耗费；对于使用落后的物质条件即拥有低位有机构成的生产者来说，他们的个别劳动耗费则是高于平均劳动耗费。因而对于前者来说，他实际上是以更少的个别劳动去换取更多的社会劳动，而对于后者来说，他就是以更多的个别劳动去换取较少的社会劳动。只有对于使用平均生产条件的生产者来说，才有个量劳动与平均必要劳动的一致，从而真正实现交换中的付出劳动与获得劳动的对等。可见，商品经济的等价交换原则，包含着个别价值与社会价值的矛盾，即个别实际劳动耗费与平均必要劳动的偏离。劳动量的对等性不可能在每一个交换中实现，这里存在一种对等的劳动交换的偏离。

第二，商品经济中的等价交换，是在市场价格围绕价值波动中自发地实现的。由于价格与价值的一致并不是出现在任何一个生产者的任何一次交换活动之中，在变动不居的市场状况和市场力量下，那些供不应求的商品的市场价格会高于价值，而那些供过于求的商品的市场价格则会低于价值，只是长期的价格波动的走向，将与价值相一致。因而通过市场机制来实现的等价交换，是一种借助不断的偏离和不断的实现来实现的。

等价交换和等量劳动相交换的差别与矛盾表明，社会主义商品经济中的劳动交换，不可能是完全的等量关系，它包含着劳动对等交换的偏离，这种偏离意味着交换一方对另一方的劳动的占有，因而，人们不能把社会主义商品关系理想化，那种把商品经济的等价交换等同于社会主义等量劳动相交换的观点，是不正确的。为了使生产者之间的商品交换，规范于等量劳动相交换的框架之中，必须要发挥国家的计划管理的职能。社会主义国家要推行各种必要的市场规则，采取各种有效的市场管理，采取正确的价格体制，实行计划价格、浮动价格和自由价格相结合；要对市场价格机制实行调控，加强对价格的管理；特别是通过完备的税收制度，将企业的级差收入集中于国家，等等。只有在采取上述计划管理与调节措施的条件下，人们才有可能将这种劳动对等交换中的偏离保持在合理的范围内，并使企业与企业之间的劳动交换大体上具有等量劳动交换的特点，从而表现出这种商品经济的社会主义性质。

（三）有计划运行的商品经济

社会主义商品经济的运行，就其总体来说，要从属于事先制订的计划，在社会主义国家自觉的控制与调节下协调地发展。这种受人们事先设定的目标制约的有计划、有组织的运行的经济，就是计划经济。国民经济运行的有计划性，乃是社会主义商品经济的重大特征，也是社会主义商品经济的优越性的鲜明表现。

一般地说，商品经济中，由于生产者进行独立的、分散的生产与经营，由于生产目的从属于生产主体的特殊利益，因此微观生产活动是直接地由市场机制来调节。在还不存在更高级的调控市场的机制的条件下，商品经济的运行，纯然由"看不见的手"来调节，从而带有自发的与无政府的性质。特别是历史上的以私有制为基础的商品经济，由于生产活动唯一从属于至高无上的私有者的利益与意志，由于私有制的市场组织的特征与市场机制的特点，因而决定了微观活动的更鲜明的自发性与盲目性和宏观的国民经济运行的更为严重的无政府性质。这种情况集中地表现于资本主义商品经济的运行之中，在那里，变动不居的和狂暴的市场力量成为生产者的最高主宰与支配者。生产者的行为不仅仅是适应市场，而且简直是受市场的摆布。在那里，"产品支配着生产者"，"生产者丧失了对他们自己的社会关系的支配权"[①]。资本主义经济的周期性危机，鲜明地暴露了这种商品生

---

① 《马克思恩格斯选集》第3卷，人民出版社，1972年，第312页。

产的无政府性质。

在资本主义商品经济的高度发达阶段，出现了经济调节机制的新变化。一方面，由于生产社会化的更高发展，社会分工与企业之间的劳动协作更加精细和更为复杂，企业之间、各个产业部门之间和各个地区之间的经济活动更密切地相互依赖，它们相互间的交换活动更加频繁。另一方面，自发性的市场经济中日益深重的危机给再生产带来更大的破坏性。在这种条件下，资产阶级采取国家干预经济的措施，通过各种经济杠杆和行政手段，对生产、投资、出口、劳动力雇用以及金融、物价等活动进行控制和调节，第二次世界大战后，西方国家纷纷走上了依靠政府力量来调控经济的道路。因而，当代的国家垄断资本主义的调节机制，业已不同于19世纪的自由资本主义。后者是单纯依靠"看不见的手"来进行调节，而前者却是既要依靠"看不见的手"，又日益地引进和发挥"看得见的手"的作用。当代资本主义调节机制的变化，使自发运行的资本主义逐步变成有调节的资本主义。

当代资本主义由于调节机制的变化，资本主义再生产的矛盾得到一定程度的缓和，带来了一定时期内经济相对稳定的增长。但是，它毕竟只是赋予局部范围的经济活动以某种暂时的"计划性"，并不能改变资本主义商品经济总体上的运行的盲目性质，更不能消灭这种经济所固有的内在矛盾和周期性的危机。

在社会主义的商品经济中，一方面，生产的社会化、企业与企业之间的分工和劳动协作的发展，加强了独立的生产者之间的相互依赖，形成"全国一盘棋"的格局，使国家对企业的生产和交换加以有计划的组织结构与调节成为迫切的需要。另一方面，社会主义公有制和计划经济的本性，使商品经济活动能有效地从属于国家的调控，从而使经济总体的有计划运行成为可能。

固然，社会主义商品经济中的微观活动，要不同程度地从属于市场作用，从而还具有不同程度的自发运行的性质。从企业来说，作为自主的商品生产者，它（按照指令性计划进行安排的部分除外）总是要按照市场状况来自行安排经济活动，企业的微观活动总是随着多变的市场状况而处在不断地变化之中。但是社会主义公有制结构中的自主经营的商品生产者，是社会大利益共同体内部相对独立的经营单位，尽管企业有其特殊的经济利益，要在各自的经营活动中争取赢利的极大化，但是这种企业的利益绝不是那种置社会公共利益于不顾的、排他的和拥有至高无上地位的私人利益。社会主义企业之间、企业与国家之间，既存在利益的矛盾，又存在根本利益的一致，这是自主经营的企业能够从属于国家调控的内在基础。总之，社会主义公有制使国家的经济调节成为商品经济内在的机制，而资本主义私有制则使国家的经济调节成为经济外的行政干预与强制。因而，社会主义政府拥有强大的调控功能，国家通过先进的、有科学依据的计划和一系列组织活动，借助经济杠杆与市场作用，依靠行政手段、法律手段、道德规范，以及配合以其他社会组织的调控功能，能做到有效地调节宏观经济与引导微观经济。

总之，由于公有制企业的程度更高的可调控性，由于社会主义国家经济管理与调节体系的完备和社会主义国家的更强大的权威，因而，具有充沛活力的自主经营、自行发展的社会主义商品经济就在它的总体运行中表现出有计划、按比例的性质。

社会主义商品经济的有计划性运行，不是一时的现象，而是带有长期持续的性质。在完备的社会主义经济机制中，在再生产的长期过程中，尽管可能出现局部性的不均衡，但是，国民经济总体的均衡的实现却是完全有可能的。这也意味着社会主义商品经济运行不会有内在的危机。这种有计划、按比例地发展和运行的商品经济也由此取得了"有计划的商品经济"这一十分科学的命名。

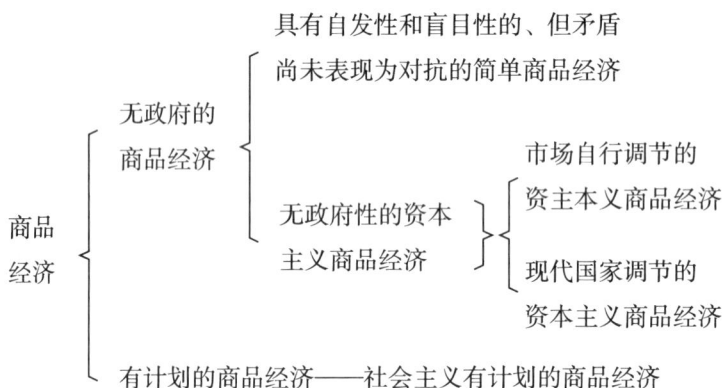

商品经济
- 无政府的商品经济
  - 具有自发性和盲目性的、但矛盾尚未表现为对抗的简单商品经济
  - 无政府性的资本主义商品经济
    - 市场自行调节的资本主义商品经济
    - 现代国家调节的资本主义商品经济
- 有计划的商品经济——社会主义有计划的商品经济

综上所述，以公有制为基础和消灭了人对人的剥削性质，能体现等量劳动相交换的原则，经济运行的有计划性和无危机性，构成了社会主义商品经济的崭新特征，这使社会主义商品经济和资本主义商品经济形成了鲜明的对比。

四、社会主义商品经济的结构

商品经济是一种社会经济活动组织形式和经济运行方式，大体说来，商品经济具有以下特征：

第一，生产是为市场交换，产品表现为具有价值性的商品，作为主体的微观生产单位是受交换价值驱动的自主的商品生产者。

第二，作为交换关系总和的市场或市场体系的存在，市场是商品经济的核心构造，是它的心脏和神经系统。

第三，市场机制是商品经济的自发的调节器，是一只"看不见的手"，它牵动、引导和调节微观活动。

可见，可以把商品经济剖析为"基本结构+功能"两方面。它的基本结构是：内在的商品性主体结构+外在的市场结构，上述结构释放出市场调节功能。也就是说，商品经济是一种由市场机制来联结、引导和调节独立的微观主体活动的经济。上述商品经济的组织与运行方式可以图示如下：

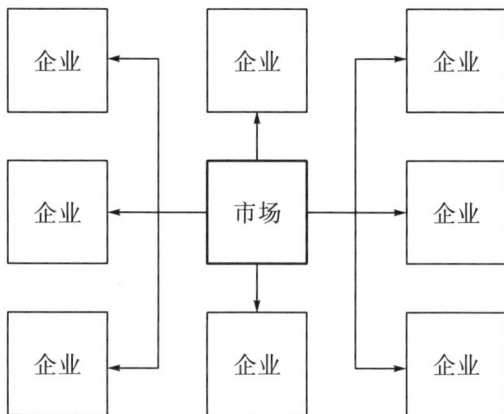

如果历史地加以考察，我们会看见，商品经济的组织结构与运行方式，在简单商品经济、资本主义商品经济和社会主义商品经济三种形态下，并不完全一样，它们具有不同的特点。特别是在以公有制为基础的社会主义商品经济中，商品经济的组织结构与运行方式，更有其独自的特色，人们应该深刻地研究和把握由社会主义生产关系所决定和赋予的商品经济的特征，而不能看不见这一特征，甚至否认这一特征，从而将社会主义商品经济等同于资本主义市场经济。大体说来，资本主义商品经济的组织结构与运行方式，具有下述特征：

第一，作为资本主义商品经济的基础的资本家所有制，把一切从事商品生产与经营的企业（及个人），统统变成了依赖市场交换，以追求最大限度资本主义利润为目的的市场经营主体。

资本主义不仅把一切物质生产转变为商品生产，而且把各种服务——生活服务与生产服务——以及精神生产统统纳入商品生产的轨道，使一切生产单位和交换主体都成为依附于市场，受市场驱使，并对市场做出积极反应的商品生产和经营者。这也就表明，资本主义生产方式把千百万个生产主体与交换主体和市场联结起来，使它们成为市场性的微观主体。

第二，资本主义完成了发达的市场结构的组建。资本主义商品经济的微观主体结构是和市场组织结构互为条件的。与发达的市场性微观主体结构相适应，资本主义发展和形成了一个高度发达的——包括劳动力、物质产品、服务产品、精神产品、金融资产以及各种产权等组成的多样性要素市场——的市场结构或市场体系。市场组织结构的复杂化和高度发达，意味着市场组织——包括商品流通机构、金融机构及流通中的从业人员——的庞大，从而要引起"交易费用"——即马克思称之为流通中的"虚费"——的增加，但是它却由此而完成了国民经济范围内的，甚至是世界范围内的统一的大市场的形成。经过数百年的发展而完成的统一的大市场的形成，乃是资本主义商品经济的主要特征，它的意义是十分重要的，这就是：价格形成和价格调节机制将以这个统一大市场为舞台，市场对微观主体活动的调节功能也将辐射和贯通于这个大市场领域。

第三，资本主义借助彻底的市场化而使市场成为经济的基本调节器。上述市场性微观组织和市场组织一旦形成，自动的市场机制就开始启动，卓有成效的市场调节功能就释放出来。一切主体的经济活动，无论是企业的生产与经营，资金的积累和集中，资产和产权的出售和购买，企业、个人甚至政府的投资与消费，等等，均要依存于市场状况，从属于市场价格的波动，即直接由市场机制来调节。因而，市场机制像一只"看不见的手"，无所不在地支配、影响和调节着微观的经济活动。

总之，资本主义形成了一个生产全面商品化、市场高度复杂化、市场调节作用普遍化的社会经济组织，这是迄今以来历史上所未曾有过的、商品关系最发达的经济组织，马克思把这种社会经济形态称为"商品经济的最高形式"。由于市场的高度发达，市场机制的调节作用覆盖于一切经济活动领域（商品市场、劳动力市场、资金市场等），市场关系甚至渗透于家庭与社会生活之中，因而，这种经济组织可以恰当地称之为"市场经济"。当然，商品经济的最高发展阶段并不是19世纪的资本主义，实践表明，它是当代资本主义的特征。因为，较之19世纪的资本主义，20世纪发达的资本主义国家，特别是第二次世界大战以来的资本主义国家，商品经济在广度和深度上又有了新的发展，可以说又迈向了一个新的高峰，成为最为发达的市场经济。

社会主义商品经济，具有下述的特征：

第一，社会主义商品经济机体的微观组织既是一个个自主经营的单位，是存在产品的局部占有要素和企业的特殊利益的经营主体，但是它又是植根于社会公有制结构之中的、在根本利益上一致的经济细胞。这种社会主义所有制性质和国家、企业、个人利益相一致的生产关系，决定了企业不仅存在从自身利益出发的赢利极大化动机和表现出自发地适应市场状况，对市场信号做出敏锐反应的市场性行为，而且也能基于全局利益而服从国家计划调节，并能够在企业经营活动和职工的劳动中表现出把赢利极大化规范于体现全社会利益的计划范围内的积极性和自觉性。也就是说,不能把企业自身的特殊利益的追求和驱动,视为社会主义企业唯一的和绝对的行为动机。

第二,商品市场关系虽然是十分广泛的,但又不是无所不包涵盖一切的。社会主义公有制的特点——社会主义所有制的多样性,特别是社会主义全民所有制企业所拥有的局部利益的因素——决定了主体间经济交往的商品形式和等价要求,从而使产品的商品化成为社会广泛经济领域中的经济的必然性。不仅仅在基本经济生产领域和服务领域的劳动产品是商品,而且在相当广泛的科技活动领域以及一部分文化、教育、艺术领域的劳动成果,也有必要采用商品形式,而各种生产要素——例如资金、土地使用权、企业产权等——在流动中也具有商品形式。

但是必须看到,在社会主义制度下,商品关系并不是无所不包的。社会主义公有制使全体劳动者以联合劳动者的身份来占有社会生产资料和分享消费资料,因而公有制的占有与分配机制使某些最基本的生产资料——例如土地、矿山、森林等——和社会集体生活资料和享受资料不再作为自由交换对象;社会主义公有制还使一部分服务劳动成为直接的社会公益劳动,例如医生的救死扶伤,教师的教书育人,文学家、艺术家严肃的艺术构思,探索自然奥秘的科学劳动,启迪人们思想觉悟的政治工作,这些劳动旨在提供直接的社会公益服务,而不是为了换取交换价值。在社会主义制度下,拥有生产资料占有者身份的劳动者,不再"出卖"自己的劳动力,因而,劳动力不再是真正的"商品",而人们的社会交往、政治生活、家庭生活更将摆脱商品等价关系,直接体现出人与人之间的社会主义互助合作关系。

社会主义商品经济的上述特征,决定了社会主义市场化与市场体系的特点。市场是商品交换关系的总和。社会主义商品经济中,广泛的商品交换关系使市场成为由多样性的交换关系组成的体系，它表现在：

第一，社会主义市场体系包括各种商品市场、资金市场、精神产品市场、技术市场以及劳务市场，等等。社会主义市场和市场组织结构的复杂和内容的多样，表明经济流通的发达，多种生产资源和劳动生产物获得了与其性质相适应的市场交换形式，从而实现了多样客体的流通化。这种多种生产要素与消费品的市场交换化，是保证在市场所包容的广泛的国民经济领域中，实现生产要素的自主结合与优化组合，从而搞活经济的必要条件，也是搞活消费品流通以最充分地满足人民的消费需要和稳定物价的条件。

但是由于商品关系不是无所不包，社会主义市场也就不是无所不包的，那种关于社会主义实行全面的市场化的主张，与社会主义商品经济的性质是格格不入的。

第二，社会主义商品经济的特点是：市场机制成为重要的，但不是唯一的调节杠杆。公有制条件下产生了新的调节器——计划调节器，宏观经济的重要比例的形成和一部分重要的微观经济活动，直接从属于"先定"的计划。但是适应于微观经营主体的性质，国民经济中十分广泛的经济活动和主体的行为，将越来越从属于在市场价格波动中开拓其道路的价值规律的作用。因而，市场机制的调节成为经济调节的重要方式。在社会主义经济体制改革不断深化和社会主义商品经济不断发展的过程中，随着市场的发育，市场机制的调节面还将会扩大，市场机制的调节作用还将增强。因为，充分发达的商品经济中高度复杂的和经常出现的微观活动的矛盾，有必要依靠市场机制的自动和灵活的调节作用来求得及时的解决。充分发达的社会主义商品经济，既需要充分发挥国家的"看得见的手"的自觉的调控功能，同时也需要有效地发挥市场调节这一"看不见的手"的自发的调节功能。

　　但是不能把市场调节当作是社会主义商品经济的唯一的和万能的调节器。不仅是因为市场调节作用的发挥，必须有市场的充分发育，这在像我国这样的社会主义国家，还需要有一个很长的发展过程，而且还在于：自发性的市场调节本身所固有的局限性，它既可以导致"均衡"，但在一定条件下往往也会产生新的"失衡"。市场调节所固有的局限性和社会主义计划经济的本性之间存在着矛盾，因此，尽管市场是经济的基本调节器，但市场调节不可能成为无所不包的，更不能取代最高调节者——计划调节的作用。

　　基于上述的社会主义微观组织的特征，社会主义商品关系与市场结构的特征以及市场调节的特征，人们可以清楚地看见：尽管在社会主义经济中，商品与市场关系是十分广泛的，市场机制的调节起基础作用，但是市场已不再是经济运行的内在核心，在经济运行中居于核心支配作用的是计划，在经济调节器中发挥主导作用的是计划调节。因而，社会主义商品经济，乃是一种新型的、有计划的商品经济，而不同于全面的市场经济。

　　这种状况可以图示如下：

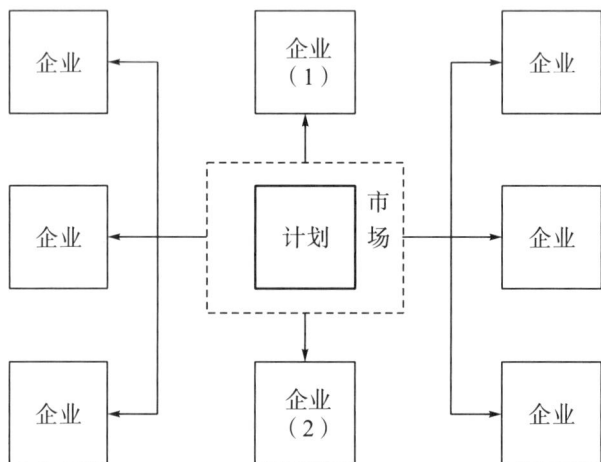

图中：（1）（2）表示计划直接作用于企业，其他表示计划通过市场间接作用于企业。

第三节　计划性与商品性的有机结合
——社会主义经济的新特点

以上两节，我们分别阐述了社会主义经济固有的两重属性：计划性与商品性。计划性产生于社会主义公有制的整体利益一致性，它是社会主义经济的重大特征；商品性则产生于社会主义公有制内在的利益的差别性，它也是社会主义经济的重要特点。而社会主义经济也就是体现了计划性与商品性的对立统一。

计划性与商品性是既相矛盾，又相统一的。首先，二者之间存在着矛盾。就经济的计划性来说，它是基于国民经济有计划按比例发展的需要，要求社会生产自觉地保持比例性，要求生产单位、生产主体在经济活动中从属于"先定"的计划，因而，计划调节作用覆盖面的广泛性，遍及一切主要经济领域与计划调节作用的充分性，甚至表现为一种刚性——即强制的贯彻，总是经济计划性概念的固有的含义。就经济的商品性来说，它基于价值规律和市场机制发挥调节作用的需要，要求基层生产单位能受自身利益驱动和从属于市场。因而，市场调节作用覆盖面的广泛性和市场调节作用的充分性，就应该是经济的商品性的固有的含义。上述经济的两种性质、两种含义和两种要求，经济从属于计划的要求和从属于市场的要求，无疑是不相一致和充满矛盾的。这一矛盾贯串于社会主义的生产、分配、交换与消费等重要方面，贯串于社会主义经济运行的始终。上述矛盾，实质是社会主义的两大基本规律即有计划按比例发展规律的要求和价值规律的要求在实践中的矛盾。但更重要的，计划性与商品性二者是统一的，在以公有制为基础的社会主义经济中，在人们寻找到和建立起一种能充分体现社会主义经济本性的完善的经济体制的条件下，人们完全能做到使经济的计划性要求和商品性的要求相结合，从而使社会主义经济活动表现有计划的商品经济的性质。

（一）市场作用被计划经济所规范的商品经济

社会主义商品经济是受到计划经济规范的特殊的商品经济。计划经济对商品经济规范的重要表现是：市场作用不是不受限制的，而是被规范于计划经济所能容许的范围之内，这是社会主义经济的计划性与商品性相结合的重要表现。

商品交换和市场机制，从本质上说，是利益相对立的主体间的交换形式和经济运行形式。生产者越是私人占有者，生产者之间的利益越是相敌对，交换的商品化和市场化将越发深化，自发的市场调节作用将越加强化，归结起来，经济的商品性将越加发展。在资本主义商品经济中，经济的商品性是不受制约的。人们看见，在资本主义制度下，商品交换成为无所不包的，市场结构成为日益复杂、包容一切物质的和精神的对象的体系，市场机制的调节按其范围是无处不在的，按其作用，是日益增强的。商品性的不受任何约束，随着资本家占有制的发展而愈发深化，向着全面的市场调节的市场经济的方向发展，这正是资本主义商品经济的特征。即使是在当代国家垄断资本主义的条件下，国家干预和调控经济的职能获得了发展和加强，但它也并不改变资本主义经济的市场性不受限制的性质。

社会主义商品经济是以公有制为基础，商品生产是植根于社会主义公有制内在的利益差别性。这种利益差别，乃是全社会利益根本一致条件下的企业局部利益的矛盾与差别（就全民所有制来说），这种情况决定了经济活动的交换化、市场化和市场机制的作用，要受到社会主义的占有关系的制约。因而，社会主义制度下发展起来的商品经济，不可能是彻底市场化和全面市场调节的市场经济，而是受到公有制的社会共同利益约束和受到计划经济规范的新型的商品经济。

它的特征是：

第一，商品化与市场化范围的合理性。在社会主义制度下，只是把那些适合于分散经营的企业、部门和活动领域，按照商品经济的要求来加以组织，使它们的劳动产品成为市场交换的商品；一些需要国家集中管理和经营的企业、部门的劳动产品，要采取商品形式和从属于规律，但是不采取自由的市场交换形式；那些社会公益劳动——赈灾和救死扶伤的服务劳动、国民教育劳动、基本科研劳动等——及其管理不能商品化和市场化。

第二，市场调节作用的限制性。在社会主义制度下，一般的自主经营性的企业的生产将要采取直接从属于市场调节的方式。随着社会主义商品经济的发展，直接从属于市场调节的微观领域将会逐步扩大。随着市场的发育与统一化，市场机制的调节范围将扩大，作用也将增强，从而市场调节将成为社会主义经济调节机制中的重要杠杆。但是由于上述商品化与市场化的范围并不是没有界限的，市场调节发挥作用的场所就不可能是无所不包的。另外，对于某些基本生产活动，关键性的企业和部门，在相当长的时间内将要由国家直接加以调控。除此而外，社会的基础设施、文化福利设施、环境保护等的建设和发展，也有必要使它从属于直接计划机制。至于国民经济的基本比例关系，如积累与消费的关系，Ⅰ、Ⅱ部类的比例，国民经济增长率，就业总增长率，物价总水平，等等，其形成中更体现了国家直接计划机制的作用。可见，社会主义制度下，不仅宏观经济的运行主要是由计划调节的，而且，某些重要的微观领域的经济活动，也要直接从属于计划的管理。这种有效的计划管理形式乃是实现国民经济计划化的保证。

市场机制作用范围受到限制、某些关键性的经济活动从属于直接计划机制，这些均表明：这是受到计划经济规范和约束的商品经济。

第三，受到调控的市场机制。在社会主义制度下，一小部分经济活动，国家将不作计划，而由自发性的市场机制来进行调节，这是社会主义有计划商品经济中的非计划的领域，即自发性的市场经济要素，它是计划经济的补充部分。但这一市场经济领域的活动也要从属于国家的行政管理。社会主义制度下，广泛的自主经营性领域，将要实行间接的计划调控方式。但是即使是这一由市场机制直接调节的微观领域，也不是纯市场机制起作用，而是要从属于国家计划的调控。具体地说，要通过国家直接决定市场参数，或输入经济变量影响市场参数的形成，并通过市场参数去影响企业的生产与经营活动。

国家用行政手段去确定市场参数——包括价格、工资、税率、利率、汇率，等等——是一种对市场机制进行限制和利用的有效的计划管理方式。例如就基本的市场参数价格来说，在市场经济中，价格形成纯然是自发性的市场力量，因而存在着一种较大的价格变动波幅。在供大于求时，价格猛跌；而在供不应求时，价格猛涨。这种价格的大幅度波动，乃是资本主义市场经济中市场机制作用的固有形式。它一方面体现了较为强烈的经济刺激与抑制，从而增强市场调节的力度，但是另一方面它也体现了价格大幅波动对生产的破坏，从而产生自发性的市场机制所固有的浪费。在社会主义制度下，价格这一最基本的市场参数的形成，不能完全从属于市场自发力量，而是要受到计划机制的规范。例如人们通过浮动价格这一计划价格形式，一方面允许价格在一定波幅内在市场竞争中形成，从而使价格形成过程中既体现市场的作用，又有计划的决定性的影响；再加之政府对价格的管理，如禁止乱涨价乱收费、禁止投机倒把，等等，这样的价格体制，将使价格在形成中体现出计划与市场相结合，它的实质是借助计划的作用，既利用价格市场形成之"利"，又避免价格市场形成之"弊"，这种情况表明价格形成中，原本的市场机制作用已经受到"控制"和"削弱"。在某些场合，在价格形成中，还可以采取间接的调控市场的方式。这就是国家通过国营商业与物资部门，吞吐商品，参与市场，从而对价格形成加以影响和抑制市场的价格的大涨大落。这种对市场参数间接调控的方式，是计划管理中更充分地利用市场机制的形式，可以说，它是适应于充分发达的商品经济的更高级的计划管理形式，但是，这种自觉利用市场机制的方式的有效地发挥作用，必须要有种种条件。在现阶段社会主义商品经济的条件下，这种方式不能贸然地加以推行。

上述情况表明，在社会主义制度下，即使在国家实行间接调控的领域，市场参数也不是纯粹在市场自发力量中形成，而是体现了计划的主导作用，从而成为一种从属于计划调控的市场机制[1]。

总之，社会主义商品经济中，无论是商品化和市场化，以及市场调节的范围、作用程度与作用方式，都体现了计划经济的本性的强有力的约束与规范作用。因而，这不是一般的自发的商品经济，也不

---

[1] 西方经济学家将国家调节的资本主义称之为"诱导市场模式"（guided-market model）、"受规制的市场机制"（regulated market mechanism），但社会主义有计划商品经济中的市场作用和当代国家垄断资本主义的"受规制的市场机制"，是不相同的。

同于有国家"干预"的现代资本主义商品经济，而是有计划的商品经济，这是一种能够把商品性与市场性更好地结合起来，使商品性不仅不削弱计划性而且能保证和增强计划性的新型的商品经济。

（二）与商品经济相结合的计划经济

社会主义计划经济不是排斥与消灭了商品经济，而恰恰是与商品经济相结合的。这种与商品经济形成有机的和内在的统一的计划经济，可以称之为商品性的计划经济。

社会主义计划经济之所以是与商品经济相结合的经济，可以从以下几个方面来加以阐述：

1. 劳动产品的商品性

社会主义社会所有制的特点，决定了除个体经济、私营经济以及国家资本主义性质的经济等的生产品是商品而外，公有制经济的产品也具有商品的性质。社会主义社会总产品都表现为商品，耗费在产品上的劳动也都表现为商品的价值。在社会主义商品经济中，价值范畴成为社会主义经济的一般范畴，社会主义的一切经济活动均表现为价值形式的运动。例如，社会主义生产将表现为使用价值的创造与价值的形成，社会主义企业之间的交换将表现为使用价值的让渡和价值的实现，社会主义的分配将表现为物质财富的分配与价值的分配，社会主义消费将表现为使用价值的耗损和价值的耗费。在这种条件下，有计划地组织生产、交换、分配和消费，实现总生产与总需要的均衡和其他的再生产的宏观、中观与微观的均衡，就不仅仅要实现实物的均衡，而且要实现价值的均衡，例如首先要保证作为价值形式的总供给与总需求的均衡。可见，社会主义计划经济必须以价值为计划的基本工具，这种情况体现了商品性的计划经济的特征，它与计划工作以建立各种实物性再生产均衡为主要内容的产品性计划经济存在着重大的差别。

2. 计划调节机制与价值规律调节机制的结合

社会主义计划经济既然是商品性的计划经济，商品经济所固有的价值规律也就成为在经济领域中广泛起调节作用的客观规律。通过市场机制而表现其作用的价值规律，既调节社会生产，也调节市场交换，并影响国家和企业之间以及企业与个人之间的分配和消费活动。社会主义制度下价值规律的实现，除了完全自发性的市场机制形式而外，主要采取：（1）国家按照价值规律的要求，进行计划管理，特别是规定计划价格（包括浮动价格），从而使价值规律的要求体现于计划机制之中，这是计划机制与价值规律内在结合的形式。（2）国家通过行政的与经济的手段，来影响市场参数的形成，通过市场参数来引导企业的自主经营活动。这是计划机制与价值规律外在结合的形式。以上两种形式，均表现了国家自觉地利用市场机制来实现计划调节。这种经济调节机制体现了国家计划调节与价值规律的调节的结合，它又表现为自觉的计划调节和自发的市场调节形式的结合，体现了有计划（按比例）规律与价值规律作用的统一。这种经济调节形式是商品性计划经济的另一特征。

3. 计划调节范围的不完全

基于社会主义所有制的特点和适应于更好地发展商品经济的需要，社会主义制度下对于从事种类繁多的农副工生产的个体所有制经济和带有一定个人占有性的、十分分散的农村家庭经济，以及一部分从事品种规格繁多、数量不一的日用小商品生产的公有制经济与私营经济，可以不作计划，由市场机制自发地调节。因而社会主义经济就表现为以计划生产为主体，以自由生产为补充。这样，既使有计划（按比例）规律得到充分地发挥作用的场所，又适应了个体经济、私营经济、集体所有制经济与某些全民所有制的分散小经营领域内的价值规律的要求。这样的大计划小自由，既保证了国家对国民经济的宏观控制和社会主义经济整体运行的计划性，又防止了国家的统得过多过死，同时可以有效地发挥这些特定生产领域（在国民生产总值中比重不大的领域）中的自由生产与经营的灵活性，以及对复杂多变的市场需求的适应性，以增强社会主义经济的活力。

社会主义制度下的自由生产，可以称之为市场经济。这一市场经济既与计划经济相联结，又为计划经济所渗透，并为计划经济所节制，因而不能把它看成是处在计划经济之外的孤立的板块。对它的公有制部分，更不能当作某种资本主义的残余，而应将它视为现阶段社会主义计划经济机制的一个外在的层次。但是，这种经济的组织方式与运行方式表明，它毕竟是一种直接由自发性市场机制来调节的商品经济，是社会主义经济中的非计划因素。一小块市场经济的存在，体现了计划经济的不完全。这种情况表明了社会主义商品性的计划经济的又一方面的特征。

4. 计划的有弹性的性质

社会主义经济既然是以计划经济为主体，以自由生产为补充，那么，对于那些自由商品生产的领域，就只能由市场机制自发地调节生产，而不能将它直接纳入计划的范围。在这种情况下，如果采用传统的无所不包和完全刚性的计划，那就必然不能适应商品性的计划经济的客观要求。社会主义全民所有制的基层经济单位是具有相对独立性的商品生产者（集体单位则拥有更大的独立性），它们以经济实体的身份，适应于市场状况而自主经营、自行积累和自行发展。经营自主性是使各个企业能挖掘内部潜力，提高效率，调整生产，改进经营，更好地适应多变的社会需求的必要条件，是商品性企业的活力之所在。因此，国家的计划调节与管理，必须以不束缚和损害企业的经营自主为前提。这就决定了：第一，计划不应当是包罗无遗的，除了一些关键性的生产——包括关键性的国营大企业和行业——应该制订较完备的国家计划而外，不应当强行把所有企业的人、财、物和产、供、销统统纳入统一的经济计划之中，而应该是一种粗线条的计划，即主要是提出国民经济的中长期发展的控制指标和规定基本比例关系，使企业在贯彻口径较宽的计划要求中能够表现出经营自主性。第二，不能单纯地依靠国家的强制力和行政的方法，主要应依靠利益的吸引和经济杠杆的作用，要采用那种能充分体现价值规律要求的直接计划机制和借助经济杠杆，利用市场机制作用来引导企业经济活动的间接的计划调节机制。国家计划除了要着眼于保证一些关键性的生产领域得以实现物资平衡和价值平衡而外，应该充分着眼于对价格、利息、税收等方面的政策的制定，利用经济手段来调节经济活动，保证基本比例关系的大体协调。这就表明，国家计划带有某些弹性。

总之，国民经济中计划生产和市场经济要素相结合，计划调节机制和价值规律调节机制相结合，自发性的价值规律的调节和自觉地运用价值规律的调节作用相结合，刚性的直接计划机制与有弹性的间接计划机制相结合。上述这些，均是商品性的计划经济的特征，它表明计划经济的机制和方法是建立在对商品经济的客观规律——价值规律——的自觉运用之上。这样，商品经济中具有积极作用的市场关系与机制，就不是被简单地否定和排斥，而是被人们自觉地引进于公有制之中，使之适合计划经济的需要。这既体现了商品关系对计划经济的渗透，又表明了社会主义制度下商品经济与计划经济的恰当的结合与有机的统一。

这样的社会主义计划经济并不意味着经济计划性的削弱，恰恰相反，由于对商品经济的市场机制的充分运用，它实际上进一步增强了经济的计划性。社会主义经济就可以避免僵化不灵和缺乏活力，避免计划上的官僚主义与瞎指挥，真正做到"管而不死""活而不乱"，有秩序而协调地发展。

第四节　社会主义制度下价值规律的作用形式

基于上述社会主义经济的计划性和商品性相统一的特点，一个完善的社会主义经济体制必须既能有效地坚持计划调节的主导作用，又能充分地和有效地运用与发挥市场调节的功能。计划调节，就是有计划、按比例发展规律的调节，尊重有计划、按比例规律的作用，采取恰当的计划机制充分地发挥有计划、按比例规律的调节作用，就成为人们组织社会主义经济的一条准则。市场调节，就其广泛含义来说，就是价值规律的调节，在社会主义有计划商品经济中，它包括以下实现形式：（1）不表现为市场机制而通过国家的直接计划调节而发生作用的形式；（2）通过市场机制起调节作用的形式，这又包括自觉地加以利用、起作用的形式和自发地起作用的形式。尊重价值规律的作用，采取恰当的经济机制充分地发挥价值规律的调节作用，就成为人们组织社会主义经济的另一条准则。在本节中，将对社会主义有计划商品经济中的价值规律的作用形式进行论述。

一、价值规律及其作用的机制

价值规律是商品生产的客观规律，马克思主义的科学的劳动价值论，阐明了价值规律是商品的价值决定与交换比例决定的规律，它表现在生产领域中由社会必要劳动时间决定商品价值大小，在交换领域中由社会必要劳动时间决定商品交换的比例关系。价值规律正是社会必要劳动时间这一价值范畴规范生产与交换和制约商品生产总过程的运动的规律，这是一个不以商品生产者的意志为转移的客观必然性。不论生产者是机敏或是愚钝，他们在生产与交换中都不得不这样办，不得不受这个经济必然性的支配。正如马克思所说，对于商品生产者，"不是他们控制这一运动，而是他们受这一运动控制"①。马克思在阐明价值规律时，从来不是采用简单下定义的方法，而是通过商品生产与商品交换的不断变动的经济过程来揭示价值规律的作用。

首先，马克思阐述与揭示了价值规律作为价值决定规律的内涵：商品价值量不是取决于条件（工具与生产设备的状况、劳动力的熟练程度等）各不相同的生产者的个别劳动时间，而是取决于社会必要劳动时间。马克思说："只是社会必要劳动量，或是生产使用价值的社会必要劳动时间，决定该使用价值的价值量。"②与此同时，马克思又把交换比例决定的规律作为价值规律的内涵的另一方面，论述了市场上不断变化的商品交换比例要受价值量的制约和决定，要回到商品价值量的水准上来，尽管在商品交换中价格经常地高于或低于价值（社会必要劳动时间），但是等价交换，即由价值决定这一交换比例却是必然的不可更易的趋势。马克思说："商品交换就其纯粹形态来说是等价物的交换。"③列宁说："价格是价值规律的表现。价值是价格的规律，即价格现象的概括表现。"④价值决定规律，体现了商品内在价值

---

① 《马克思恩格斯全集》第23卷，人民出版社，1972年，第91页。

② 《马克思恩格斯全集》第23卷，人民出版社，1972年，第52页。

③ 《马克思恩格斯全集》第23卷，人民出版社，1972年，第180~181页。

④ 《列宁全集》第25卷，人民出版社，1988年，第47页。

实体形成过程的规律性——个别的劳动时间转化为社会必要劳动时间的必然性；而交换比例决定规律，却体现商品交换过程的规律性——按照社会必要劳动量来进行交换的必然性。总括起来，价值规律就是商品价值实体决定与商品交换比例关系决定的规律的统一。

价值规律的上述两方面是相互联系，不能加以割裂的。在价值实体决定与交换价值决定二者间的关系中，价值实体的决定是基础，如必须有商品的生产才有商品的交换一样，必须有价值的决定才有交换比例关系的决定。只有在价值决定即社会必要劳动时间成为商品内在的价值实体的基础上，才有商品交换比例关系的决定，即社会必要劳动时间在交换关系中的贯彻和实现。马克思主义关于价值规律的科学理论之不同于资产阶级经济学关于价值规律的理论的地方，正在于马克思主义不仅阐明了交换价值决定，而且把商品交换价值归结为价值实体，归结为凝结在商品中的抽象的人类劳动，归结为生产中耗费的社会必要劳动时间。另一方面，价值决定本身又是离不开交换过程的。商品经济的价值量的规定，不是人们主观的虚构，不是人们对生产商品的劳动耗费的头脑中的数学计算，而是无数商品生产者自发的市场交换行为的结果，是在一个不以人们意志为转移的客观经济过程中实现的。社会必要劳动时间决定商品价值的规律性，正是通过商品市场交换的具体比例关系以价值为中心而不断波动表现出来的。马克思说："但作为自然形式的社会分工部分而互相全面依赖和私人劳动，不断地被化为它们的社会的比例尺度，这是因为在私人劳动产品的偶然的不断变化的交换关系中，生产这些产品的社会必要劳动时间作为起调节作用的自然规律强制地为自己开辟道路，就象房屋倒在人的头上时重力定律强制地为自己开辟道路一样。"①如物体的浮力要在水中才得到表现一样，正是在商品的市场交换关系中，社会必要劳动时间这一价值范畴才成为现实。马克思创立的科学的劳动价值论，阐明了价值是凝结在商品中的社会必要劳动，社会必要劳动形成商品的价值实体，而交换价值不过是价值的表现形式，从而将价值规律作为既是支配商品生产又是支配商品交换的规律。这是对价值规律的深刻、全面的阐述。在认识社会主义商品生产中价值规律的作用时，我们必须根据马克思的价值理论，去认识与把握价值规律的全部内容，要将价值量的规定与交换比例的规定联系起来，从而认识价值规律对商品生产与商品交换的全部作用机制。如果将价值规律仅仅归结为规定生产中价值实体形式的规律，或者仅仅作为规定交换比例关系的规律，这就割裂了二者间的辩证关系，从而背离了马克思关于价值规律的原来的完整而精确的定义。

二、实现价值规律作用的经济机制

经济规律是社会经济关系内部固有的、本质的联系与必然趋势。对经济规律的科学阐明，必须分析社会经济过程内部互相依存、互相制约的方面和环节，通过对这一过程的矛盾运动的分析，从经济过程内在的活动机制来揭示它的发展必然性。对于价值规律的研究，也必须这样。我们不能仅仅停留在对价值规律下一个简单的定义上，更重要的是要深刻揭示在商品生产和交换过程中价值规律发生作用的经济机制。

---

① 《马克思恩格斯全集》第23卷，人民出版社，1972年，第92页。

价值规律是商品生产与交换由社会必要劳动量制约与支配的必然性。在简单商品经济与资本主义商品经济中，这种社会必要劳动量对生产与交换起作用，是通过市场机制的方式来实现的，它的全部经济过程可以简要表示如下：

供不应求→价格上涨到价值以上（生产者获得了盈利）→生产扩大→商品供过于求→价格下跌到价值以下（盈利减少甚至亏损）→生产缩减→商品供不应求→价格上涨到与价值相适应→商品供给与商品需求平衡。

这一全部经济过程又可以区分为：（1）市场上商品供求变动与市场价格变动相互制约的过程；（2）社会生产变动与市场价格变动相互制约的过程。更具体地说：

第一，市场上商品供求变动与市场价格变动相互制约的过程：

需要增加引起供不应求→价格上涨到价值以上→需求减少、供给增加→供过于求→价格下跌、供给减少→价格下跌到与价值相适应→供求平衡。

第二，社会生产变动与市场价格变动相互制约的过程：

生产不足→市场供不应求、价格上涨到价值以上→生产扩大→供过于求、价格下跌到价值以下→生产缩减→供小于求、价格上涨到与价值相适应→社会生产与社会需求平衡。

上述商品供求与市场价格变动相互制约和生产变动与市场价格变动相互制约的两种过程，是互为条件、互相制约又互相交叉，表现为连锁反应，它们共同构成商品经济变动的机制，经济学上称之为市场机制。在这一商品经济所固有的市场机制的顺利发生作用下，社会生产与社会需求的均衡，是在价格与价值相适应的基点上形成的。这就具体地表明了价值规律正是通过这一价格、供求变动的市场机制而发生作用的。

对于市场机制进一步加以剖析，可以归结如下：

第一，市场机制是以商品生产者的经济利益为基础的自动调节机制。在私有制为基础的商品生产中，它以生产者的私人利益与独立经营为前提。这种利益关系与经营方式，决定了私人商品生产者在经营生产与交换活动中自然地要对市场状况做出灵敏的反应，如在价格上涨时立即扩大生产，将更多商品投入市场交换；在价格下跌时立即缩小生产，从而减少市场商品供应。

第二，市场机制首先表现为商品价格适应市场商品供求变动而变动。如商品供大于求引起商品价格的下跌，供小于求引起价格的上涨。而在供求出现暂时平衡时，就会出现价格与价值的相一致，即商品按照社会必要劳动时间进行交换。这就表明，形成商品价值的社会必要劳动时间终究要在价格不断地上下波动中开辟道路。价值的调节商品交换的作用，正是在价格不断上下波动这一自发性的市场机制中实现的。

第三，市场机制还表现为商品价格适应市场供求变动而变动。就个别生产单位的生产来说，在商品价格因需求超过供给而上涨到价值以上的场合，不仅那些具有平均技术条件与劳动者平均熟练程度的单位的生产规模会扩大，而且那些技术条件较差，劳动者熟练程度较低即个别劳动耗费超过平均必要劳动耗费的企业，暂时还能够得到经济补偿，从而能继续地维持生产甚至扩产。由于生产扩大，市场上商品出现了供大于求，价格就下跌到价值以下，这就引起企业缩减生产，特别是那些技术条件较差与劳动者熟练程度较低即个别价值大于社会价值的单位，由于出现更大的亏损而首先被淘汰。在市场价格与价值一致的情况下，商品就稳定地由具有平均技术条件与劳动者平均熟练程度的单位来提供。这样，市场供求变动与价格围绕价值而波动，不断地对独立的生产者的生产活动进行影响与调节，并终于强制那些分散的生产者都要按照这种社会平均必要劳动耗费的要求来调整它们的生产方法与个别劳动耗费。可见，价值规律对生产调节作用，即社会必要劳动时间决定商品价值，正是在这一自发性的市场机制中实现的。

就社会经济各个部门的生产来看，市场价格的变动还制约着部门生产规模的变动与社会总劳动在各部门中的分配。如价格上涨会引起某一部门原有生产者的生产规模的扩大，或是其他行业的生产者转入这一部门，总之，引起更多社会劳动投入这一部门；价格下跌则引起这一部门原有生产者生产规模的缩减，或生产者退出这一部门转入其他部门，从而引起投入这一部门的社会总劳动的缩减。正是在供求适应市场价格变动而变动的机制中，最终使社会总劳动在各个不同生产部门的分配比例受到社会需要的规制，即使投入各个部门的总劳动是满足社会各个方面的需要所必要的。这也就是第二含义的社会必要劳动对生产的调节作用①。

第四，价格适应市场供求变动而变动与社会生产适应市场价格变动而变动是互相联系、互为条件的。一方面，价格适应市场供求变动而变动的机制是生产适应市场状况而变动的条件。例如在资本主义初生期存在着某些特权企业的市场垄断的场合，生产者以事先设定的垄断价格来出售商品，即使是经营与技术落后，成本高的企业也可以维

---

① 马克思说："社会劳动时间可分别用在各个特殊生产领域的份额的这个数量界限，不过是整个价值规律进一步发展的表现，虽然必要劳动时间在这里包含着另一种意义，为了满足社会需要，只有这样多的劳动时间才是必要的。"（《马克思恩格斯全集》第25卷，人民出版社，1974年，第171页。）

持生产并获得高额利润，按社会必要劳动时间这一水准来调节生产和进行淘汰的作用就失效了。另一方面，生产适应价格变动乃是价格适应供求变动而变动的基础和前提。如果生产变动机制不灵，如在存在生产垄断的场合，生产者在商品供不应求即价格高于价值时，也有意地控制生产量，这样，市场价格适应供求变动的机制也就不灵了，商品价格就将较长期地保持在高于或低于价值的水平上，这就意味着社会必要劳动时间对商品交换比例的调节作用的削弱或失效。可见，在简单商品经济和资本主义商品经济中，只是在价格适应市场供求状况而变动以及生产适应市场价格状况而变动的双重机制不受阻碍地发生作用的条件下，价值规律对于交换以及生产的调节作用才能顺利地得到实现。

第五，价值规律通过价格波动与生产变动而起作用的过程，表现为生产者的个别劳动时间在不断地背离社会必要劳动时间中趋向与靠拢社会必要劳动时间的过程。这是因为：第一，商品经济中生产者的物质条件与劳动力条件的差别，即生产上先进与落后的差别总是存在的，从而决定了个别劳动时间与社会必要劳动时间的差别的存在；第二，由于先进的生产者具有更高的劳动生产率，单位商品的个别劳动耗费低于社会必要劳动耗费，可以实现更多利益，因此价值规律刺激生产者去改进生产条件与提高劳动生产率；第三，生产者竞相改进技术，减少生产开支，又引起产品社会必要劳动量的下降。在这新的更低的社会必要劳动耗费水准下，那些原先具有平均水平的企业向落后转化，出现了这些企业的个别劳动时间与降低了的社会必要劳动时间之间的新的差距。这样，生产者为了要补偿它在生产中耗费的劳动和取得利益，就不能不进一步去改进生产技术与减少生产开支。可见，在商品经济的市场机制下，价值就成为一个不断趋于降低的变量。价值规律通过个别劳动时间与社会必要劳动时间之间的差距的不断出现与不断缩小和弥合的机制，成为刺激和扶持先进、淘汰落后的有力的经济杠杆，它逼迫与督促生产者去不断地改进生产方法、技术条件与经营管理，从而推动生产力不断发展。

第六，市场价格变动的机制与生产变动的机制是通过竞争而实现的。首先，正是私有的生产者在商品售卖与购买中的竞争，才实现了价格适应供求状况而变动。此外，正是由于私有的生产者在商品生产过程中的竞争，才实现了生产适应市场价格状况而变动。可见，竞争是保证市场机制起作用的必要条件，从而也是价值规律的调节作用顺利实现的必要条件。

基于以上论述，我们可以看到，正是在这些互相联系、互相制约的市场价格变动→生产规模变动→市场供求变动中，即市场机制中才实现了价值规律对商品经济活动的"调节"作用。

三、社会主义有计划的商品经济中价值规律发生作用的形式

经济规律的作用总是决定于客观经济条件。在人类历史的不同时期，由于某些共同经济条件的存在，因而存在体现这些"共性"经济条件的一般经济规律。另一方面由于不同的生产方式下经济条件的特殊性，这些一般经济规律的作用也就具有它的特点。

社会主义制度下价值规律的作用，一方面存在与过去历史上的商品经济中"同一的价值规律"的共同点，另一方面，在社会主义有计划商品经济所固有的条件下，它具有新的、特殊的作用形式。

在社会主义制度下，价值规律失去了作为商品生产的万能的、至高无上的调节者的地位，在社会主义商品经济中，国民经济有计划

按比例发展规律居于主导地位，由此决定了计划是经济的最高的调节器，而计划调节也在调节机制中起主导作用。

计划调节就是指社会主义国家（或社会中心），根据客观经济规律的要求，确定统一的经济计划，采用经济的、行政的、法律的手段，对宏观经济和微观经济活动进行指导、管理与调节，实现经济运行的计划性，以避免和克服经济运行过程的自发性和盲目性，保证社会主义经济发展预期目标的有效实现。在社会主义有计划商品经济中，计划调节分为直接计划调节和间接计划调节两种形式。所谓直接计划调节，就是国家借助行政手段和指令性计划，来调配和组合人力、物力、财力等生产要素，把生产、流通、分配、消费等再生产环节，置于国家的直接计划管理之下，用这样的方式来保证经济运行的计划性的实现。所谓间接计划调节，就是指计划不是指令性的而是指导性的，国家运用经济手段，创造一定的市场条件，通过调控市场来引导企业按照国家计划要求的方向发展。作为社会主义计划经济运行与调节过程的本质特征的计划调节，不论是直接计划调节还是间接计划调节，它都必须首先反映社会主义经济有计划发展规律的客观要求。同时，由于社会主义经济具有商品性和经济运行中客观存在价值规律的作用（尽管价值规律已不再是最高的调节者），因此，计划调节，也必须反映价值规律的要求。

在社会主义有计划商品经济中，大体地说，价值规律通过三种方式而发生作用：第一，在实行直接的计划调节领域内，价值规律作为保证实现计划调节的工具。第二，在实行间接的计划调节领域内，价值规律在计划机制下发挥直接调节器的作用。第三，在某些局部领域中价值规律以主要调节器形式而自发地起作用。

以下我们分别地对价值规律作用的各种形式进行论述：

（一）计划起最高调节器的作用，价值规律作为保证实现计划调节的工具

价值规律作为实现国家计划的工具与杠杆而起作用，这是价值规律不通过市场机制而起作用的形式，这是社会主义制度下价值规律作用的崭新形式。

在社会主义制度下，经济活动的某些领域，首先是那些与国计民生密切相关而又不能实现供求平衡的基本产品生产领域，由国家通过下达指令性的计划，来实行直接的调节与控制。特别是在特殊的历史条件下，如战争或是自然灾害引起物资严重匮乏时期，以及国民经济比例失调需要治理整顿的时期，采用更多的集中的计划管理方法，依靠直接计划机制来调节、统驭与协调国民经济的活动，更是不可避免的。

直接计划调节在经济运行中表现为：国家通过计划机构与其他有关经济管理机构，制订有关社会生产、交换、分配、消费等方面的统一计划，分配与落实计划任务，修订与调整计划，由此来实现国家对国民经济活动的自觉地组织、领导与控制。社会主义的直接计划机制是以充分发挥相对独立的商品生产者的自主性和与企业进行民主协商为基础，但是它毕竟是以体现社会公共意志与公共利益的国家权力为依托，不能不利用命令、指令等行政手段和利用以上下级之间的指挥与服从的强制来实现国民经济的计划化。为了发挥直接计划机制的调节作用，必须强化中央和各级国家管理机关的权威，维护与保证国家计划的严肃性。但是直接的计划调节的作用是立足于对各个客观经济规律的作用的自觉利用之上，特别是必须遵循价值规律的要求，才能收到良好的效果。这就要求在决定企业生产任务和上缴税利等指标时，国家必须从企业的具体条件出发，最重要的是要正确定价，根据产品价值水平状况来规定商品价格，要对不合理的价格及时加以调

整，尽可能缩小价格与价值的背离程度。总之，要把计划建立在人们对价值规律的自觉运用的基础之上。如果对企业产品的定价长期低于价值，企业在和国家以及和其他企业的交换中就会处于不利的地位，蒙受经济损失，不仅会影响职工的积极性，而且由于企业难以以收抵支，正常的再生产也将受到影响，这样的直接计划，将难以得到贯彻。而只有人们根据社会主义经济的计划性与商品性相统一的本性，遵循计划机制以价值规律为基础的原则，认真地做好企业产品的定价，或是采用减少上交任务（包括确定合理的承包任务）以及在税收上、贷款上的优惠等措施，用以保证企业的合理利益，这样的直接计划才能有效地起到对生产的规范作用。

在直接计划调节的场合，由于国家规定统一的计划价格，对社会商品和物资实行计划分配，直接下达生产计划指标，因而生产和交换是直接地由计划所支配，而不是听从于市场机制的调节。这就表明，在这一经济领域，价值规律不再是充当直接的调节器，这一直接的调节器已经是由计划所充任。由于做到了价格与价值相适应和保证了企业有合理利益，在这种直接计划调节机制中业已合并有价值规律的调节，但是价值规律只是充当最高的计划调节器的杠杆、皮带和齿轮，成为使直接的计划机制顺利无阻地进行，保证计划实现的工具。直接的计划机制，是价值规律被人们自觉地加以利用而发生作用的形式。在这种作用形式下价值规律不再是表现为社会主义社会以前的旧商品经济形态中的那种"盲目的规律"，不再表现为人们所不能加以控制的市场上的自发势力，并给经济生活带来破坏性的恶果，而是有效地为计划服务，成为人们自觉地利用来达到人们预期目的的工具。价值规律的这一作用形式，体现了公有制条件下经济的特征——全民所有制企业利益与国家利益的一致性。

价值规律不是通过市场机制而是以计划调节器的工具而起作用的方式，它的优点是经济活动直接地从属于国家计划的调节；企业的经济活动在国家计划管理下，以高度纪律性、严格的秩序按比例地发展，不存在市场机制下的经济活动的自发进程。当然，这必须以计划具有科学性，充分反映了价值规律的要求为前提，而这在实际工作中往往是难以做到的。

（二）价值规律通过市场机制而起作用的形式

价值规律通过市场机制而发生作用的形式，是商品经济中价值规律作用的原本形式。在社会主义有计划的商品经济中，崭新的社会主义经济条件本身对价值规律的这一作用形式起了某些修正变形作用，使市场机制不再是完全自发的力量，而成为一种为社会主义国家自觉加以利用的工具。在社会主义有计划商品经济中，价值规律通过市场机制而起作用的形式有两种：

1. 自觉利用的市场机制

在社会主义有计划商品经济中，市场机制被人们自觉地利用和有目的地发挥其调节功能，发生在国家对国民经济实行间接计划调节的场合。所谓间接计划调节，指不是依靠行政的约束力，而主要是运用价格、税收、信贷等经济杠杆来实现的计划调节，即国家通过指导性计划来引导企业实现国家计划的要求。指导性计划适用于除指令性计划以外的许多产品和企业，实行指导性计划，让企业有灵活选择经营方向，决定生产什么和生产多少，以及决定自留利润的分配等经营活动的权力，国家则主要运用各种经济杠杆引导企业，使它的活动适应计划的要求。这种调节方式，体现了市场调节的直接作用。其实质是价值规律获得了通过市场来表现其调节作用的形式。

价值规律通过市场机制来发挥它的调节作用的形式与上述第一种形式不同。在上述第一种形式中，国家采取指令性计划形式（包括指令性的国家定价、指令性的生产计划和指令性的物资调拨计划，等等）来直接调节企业的经济活动，在这种情况下，价值规律的作用仅仅被包孕于直接计划机制之中，作为计划调节器的内在杠杆。而在这第二种作用形式下，价值规律是作为一种独立的经济调节器而发挥直接调节作用的。因为在这种形式中，国家不再以行政方式和指令性计划具体支配和控制企业的经济活动，而是充分利用价格、利率等经济杠杆调节市场的总体活动，由市场作用引导企业的活动。经济调节的两层次：第一层次，国家调控市场参数。第二层次，市场作用调节企业活动。

国家有计划地调节市场实际上又包括两种方式：一是由国家直接规定市场信号，例如，决定商品价格、贷款利率，等等，来调节企业生产活动；二是由国家向市场输出合乎国民经济计划目标所要求的经济变量，例如，不是国家定价而是向市场抛售或购入商品和物资，实行市场"吞吐"，市场上接收了这些变量后自动地形成市场信号来调节企业活动。后一种方式就是所谓的"国家调节市场，市场引导企业"的自动参数调节方式。这两种方式都体现了国家对价值规律作用的自觉利用，并通过市场机制起调节作用。只不过后一种形式，乃是价值规律发生作用的更加开展的形式，而前一种形式则体现了计划机制对价值规律作用机制的某种直接的限制与行政性的约束。后一种形式下，国家的调控不是采取刚性的行政方法，而是借助经济力的运用与操纵，市场参数是在市场作用下形成，经济运行中自动的市场作用更为充分，它由此能收到企业自主性与积极性的更大的发挥，使经济运行更活，但其缺点是自发性活动也将由此强化。在前一种形式下，价格等市场因素是由行政手段来规定和形成，在经济运行中市场作用不如后者充分；尽管企业经营活动中的自主性不是表现得很充分，市场调节作用还不够强，但是经济运行的自发性与盲目性却受到限制，从而有利于国民经济的稳定发展。可见，行政决定的参数调节和自动形成的参数调节是各有利弊。必须指出，在社会主义国家进行经济体制改革的初始阶段，在企业的经营机制还不健全，微观基础还不适应，市场发育还不充分发展，市场功能还很薄弱，而有效的宏观调控体系尚未建立起来的情况下，充分采用"国家调节市场，市场引导企业"的自动参数调节方式的条件还不具备。因此，在现阶段社会主义有计划商品经济中，真正具有实际意义的计划调节方式是前一种，即国家通过行政力量形成经济参数调节市场，以引导企业的微观活动。例如，在流通领域，国家借助自上而下地调整价格、规定价格浮动幅度、规定议价范围等办法来调节商品市场需求变动，自觉地形成某种市场供求的平衡。在生产领域，国家借助上述调节价格的措施，以及物资分配、税收、信贷利息等经济杠杆来有目的地刺激或限制商品的生产变动，自觉地形成生产与市场需要的平衡。在这种情况下，如果国家规定的市场参数是科学的，那么市场机制就不仅可以体现决定单个商品价值的社会必要劳动时间的作用，发挥调节微观活动与行为的功能，而且还可以体现投向不同部门之中的，从整体来看的第二种含义的社会必要劳动时间的作用，发挥调节社会劳动在不同部门之间按比例分配的功能。在这种情况下的市场机制，就不再是资本主义商品经济中的那种自发的市场机制，即"看不见的手"，而是为国家自觉加以运用的和体现国家计划要求的市场机制，是"看得见的手"运用"看不见的手"。这种被自觉利用的市场机制或市场调节，由于国家有意识的计划调节贯串其中，所以体现了计划机制与市场机制的结合，并且实现了价值规律的作用与有计划、按比例发展规律的作用相一致。

必须看到，在社会主义的有计划商品经济中，自觉利用市场机制，实现计划机制与市场调节相结合，是一个很复杂、难度很大的工作，它必须具备各种条件（经济条件、物质技术条件、经济管理条件），才能取得成效。例如，企业经营机制的健全，企业真正成为能对市场做出灵敏反应的相对独立的商品生产者，这是国家自觉利用市场机制的调节作用的微观前提。市场关系的发育完善，各种生产要素的流动化，统一的国内大市场的形成，市场机制在国内经济的广泛领域内起作用，这是国家自觉利用市场机制调节作用的外在市场条件。一个主要运用经济手段同时也运用行政手段和法律手段的强有力和卓有成效的宏观调控体系的形成，这是国家自觉利用市场机制的调节作用的调控组织前提。上述经济条件将通过社会主义国家的全面的经济改革而逐步地形成，价值规律通过市场机制实现它的调节作用，将由此获得更加广阔的场所。

2. 自发起作用的市场机制

在社会主义有计划的商品经济中，价值规律通过市场机制而起作用，还要采取自发的调节作用的形式。这就是：市场参数基本上是商品生产者的自主行为下自发地形成的，自发的市场机制直接地调节企业的活动。在这种场合，价值规律不是被国家利用来作为计划调节的工具，而是以"看不见的手"的形式，成为微观活动的主要调节器。

社会主义发展现阶段的多种所有制形式并存，决定了多层次的商品经济关系的存在。就经济的商品性来说，无疑地，集体所有制经济强于全民所有制经济，而个体所有制经济又强于集体所有制经济，私营经济则是更完全的商品经济。对于这些商品性更强的集体、个体以及私营经济来说，它们的经济活动在很大程度上从属于通过市场机制起作用的价值规律的调节。这些经济领域内的那些企业规模不大，十分分散的生产与经营活动，特别是对那些因地区而不同的品类纷繁、零星琐细的属于三类的农副产品、土特产品，等等，一般说来国家不能也无须采取直接计划调节，对许多项目，甚至难于做到用间接计划来调节。另外，在全民所有制企业所从事的那些品种、花色、规格繁杂多样，生产零散，需求多变的小商品生产，国家不可能进行直接的计划调节，也难以对每一个商品规定浮动价格幅度。国家可以对这一领域不作计划，实行全面放开，由生产者根据市场状况与自身的经济条件而自行确定产品的品种、花色、规格与数量，充分发挥市场调节对生产与交换的自发的调节作用。这样，通过自发的市场调节的更强的损益机制，就能够更充分地发挥生产者与经营者的主动性与积极性，促使他们进一步适应市场状况经济来组织生产，为社会提供愈加丰富的、适销对路的、价廉物美的商品。

上述价值规律的自发的调节形式——自发的市场调节——是简单商品经济和资本主义商品经济中价值规律起调节作用的基本形式，这种形式的特征是：自发的市场作用最为充分，企业对市场的依存更为密切，企业对市场的反应最为灵敏。因而，这种调节方式将能激发出市场活力。但是自发的市场调节是一种无政府运行的经济的调节器。自发的市场作用，以其价格的经常性的波动和供求的经常性的变化，表现出经济活动的盲目性。尽管借助竞争中价格的趋向于价值中准的经济必然性（即价值规律的作用），自发的市场机制还是能起到均衡生产与需求和使无序的经济运行有序化的效果，但毕竟这是要以价格和供求的经常波动，甚至大升大降，不断出现的比例失调，一再的生产调整为代价。在社会主义有计划的商品经济中，自发性的市场调节形式，更是会暴露出它与经济有计划运行不相适应的弊端，甚至会带来破坏性的后果。因而，自发的价值规律的调节方式，只能适用于国民经济的局部领域，特别是非社会主义商品经济的领域，而不能将这种调节方式，扩展到国民经济的主要领域，使之成为社会主义经济的主要调节者。自觉的调节作用形式，成为价值规律调节作用的主要形式，自发的调节作用形式，不再是价值规律调节的基本形式，而只能是一种补充形式，从这里表明了在以公有制为基础的社会主义商品经济中，价值规律作用形式的新变化。还必须看到，为了利多弊少地利用价值规律调节的自发形式，即使是对于那些国家不下达生产与流通计划的经济领域，国家仍然要加强对企业的经济活动的管理。例如，国家要通过政策法令和工商行政管理工作来对这一领域的生产与交换进行管理，如规定集中的交易场所，维护正常的市场交易秩序，对生产者和经营者征取交易税或按比率计征所得税，用行政手段取缔市场投机倒把，对各种违法行为课以罚款，等等。采用这样的措施，就减少了价值规律自发作用给经济生活带来的盲目性，减少与避免了市场各种消极因素对经济运行的计划性所带来的不利的影响。因此，从更广泛的意义来说，这也是一种自觉利用价值规律的自发调节作用，扩大计划作用的覆盖面的计划管理方式。

综上所述，在社会主义有计划的商品经济中，价值规律的作用具有广泛的覆盖性。它在国民经济的各个不同领域都要发生作用，但是，价值规律的作用形式又具有差别性，存在三种作用形式：其一，在某些领域内作为最高的计划调节器发生作用的经济杠杆，这是价值规律作用的非市场调节形式；其二，在某些领域作为从属于最高的计划调节的直接调节器，这是价值规律调节作用的市场形式，不过是被国家自觉地加以利用的市场调节形式；其三，在某些领域作为主要的调节器，这是价值规律调节作用的自发的市场形式。总之，社会主义经济的商品性，决定了价值规律作用的客观性，因而在经济工作中人们必须遵循价值规律的要求，基于社会主义经济商品性的层次特点，人们必须区别不同的经济领域，采取恰当的形式来自觉利用和充分发挥价值规律的调节作用。另一方面，社会主义经济的计划性，决定了有计划、按比例规律作用的客观性和计划作用覆盖的广泛性。因而，在经济工作中，人们必须遵循有计划、按比例规律的要求，坚持计划调节的主导作用。当然，由于各个经济领域条件的不同，计划调节的形式与程度也有所不同。归根到底，要根据社会主义经济发展的不同阶段的客观条件，根据各个不同经济领域的特点，采取适当的形式，做好计划调节与市场调节的结合。

最后，我们引用斯大林的一段论述，将是很有意义的："在这里，也如在自然科学中一样，经济发展的规律是反映不以人们的意志为转移的经济发展过程的客观规律。人们能发现规律，认识它们，依靠它们，利用它们以利于社会，把某些规律的破坏作用引导到另一方向，限制它们发生作用的范围，给予其他正在为自己开辟道路的规律以发生作用的广阔场所。但是人们不能消灭这些规律或创造新的经济规律。"[1]

第五节　社会主义经济体制新模式的构建

关于社会主义经济是有计划的商品经济的命题，不仅具有重大

---

[1] 《苏联社会主义经济问题》，人民出版社，1961年，第3页。

的理论意义，而且具有重要的现实意义，它是人们能够更深入地总结社会主义建设的历史经验，探索社会主义经济体制改革的方向和道路的理论指针。这一理论对于我国在当前进一步自觉地坚持四项基本原则，坚持改革开放，贯彻"一个中心，两个基本点"，有着重要的指导意义。在此，有必要指出以下两点：

第一，关于社会主义经济的传统理论，基于社会主义产品经济论，否认社会主义经济的商品性，把商品生产、价值规律、市场调节和计划经济对立起来，这一理论认识的片面性与缺陷，导致了人们对社会主义经济体制的选取与构建中的某些失误。人们由此把一个高度集中的，采用无所不包的国家计划，使用行政手段直接调控的经济体制，当作社会主义计划经济制度固有的要求。这一传统体制，以其僵硬的直接计划机制，取消和压制经济的商品性，违反了社会主义经济中仍然起作用的客观规律——价值规律的要求，其结果是压制了企业和广大劳动者的积极性，带来了消极的后果。但是，也必须看见，在社会主义改革中也出现了社会主义经济是全面的市场经济的理论，这一理论把市场调节这一"看不见的手"说成是万能的调节者，主张取消计划，听凭市场机制来引导千万个独立的企业的活动。这一全面市场经济的理论，无视计划机制的作用，低估计划的综合平衡职能，否认国家应该保持必要的行政手段和应该保持必要的直接组织微观活动的职能，这是一种新的片面性，其实质是否认社会主义经济的计划性。这种观点是西方的舶来品，实质上是把国家调节的资本主义市场经济等同于"有计划的商品经济"。这种错误观点及其带来的盲目的市场化的实践，给一些国家的改革带来了消极作用。正因如此，从理论上弄清社会主义经济所固有的计划性和商品性特征，弄清社会主义经济是计划经济与商品经济的统一，就是十分必要的。

　　第二，基于我们在上面所作的对有计划的商品经济的理论阐释，那么，改革中所要构建的社会主义新经济体制的目标模式，就应该是：既是一个以统一的计划为核心，以强有力的计划机制——包括直接的计划机制和间接的计划机制——为轮轴的，能够在国家的自觉调控下实现国民经济有计划、按比例运行的计划经济；另一方面，它又应该是一个以交换价值为枢纽，以十分充分的市场机制为杠杆，能够有效地发挥价值规律的调节作用——包括自觉的市场调节和自发的市场调节——的商品经济。以上两方面，构成有计划的商品经济的新模式。正是因此，社会主义国家在对传统的经济体制改革的过程中，就要在坚持计划经济的基本方法和基本经济机制的同时，大力地引进商品经济的结构和市场机制，用市场性的结构与调节功能来进一步完善和增强计划调节的结构与功能。总之，要建立一个计划与市场相结合，行政手段的运用和与经济杠杆相结合，中央集中管理与地方适当分权相结合的，既有政府自上而下的管理、调节指导，又能充分发挥企业自主经营积极性的社会主义商品经济体制。

第十三章

社会主义国家的对外经济关系

....

组织国内建设和发展对外经济关系,是社会主义经济发展的两个重要的方面。在当代,国际分工与国际贸易不断发展,国与国之间在经济、技术等方面的联系日益复杂和紧密,并由此形成世界经济有机整体,这就更加要求社会主义国家必须坚持对外开放,通过积极发展对外经济关系,充分利用国外的各种可运用的资源和条件,来加快社会主义的现代化的建设。

第一节　社会主义国家对外开放的必然性

一、对外开放是国际分工发展的客观要求

社会主义国家实行对外开放,发展对外经济关系,是生产社会化和经济国际化的必然要求,是生产力、社会分工特别是国际分工发展的必然结果。

在人类社会初期，自然经济占统治地位，各原始共同体都是自给自足，共同体内部存在着以性别、年龄等生理差异为基础的自然分工，共同体之间没有贸易往来和分工协作关系。由于各个共同体所处的自然环境不同，它们各自获得的产品也不同，这种自然条件的差别，是地区分工的自然基础。在第一次社会大分工、商品生产和商品交换产生之后，共同体逐步解体，各地区主要生产某一种产品，劳动地域分工开始产生和发展起来。当地域分工超出一国的界线，在国际范围内表现出来之后，就产生出了国际分工和国际贸易往来。

从历史来看，在奴隶社会和封建社会时，就出现了国与国之间的经济联系和交往，但这种经济联系和交往当时还只是暂时的与不稳定的，并且对各国的经济发展的影响也是十分有限的。真正的国际分工，是在产业革命之后和机器大生产的基础上形成的。马克思指出："机器发明之后分工才有了巨大进步……从前结合在一个家庭里的织布工人和纺纱工人被机器分开了。由于有了机器，现在纺纱工人可以住在英国，而织布工人却住在东印度。在机器发明以前，一个国家的工业主要是用本地原料来加工。……由于机器和蒸汽的应用，分工的规模已使大工业脱离了本国基地，完全依赖于世界市场、国际交换和国际分工。"[1]这表明，机器大工业对国际分工和世界市场的形成起了决定性的作用，同时世界市场和国际分工对机器大工业的发展也有重要影响。

影响国际分工形成与发展的因素主要有：

第一，自然条件。这里所说的自然条件包括一个国家的气候、土壤、地理位置、自然资源等。很明显，矿产品只能出自拥有矿产资源

---

[1] 《马克思恩格斯全集》第4卷，人民出版社，1958年，第168~169页。

的国家，水产品只能出自水资源丰富的国家。自然条件还决定了某些种类的作物只能在某些特定地区种植，例如东南亚国家和地区的气候条件适宜种天然橡胶，该地区天然橡胶的产量约占世界总产量的90%。现在不少国家都根据本国的自然条件和自然资源，集中发展一些在国际上具有突出优势的产业部门，出现了一些"石油之国""铜矿之国""橡胶之国""旅游之国"等。由此可见，自然条件对国际分工及各个国家在国际分工中的地位，起着十分重要的作用。

第二，生产条件。在产业革命之前，人类生产的物质基础是手工工具和手工技术，在这种生产条件下，国际分工的发展极不成熟，带有很大的偶然性、地域性和盲目性。在产业革命之后，机器大生产不仅促进了地区分工与协作，而且也促进了国际分工与协作，使国际分工经常化和固定化。机器大工业还带动了通迅、运输等行业的飞速发展，把国际分工发展推向一个新的阶段。马克思指出，随着机器的普遍使用，旧的国际分工被改造，"一种和机器生产中心相适应的新的国际分工产生了，它使地球的一部分成为主要从事农业的生产地区，以服务于另一部分主要从事工业的生产地区"[1]。

第三，科学技术。科学技术是历史上一种起推动作用的力量，每一次科技革命都涌现出一批新兴的工业部门，使生产社会化的程度不断提高。15世纪末和16世纪初，随着地理大发现和资本主义工场手工业的发展，开始形成了最初的国际分工和世界市场。18世纪60年代，英国最早开始了产业革命，资本主义机器大工业获得了迅速的发展，同时大工业本身又创造出新的运输工具和通讯手段，这样就最终促成了国际分工和世界市场。19世纪末20世纪初，开始了以电力、钢铁、

---

[1] 《马克思恩格斯全集》第4卷，人民出版社，1958年，第494~495页。

化学与交通运输业为代表的第二次科技革命，推动了生产的进一步社会化。20世纪40年代末50年代初开始了第三次科技革命，它以原子能、电子计算机、空间技术的发展为标志，又引起了一系列新兴工业的相继兴起，如原子能工业、半导体工业、宇航工业、激光工业、生物化学工业等，这些新兴的产业部门使国家间的经济联系更加紧密。第三次科技革命的浪潮引起产业结构的迅速调整，促使生产与流通在更大程度上超出国界而形成国际范围的生产与经营专业化，而生产与流通国际化还表现在金融业兴起的国际化的世界金融中心的进一步发展及其对各国经济的渗透和促进。可见，生产国际化和国际专业化的加强，使国际分工无论在深度还是在广度方面都得到了迅速发展。

随着国际分工的发展，经济国际化的趋势越来越显著，各国之间的经济、技术联系越来越紧密。在这种情况下，有些工业部门特别是新兴的产业部门，其原材料加工、零部件配套、最终产品的组装，等等，可能不是在一个国家之内，而要涉及几个或十多个国家。在发达的国际分工体系中，任何一个国家都不可能建立完全封闭、自给自足的经济体系。这种情况也适用于社会主义国家。在经济日益国际化的当代，社会主义国家也不能关起门来搞经济建设和文化建设，而应当积极发展对外经济关系，参与国际分工，与其他国家发展多种形式的经济联系，通过对外开放来加快社会主义现代化建设。

二、对外开放是有计划商品经济的内在要求

社会分工是商品经济的基础，因而社会分工的发展必然带来商品经济的扩展。随着社会分工超出国界而发展成国际分工，商品流通也发展为国际贸易，国内市场也就发展为世界市场。

国际分工是世界市场的前提条件，国际分工的深化推动了世界市场的发展。同国际分工一样，世界市场也是在机器大工业的基础上真正形成和发展起来的。大工业推动了国与国之间的专业化分工与协作关系的发展，促进了国与国之间产品的交换与流动，密切了各国之间的经济联系，使国际贸易不断向深度与广度发展。同时，大工业带来的运输与通讯业的发展，也使国际经济交往和世界市场的形成成为可能。"由于交通工具的惊人发展——，远洋轮船、铁路、电报、苏伊士运河，——第一次真正地形成了世界市场。"[1]因此，大工业在改造旧的国际分工、塑造新的国际分工的同时，也塑造出新的世界市场关系。"大工业造成的新的世界市场关系也引起产品的精致和多样化。不仅有更多的外国消费品同本国的产品相交换，而且还有更多的外国原料、材料、半成品等作为生产资料进入本国工业。"[2]

在国际分工基础上产生和发展起来的世界市场，不仅反过来促进了国际分工和国际贸易，而且还进一步加深了各国之间的经济联系，强化了各国经济之间的全面依赖性，使各个国家或先或后地"卷入世界经济的漩涡"[3]。世界市场使各国经济相互联系、相互促进、相互依存，形成一个统一的世界经济有机整体。在这一世界经济有机整体中，世界市场的任何变动都会影响到各国的经济发展。所以，"要知道每一个经济部门个别地、安静地独自存在的时代早已过去了，现在它们全部互相依赖，既依赖最遥远的国家的进步，也依赖紧邻的国家的进步以及变动着的世界市场的行情。"[4]在这种情况下，任何一个国

---

① 《马克思恩格斯全集》第25卷，人民出版社，1974年，第554页注（8）。

② 《马克思恩格斯全集》第23卷，人民出版社，1972年，第487页。

③ 《列宁全集》第3卷，人民出版社，1984年，第547页。

④ 《马克思恩格斯全集》第16卷，人民出版社，1964年，第258页。

家的经济都不可能独自存在，独自发展，而要受到世界经济和世界市场的很大影响。

我国社会主义经济是有计划的商品经济，是国家计划指导与规范下的商品经济，这是社会主义商品经济的一个显著特征。但是，作为一种商品经济，社会主义经济又与国际贸易和世界市场有着多方面的联系。在当代世界经济发展的整体化趋势中，商品经济的内在本性要求社会主义经济对外开放，利用并通过国际贸易与世界市场，争取有利的经济条件，来促进社会主义经济的发展。

首先，从资源的合理配置来看。社会主义国家发展商品经济，目的是在计划指导下利用市场调节的作用，实现资源在各部门中的合理分配，提高资源的利用率，用较少的资源耗费获得较大的经济效益。然而，商品经济的内在本性要求资源配置不能只着眼于国内，还要着眼于国外，着眼于世界经济的发展。这是因为，第一，我国资源丰富，有些资源的拥有量居世界首位，利用这些资源进行生产时，其产品不仅要用于满足国内需要，还要用于满足国际市场的需要；第二，我国虽然资源丰富，但从总体来说，不可能拥有所有类型的资源，而且，由于人口众多，人均资源并不充裕，在当前还需要从国外进口一定的稀缺资源，以弥补国内的不足。由此可见，社会主义国家必须通过国际贸易，通过资源的国际性全面流动，从世界市场上引入所需资源，以调剂资源余缺，实现资源的优化配置。

其次，从市场的演进来看。社会主义国家在发展商品经济的过程中，必须培育和建立统一的国内市场，为市场调节充分发挥作用创造基础条件。商品经济的不断发展，必将促使国内市场走向国际市场。因为从市场的演进过程来看，先是有地方市场的形成，而后是国内市场的形成，最后是国际市场的形成和发展。就像列宁所描述的，商品

"要受到社会的核算，首先是地方市场的核算，其次是国内市场的核算，最后是国际市场的核算"①。社会主义国家没有必要也不可能建立一个无所不包的生产体系，不可能生产出国内需要的所有商品。为了发扬自身优势，加速经济的发展，社会主义国家必须一方面向国际市场出售自己的优势产品，另一方面又从国际市场输入本国所需要的产品。这样，通过参与国际市场的贸易往来活动，平衡国内市场的供求关系，促进国民经济的发展。

最后，从价值规律的作用来看。通常所说，商品价值决定于社会必要劳动时间，而这里所说的社会必要劳动时间，是指一个国家之内在现有生产条件下生产某种商品的平均劳动时间。而在社会主义国家参与国际市场的贸易活动之后，价值规律作用的环境由国内市场变为国际市场，这时价值规律的作用形式也有所变化。当商品交换变成世界性交换的时候，社会劳动便具有国际的性质，价值相应地也就具有了国际范畴的含义。这里要区别国别价值和国际价值。国别价值是在国内市场上，由一国的社会必要劳动时间决定的价值；而国际价值则是在国际市场上，由社会必要劳动耗费的世界平均水平决定的。在商品的国际交换中，各国的社会必要劳动转化为世界范围的社会必要劳动，商品的国内价值也要转化为国际价值。马克思指出："在以各个国家作为组成部分的世界市场上，……国家不同，劳动的中等强度也就不同；有的国家高些，有的国家低些。于是各国的平均数形成一个阶梯，它的计量单位是世界劳动的平均单位。因此，强度较大的国民劳动比强度较小的国民劳动，会在同一时间内生产出更多的价值，而

① 《列宁全集》第3卷，人民出版社，1984年，第280页。

这又表现为更多货币。"[①]在由于市场延伸到世界范围，并使价值规律的作用形式发生变化的条件下，社会主义国家在发展对外贸易时，应充分利用国际价值规律的客观要求，优化对外贸易结构，出口国内市场平均价格低于国际市场价格的产品，进口国内市场平均价格高于国际市场价格的产品。也就是说，社会主义国家在发展对外贸易时，应立足于提高劳动生产率，使商品的国别价值低于国际价值，在国际交换中用较少的生产要素消耗获得较多的使用价值，以提高国内生产的效率，节约社会劳动力和更好地满足国内生产和人民群众生活的需要。

三、对外开放是社会主义现代化建设的迫切要求

当代的无产阶级革命不是在发达的资本主义国家，而是在经济比较落后的国家中取得胜利。这些国家在无产阶级革命胜利后，就面临着一个十分迫切的任务，就是要尽快发展国民经济，迅速提高劳动生产率，加快现代化经济建设，巩固社会主义的经济基础。

我国是在半封建半殖民地的废墟上建立社会主义制度的。新中国成立40年来，我国的经济发展与经济建设取得了很大的成绩。我国目前已经建立了一个相对独立、比较完整的国民经济体系和工业生产体系；工农业生产的增长速度，一直快于同期的资本主义国家；在经济发展的基础上，人民群众的生活条件有了很大的改善，经济发展与人民群众生活水平提高的速度如此之快，为世界所瞩目；科学技术取得巨大进步，在许多现代科技领域中，我国都居世界领先地位；在新中

---

① 《马克思恩格斯全集》第23卷，人民出版社，1972年，第614页。

国成立前国民党留下来的烂摊子上，我国初步建成了一个繁荣昌盛的社会主义国家；我国的世界地位与世界威望日益提高，在世界政治与经济生活中起着举足轻重的作用。

但是我们也应当看到，由于我国的社会主义建设起点低和基础差，我国现在仍属于发展中国家，经济不发达，生产力水平不高。

（1）我国的现实国情是人口多，底子薄；（2）我国的国民经济尽管有了较快的发展，但从总体来看，经济还比较落后，技术水平还很低，与发达国家相比还有很大的差距；（3）管理方式比较陈旧，需要更新；（4）我国的建设资金极为短缺，要加快建设的速度还有很大的困难；（5）我国人口多，劳动力多，要为这些众多的劳动力寻找出路，安排就业机会，需要很多的资金和技术装备；（6）我国的自然资源极为丰富，但缺乏开发与利用这些资源的经济、技术条件，无法使这些资源形成现实的生产力，等等。由上述国情所决定，为了巩固社会主义的经济基础，在经济发展中，我国应当积极发展对外经济关系，从国外引进为我所急需的先进技术、管理经验、建设资金，等等，以人之长，补己之短，争取有利的条件，在较短的时间内把国民经济搞上去，尽快缩小与发达国家的差距，加快社会主义现代化建设的进程。

总之，社会主义建设的客观规律，我国的具体国情和面临的历史任务，决定了我国必须坚定不移地实行对外开放，加强对外经济联系，这绝不是权宜之计，而是社会主义建设长期都应奉行的基本方针。

第二节　社会主义国家发展对外经济关系的基本形式

一、对外贸易

对外贸易是指国际上的商品流通，即一个国家或地区同他国或地区之间发生的商品与劳务的交换关系及交换活动，包括出口和进口两个方面。一国每年的出口额与进口额相等，称为贸易平衡；如果出口额大于进口额，称为外贸顺差；如果进口额大于出口额，称为外贸逆差。对外贸易是社会主义国家对外经济联系的基础，是对外开放，发展对外经济关系的主要形式。

由于各国的社会制度不同，对外贸易的性质也就不同。社会主义国家对外贸易有以下一些主要特征：

第一，社会主义国家的对外贸易是建立在社会主义公有制基础上的，其目的不是借以剥削和掠夺其他国家和民族，而是根据国内经济建设的需要，有计划地同其他国家发展商品交换活动，互通有无，调剂余缺，以促进国内的经济发展和提高人民群众的生活水平。

第二，社会主义国家的对外贸易是有计划发展的。社会主义国家的对外贸易，是社会主义国家国民经济的一个重要组成部分，是为国内经济建设服务的。因而，社会主义国家的对外贸易必须纳入统一的国民经济计划，使外贸与生产、外贸与内贸、出口与货源、出口与进口之间保持协调与平衡关系，以促进整个国民经济和对外贸易的稳定和均衡发展。

第三，社会主义国家的对外贸易是由国家统一领导的。为了维护国家的主权，发展本国的民族经济，防御资本主义的经济渗透，对外贸易必须在社会主义国家的统一领导和控制下进行。但是，这并不等于一切进出口业务都必须由国家外贸机构直接经营，而是应当把统一管理和分散经营有机地结合起来。其意义是：（1）这样可以统一政策、联合对外，保证国家对外贸易方针与政策的贯彻；（2）充分调动各方面发展对外贸易的积极性，扩大对外贸易的规模；（3）避免各部门、各地区、各单位之间的盲目竞争和相互压价，坚持联合对外，保持对外贸易的协调发展。

第四，社会主义国家的对外贸易以平等互利为原则。社会主义对外贸易以平等互利为基础，在发展商品交换活动中，各国一律平等，必须尊重双方的主权和利益，等价交换，相互有利，不允许带有任何不平等的条件和不合理的要求，反对通过对外贸易来谋求经济特权和政治特权，使对外贸易既能促进本国经济的发展，又能维护国家的独立。

社会主义国家积极发展对外贸易，对促进国民经济的发展有着重要意义。（1）通过对外贸易可以调剂产品的余缺，促进社会主义国民经济按比例地协调发展；（2）通过对外贸易可以从发达国家进口先进的技术设备，推动本国的科学技术的进步；（3）通过对外贸易，出口国内价格小于国际价格的商品，进口国内价格大于国际价格的商品，可以获得更多盈利和外汇，为国家积累建设资金；（4）通过对外贸易可以促进我国企业改进经营管理，增强竞争能力，提高经济效益；（5）通过对外贸易，可以促进我国人民同世界各国人民之间的友好往来和相互合作的关系，为我国的社会主义建设创造良好的外部环境条件。

二、引进先进技术

科学技术是人类在长期的生产斗争和科学实验中创造出来的共同财富。科学技术是生产力，是经济发展的一个重要条件。由于各国的历史、自然、经济等方面的条件不同，各国之间的科学技术发展水平是很不平衡的，因而国际上的科技交流和合作就成为不可避免的大趋势。任何一个国家都不可能在科学技术的一切领域都居于领先地位。我国虽然在某些科技领域中居世界领先地位，但从总体来说，我国的科学技术还比较落后，因而应当积极地向科技发达的国家学习，善于吸收发达国家最新的科技成果。

从国外引进先进的科学技术，对国民经济的发展有着重要的促进作用。第一，引进先进技术是加速本国技术进步和发展的捷径。据统计，一项技术发明从研究、试验、设计到最后投产，一般需要10到15年，而从国外引进技术到投产，只需要3至5年。由此可见，通过引进技术，可以大大地缩短在技术上赶超先进国家所需的时间。第二，引进先进技术可以节省研究和试制费用。引进先进技术虽然要付出一定的代价，但购买现成技术，比起自己从头开始研究开发所需的费用要少得多，这就可以节省大量的建设资金。第三，引进先进技术，可以推动企业生产中的技术改造和设备更新，迅速提高劳动生产率。第四，引进先进技术的过程，同时也是学习发达国家科学技术和现代管理方法的过程，这有利于促进我国的科研水平和经营管理水平的提高。

引进技术，是指通过各种方式和途径从国外获得先进的科学技术，它是一种国际上的技术转让或技术交流。引进外国先进技术的方式主要有四类：第一类是购买先进设备，包括购买成套设备、主机、关键设备或重要零部件。第二类是购买专有的技术知识和资料，包括购买专利、许可证和设计图纸。第三类是技术交流，包括通过协议等交换专利、技术知识和科研情报资料；派遣专家、学者和留学生进行技术交流活动；举办外国技术设备展览会等。第四类是在利用外国资金的过程中引进先进技术设备，包括通过来料加工、补偿贸易、合资经营、合作生产与开发、外商独资办企业等方式引进技术设备。上述几种引进方式各有自身的不同特点，所以在决定引进技术时，应根据自己的条件和当时的国内外环境，选择适当的技术引进方式，以提高经济效益。

三、利用国外资金

在我国的经济建设中，资金短缺是一个突出的问题。而积极稳妥地吸收国外资金，可以弥补国内建设资金的不足，加快现代化建设的步伐。

社会主义国家利用外资的方式主要有两大类：一是利用国外贷款，二是吸收国外的直接投资。

国外贷款是国际上的信贷关系，它包括外国政府、国际金融组织（如世界银行和国际货币基金组织）、外国商业银行贷款，以及一般商业信贷等。国外贷款不论是由政府还是由部门、企业承担偿还义务，都构成一个国家的对外债务。

外国在我国直接投资的具体形式有：（1）中外合资经营企业。它是由中外双方合营者商定投资比例，共同经营、共担风险、共负盈亏。企业所得收益按双方投资比例分成。（2）中外投资合作经营企业。合作双方的权责利关系，由双方通过签订协议、合同加以规定。企业收益不是以双方投资额计股分配，而是按合同规定的方式和比例来分配。（3）外商独资经营企业。它是外商在我国兴办的企业，企业资本属国外客商所有。企业由客商本人或其代理人经营管理，自负盈亏。（4）其他利用外资的形式，包括对外加工装配、租赁、补偿贸易、合作开发资源等。

　　社会主义国家在利用外资时，必须坚持以下基本原则。第一，要维护国家主权和经济利益。在利用外资时不允许外资控制我国的经济命脉，不接受有损国家主权的不平等要求，严禁外商设立有害于人民群众身心健康的企业和事业。第二，要确保清偿债务的能力。利用外资最终是要还本付息的，所以社会主义国家在利用外资时要慎重掌握负债率（外债总额占国民生产总值的比例）和偿债率（年还本付息的外汇额占当年出口总收汇额的比例），使国家的外债负担不超过国民经济的承受能力。第三，要合理调整利用外资的结构，吸收的外资应主要用在生产建设上，重点是能源、交通等基础设施和出口创汇企业，把有限的外资真正用在经济发展上。

四、劳务合作

　　劳务合作是指通过为其他国家或地区提供劳务来获取利润的一种国际经济合作形式。它有广义和狭义之分。狭义的劳务合作，包括派出技术人员、管理人员、工人、海员、厨师等在国外从事劳动服务；广义的劳务合作（又称劳务贸易）还包括国际上的金融、保险、旅游、运输、通信、咨询、医疗等方面的业务活动。

　　国际上的劳务合作，是一项包括人力、物力和设备等多方面内容的综合性的出口业务，因而越来越受到世界各国的广泛重视。我国从1979年正式开展国际劳务合作，进行国外工程承包，这些工程项目包括公路、住宅、体育馆、桥梁、海运等。实践证明，发展对外劳务合作，可以为国内建设创造更多的外汇收入，可以推动我国的机械设备、建筑材料和其他物资的出口，可以促进我国同其他国家的技术与物资交流，还可以增加部分职工的收入，等等。

五、经济特区和对外开放地区

设置经济特区，是我国实行对外开放所采取的一项重要政策，是发展对外经济关系的一种有效的特殊形式。

所谓经济特区，就是一个国家或地区划出一定的区域，在对外经济活动中采取更加开放的政策，用减免税等优惠办法吸引外商和吸收外资，达到发展本国或地区经济的目的。当代世界上经济性的特区类型很多，如出口加工区、自由港、自由贸易区、自由关税区、投资促进区、科学工业园区等。但不论名称如何，它们的基本内容都是在一个主权国家或地区内划出一定的区域，实施更为开放的政策，提供优良的投资环境，建立高效能的管理体制，来吸引外商投资设厂和兴办企业，达到繁荣地区经济的目的。目前世界上已有80多个国家或地区，建立了几百个类型不同的经济特区，它们对本国的经济发展起到了重要作用。

我国为了发展对外经济技术合作，促进社会主义现代化建设，1979年4月国务院决定建立深圳、珠海、汕头和厦门4个经济特区。1984年4月，国务院决定在进一步办好经济特区的同时，再开放14个沿海港口城市和海南省。与此同时，我国还开辟了长江三角洲、珠江三角洲、闽南三角洲3个沿海经济开放区，并在广州、天津等开放城市中建立了13个经济技术开发区。1990年国务院决定在上海浦东建立经济特区。

我国的经济特区，就是在我国选择对外交通便利的地区，适当同国内经济隔开，给外商以减免关税和其他一些优惠条件，吸引外商来特区投资办厂或举办其他工商服务等企业。国外的自由贸易区一般都是地区小、经济活动单一。而我国的经济特区面积要大很多，而且包括多种经济部门，既有工业，也有农业，还有商业、旅游和其他服务业等。我国设置经济特区不只是为了扩大对外贸易，更重要的还在于利用外资，特别是外商的直接投资。通过吸收外商直接投资这种利用外资的形式，相应地吸收国外的先进技术和科学的管理经验，获得国外经济技术发展的信息，以便更好地发展内地经济。

特区之所以"特"，就在于特区中实行了一套特殊的经济政策和不同于内地的管理体制。它的主要特点是：（1）特区的经济发展主要靠吸引和利用外资，即资金来源的外向化。（2）在所有制形式上，多种所有制形式并存，但以国家资本主义所有制为主要形式。（3）特区的经济是外向型经济，生产方向以国际市场为主，产品以外销为主。（4）特区的经济运行主要是由市场调节。（5）特区实行不同于内地的管理体制，它拥有更大的自主权。

我国建立经济特区的目的，是为了发展和扩大对外经济技术合作关系，发挥经济特区的"窗口"作用。（1）技术和知识"窗口"的作用。通过经济特区引进先进的科学技术，发展特区经济，推进内地企业的技术改造。（2）管理"窗口"的作用。借鉴国外科学的管理方式和管理经验，推动我国的经济管理体制和企业经营管理体制的改革。（3）对外开放政策"窗口"的作用。我国自实行对外开放政策以来，对经济特区采取灵活措施和特殊政策，增加了我国的制成品出口，使我国产品初步打入了国际市场，扩大了我国的对外经济活动和经济往来。几年的实践表明，我国的经济特区建设取得了很大的成绩，有力地促进了社会主义现代化建设。

第三节 社会主义国家发展对外经济关系的基本原则

一、正确处理自力更生与对外开放的关系

在社会主义国家的对外经济关系中，如何处理好对外经济开放与自力更生的建设方针，是一个十分重要的问题。从根本上来说，自力更生与对外开放并不是对立的，而是相互促进、相互统一的关系。

首先，坚持独立自主、自力更生的建设方针，是对外开放的前提和基础。（1）只有政治上和经济上独立的国家，只有主权国家，才会有对外开放问题，如果一个国家沦为殖民地，在政治与经济上都没有摆脱帝国主义的控制，那就谈不上对外开放，谈不上建立和发展民族经济的问题。因此，作为一个拥有独立主权的社会主义国家，这是我国实行对外开放的必要条件，也是防止和抵制别国控制的根本保证。（2）在社会主义的经济建设中，我国需要有一个良好的外部国际环境，需要其他国家的支援与帮助，但由于国际经济、政治条件的经常性变化，这种外援是有限的、不稳定的。特别是当前国际反社会主义的势力的活动加剧，社会主义和资本主义两种社会制度的斗争十分激烈。因此，我们在建设社会主义的过程中，应当把立足点放在国内，紧紧依靠本国人民的力量。说到底，本国的经济发展只能依靠本国人民群众的劳动与创造，这才是生产力发展的根本动力。（3）本国经济的发展，是对外开放的经济基础。只有通过本国人民的努力把国民经济搞上去，我们才能向外出口，把本国的优势产品打入国际市场。在产品出口规模不断扩大和外汇收入不断增加的基础上，我们才有能力来引进资金、引进技术和引进设备，才能更好地对外开放。

其次，对外开放是为独立自主、自力更生服务的。我们说社会

主义经济建设的立足点要放在国内，要依靠本国人民的力量，但是我们不能把自力更生绝对化和片面化，不能把自力更生与对外开放对立起来，更不能把自力更生理解为自给自足、闭关锁国、关起门来搞建设。第一，从经济上来说，自力更生本身就需要对外开放，因为自力更生是一个发挥人民群众聪明才智，在经济技术上尽快赶上世界先进水平的方针，这就要以积极的态度从国外吸收我们所短缺的资金和资源，引进最新的科技成果，来加快本国经济的发展。因此，对外开放的目的是为了增强本国自力更生的能力，更好地实行自力更生的方针。第二，从政治上来说，我们现在的对外开放与历史上的"门户开放"具有本质的不同。历史上的"门户开放"是帝国主义国家强加于我国的，是封建王朝出卖国家主权，屈从于帝国主义压力的表现，它是一个丧权辱国的方针，是一条通向殖民地的道路。而我们现在所实行的对外开放，是以社会主义国家的独立与主权为前提的，我们的对外开放从不接受别国的干涉、控制等不平等要求，对外开放的最终目的是壮大本国的经济力量，巩固国防，维护社会主义国家的独立自主的地位。

二、因地制宜、因时制宜地发展对外经济关系

前面我们说过，我国发展对外经济关系的形式有对外贸易、引进技术、利用外资、劳务合作、对外援助、建立特区等，而每一个形式中又包括有许多种类，这些形式又各有自身优点和不利之处，这就需要我们在发展对外经济关系的过程中，根据当时的国内外政治、经济条件，合理地、稳妥地选择对外开放的方式，使对外经济工作更富有成效。

当今的世界上，各种政治力量和经济力量不断地进行重新组合，并向多极化方向发展，这就必然使整个世界处于相对稳定的态势，因而人们把当前世界的发展潮流概括为和平与发展两大主题。这种新的国际趋势的出现，无疑是社会主义国家发展对外经济关系的一个有利条件。但是，世界多极化的出现，并不意味着世界资本主义体系和世界社会主义体系之间不再存在对立和斗争了。这两种制度、两种体系既然有着本质区别，它们之间的抗衡、竞争和斗争就是不可避免的，而且有时是十分激烈的。因此，在世界局势相对稳定时，社会主义国家应当利用国际环境相对和平的有利条件，积极地采用多种形式发展和扩大对外经济关系，抓紧时机加强国内的经济建设。当资本主义国家与社会主义国家之间的抗衡与斗争较突出时，资本主义国家必然要采用经济封锁政策，这时发展政府间的经济关系就比较困难。在这种条件下，社会主义国家就应当注重发展民间经济关系，如开拓民间贸易渠道、吸引外国企业来华投资、争取外国私人银行的贷款，等等，在最不利的情况下力争较有利的结果。

对于对外经济关系每一个基本形式中的各个具体类型来说，它们也是各有自己的优点和缺点。例如引进外国技术的方式有三类：第一类是购买设备，它的优点是在短期内就可形成新的生产能力，迅速提高劳动生产率，在国内还没有设计和制造这种设备的能力时，就可以填补生产技术上的空白。它的缺点是使用外汇多，而且对引进设备不努力消化和创新，就会增加对国外的依赖性。第二类是购买专有技术知识和资料，它的优点是能节省大量外汇，比购买设备更经济。它的缺点是必须事前要有充分的调查，否则要担很大的风险。同时，这种技术引进方式，要求国内有较强的技术基础和设备制造能力，因为购买专利、设计图纸之后，从设备的研究、制造、安装、调试、检验，到投产及管理，都要靠自己的力量来解决。第三类是技术交流，它的优点是不用花费外汇，它的缺点是受双边关系的很大影响，当两国之间的外交关系恶化时，互派专家、留学生、学者等技术交流活动就会中断和受到阻碍，如此等等。上述分析表明，在发展对外经济关系时，我们不仅要根据国内外形势选择对外经济关系的形式，还要选择具体的类型与方式，这样才能取得尽可能好的经济效益。

三、坚持对外开放的社会主义方向

我国实行对外开放，发展对外经济关系，始终贯穿着坚持社会主义方向这一主线。第一，我国发展对外经济关系，是从国外引进所需的建设资金、科学的管理方式、先进的技术与设备等，目的是发展国民经济，加快社会主义现代化建设的速度，壮大我国的经济力量，不断提高人民群众的生活水平，巩固社会主义制度，更好地发挥社会主义制度的优越性。第二，我国发展对外经济关系，以我国的独立和主权为前提条件，而且对外开放的最终结果，也是增强我国的经济实力和政治实力，维护社会主义祖国的独立、尊严和主权。

在发展对外经济关系的过程中，我国从国外引进资金、技术、设备、管理经验等，但决不引进腐朽没落的思想意识形态；我国接受外国的经济援助，但决不接受外国的干涉、控制、颠覆、渗透及其他不合理要求，决不接受和照搬外国的社会制度和政治制度。我国实行社会主义制度，这是我国历史发展的结果，是生产力发展的客观要求，符合我国的现实国情。我国几千年的历史演变表明，只有社会主义才能救中国，也只有社会主义才能发展中国，这是人类社会发展的客观必然。

当然，在发展对外经济关系中，我们决不引进外国的社会制度和政治制度，而且在我国的对外经济援助中，我们也决不谋求任何特权，决不提出任何不平等要求，决不向受援国输出我国的制度。每个国家采取什么样的社会制度和政治制度，这是由每个国家的历史所决定的，我们必须尊重各国人民自己的选择。社会主义国家在发展对外经济关系中，一贯坚持相互尊重领土完整与主权、互不侵犯、互不干涉内政、平等互利、和平共处的五项基本原则，在此基础上，通过双边的经济贸易活动，增进各国人民之间的了解、友谊和友好往来，促进各国民族经济的发展，维护世界的稳定与和平。

第十四章

社会主义精神文明建设与
社会主义经济意识的培育
—— 社会主义商品经济健康发展的精神条件的确立

　　任何一种社会经济形态，都要形成与之相适应的政治上层建筑和意识形态上层建筑。意识形态是上层建筑的重要组成部分，是为巩固和发展它的经济基础服务的。以公有制为基础的社会主义经济中，也要产生与其相适应的社会主义的意识，先进的社会主义意识是有计划商品经济健康发展和社会主义经济基础不断巩固的精神条件。这种新的意识不可能自发地产生和形成，它需要党和国家加强意识形态领域的工作，大力抓好社会主义精神文明的建设，以促其成长。本章将讨论这些问题。

第一节　社会主义意识的产生及其基本内容

　　按照历史唯物主义的基本原理，人是社会的人，人生存、活动于社会之中。人的生存方式和思维方式都是由社会结构，首先是由生产关系构成的经济结构所决定的。马克思对人的社会性作了如下精辟的和经典的论述：“人的本质并不是单个人所固有的抽象物。在其现实性上，它是一切社会关系的总和。”①因此，人的意识从来是社会意识，是耸立于经济基础之上，为经济基础所决定的社会上层建筑。尽管社会意识具有独立性，具有由自身内在的动因所规制的独特发展形式，但是它毕竟要打下鲜明的生产关系的烙印。这种由经济基础决定和从中“生长”出来的社会意识上层建筑，是一种积极的精神的力量，它起着维护和巩固经济基础的作用。

　　社会主义是人类社会发展的高级阶段和高级形态。社会主义用生产资料公有制来取代千百年来的私有制，用消费品的按劳分配来代替阶级社会人剥削人的分配制度，一句话，用以公有制为基础的新经济结构来代替私有制经济结构。向社会主义的过渡，乃是人类社会经济结构的历史性的转变，是一次质的飞跃。显然，这一场社会经济基础的根本质变，必然要在意识形态领域带来深刻的变化，必然要产生新的社会主义意识形态。就与人们的经济生活和经济行为有关的意识来说，它带来了如下的变化和更新：

（一）公有观念

　　社会主义的经济是以公有制为基础，作为经济的基础和经济结

---

① 《马克思恩格斯选集》第1卷，人民出版社，1972年，第18页。

构的主体的公有制的占有关系，要求有和必然要产生公有制观念（包括国有观念，集体所有观念）：把财产公有，即归社会、国家、企业集体占有作为社会的自然准则，爱护珍惜和维护国家财产和集体财产，甚于爱惜自己的个人财产，反对和鄙视各种浪费公共财物，化公为私等破坏公有制的思想和行为。公有观念乃是社会主义意识，特别是社会主义经济意识的基始。公有观念乃是社会主义新人观察和评判事物，即想事之本，它贯穿于社会主义新人的利益观、劳动观、经营观、分配观、消费观之中。

（二）公益观念

公益观念即对公共利益的关心：一切生产活动和生活行为不是旨在追求私人利益，而是在于利益归联合劳动者群体共享、共存共荣，这是一种追求共同利益的新行为动机，反对和鄙视那种利益独占、独享的自私自利。公益观念是公有制的必然产物，是社会主义的经济意识的鲜明特征。社会主义的集体利益，包孕着一个个劳动者的个人利益，对公共利益的关心，绝不是排斥任何的个人利益动机。恰恰相反，社会主义的公益动机，在于把个人利益的关心和对集体利益的关心结合起来，在于把公益放在首位，正确地对待和处理国家—企业—个人之间的利益关系，它既反对和鄙视那些不顾国家利益的本位主义（包括地方本位主义和企业本位主义），也反对不顾集体利益的个人主义。对公共利益——包括全社会利益和企业集体利益——的关心，是社会主义集体主义的实质所在，它成为社会主义劳动者的新的行为动机，是社会主义生产的一种强大的动力，它与几千年私有制社会中形成的经济活动唯一地从对个人（和家庭）利益的关心出发形成鲜明的对比。

（三）互助合作观念

社会主义实行联合劳动，整个社会是自由劳动者的大联合体，企业是自由劳动者的小联合体，是社会大联合体的细胞。联合劳动者之间的关系是：对生产资料和生产成果的共同占有，劳动中和生活中的互助合作。这种自由人平等的联合劳动和利益共享、共存共荣的关系，要求和必然要产生互助合作的观念：人们把同志式的互助合作视为天然的劳动准则和生活准则，并将这种互助合作精神用于处理劳动者之间的各种生产关系和社会关系。在生产领域中要发扬各种不同岗位上的劳动者——经营者和生产者之间，各个不同岗位的职工之间，科室之间——内部的团结和协作精神，在广泛的社会主义生活中也要发扬助人为乐的互助合作精神，以增强社会主义的凝聚力。

在社会主义商品经济中，企业是相对独立的商品生产者，企业之间在相互交换产品中要遵守等价原则，并要进行市场竞争。等价交换与竞争无疑是一种商品性经营关系，但是实行这种经营方式与交换关系，并不改变企业作为根本利益一致的联合劳动共同体的基层组织的性质，并不改变企业相互之间在本质上的兄弟式的互助合作关系。上述社会主义商品生产关系要求和必然要产生新的社会主义竞争观，这就是：企业从社会主义原则出发，遵守国家的各项法纪，遵守社会主义市场规则，进行平等的社会主义竞争，反对和鄙视那种违反经济秩序和社会主义原则的市场经营活动与竞争方法。

（四）满足人民需要的生产目的观念

社会主义的生产以创造人民财富和满足全体社会成员需要为根本目的。社会主义商品经济中相对独立的、自负盈亏的企业所固有的争取赢利最大化的经营动机，从本质上也是服从于更好地满足人民的需要这一社会主义生产的根本目的，而不是要以赚取企业最大利润为生产的根本目标。固然，在市场机制作用下，企业从赢利最大化目标出发，在生产和经营中要直接地从属于市场需求，"眼睛盯住市场"，但企业的赢利动机和适应市场的运作机制，仍然要体现满足人民需要这一社会主义生产的本质关系。上述社会主义生产的本质关系，要求和必然要产生满足人民需要的生产观和目的观，它和资本主义生产中的追求最大私人利润的生产观和目的观，形成鲜明的对比。在社会主义商品经济中，满足人民需要的生产观，是基本的经济观念，它是公有观在生产目的中的体现。满足人民需要的观念，既统率企业赢利观念，又赋予后者以新的内容。这就是：自觉地把交换价值的增加，置于使用价值增大的基础之上；自觉地把赢利的极大化，置于低耗费、低成本、高效益的，能充分满足社会需要的优质产品生产的基础之上；自觉地把赢利的极大化置于社会效益增长的基础之上；自觉地区分企业赢利与满足人民需要之间的统一和矛盾，并在二者出现矛盾时采取措施，使企业赢利极大化从属于满足人民需要的目的。总之，确立起一种满足人民需要的生产与经营观，反对和鄙视那种追求私利的生产观和目的论，反对和鄙视那种只顾追求经济效益，而不顾社会效益的行为，特别要抵制那种不顾产品质量，甚至掺假，偷斤短秤，冒充名牌，制造销售"黄色"产品等坑害消费者利益的行为。这种新的生产目的观和行为动机，既是社会主义商品生产的新特征，又是社会主义商品生产健康发展的思想条件。

（五）按劳取酬和共同富裕的分配观和消费观

社会主义在个人消费品分配中实行按劳分配，多劳多得，这种体现社会主义物质鼓励的分配关系，要求和必然产生劳动光荣和按劳取酬的观念，反对和鄙视不劳而获的懒汉哲学和寄生思想，以及无偿占有他人劳动的剥削观念。按劳取酬是集体主义的消费品分配观，是公有观念的衍生形式，它是鼓励社会主义劳动，维护、巩固和发展社会主义的分配关系与生产关系的重要精神力量。

社会主义在商品经济的市场机制作用下，按劳分配实现机制必然表现为劳动付出和劳动成果差别所产生的个人收入差别，企业之间甚至地区之间的收入水平和富裕程度上的差别，这种产生劳动报酬差别的机制与关系，要求人们承认在诚实劳动基础上的收入差别，承认一部分人先富起来。因而，按劳分配观念就会演化为合理的劳动收入差别和富裕程度差别观念，这种社会主义的分配观念与消费观念是和小资产阶级平均主义和吃大锅饭观念格格不入的。但是体现联合劳动者对消费品共同占有与享用的社会主义的劳动分配关系本身，排斥个人收入高低悬殊和生活水平的贫富两极分化。社会主义经济中的富帮穷、富带穷和穷赶富的必然趋势和经济机制，要求和必然产生共同富裕的进步观念，它和资本主义经济中资产者只顾个人致富，不管他人死活的自私自利精神，只要"自己发了大财，……哪怕洪水滔天"[1]形成极为鲜明的对比。

总之，按劳分配，合理收入差别，共同富裕，这种收入分配观念日益深入人心，将成为发展和完善社会主义的分配关系的重要精神力量。

（六）勤俭节约，适度消费观念

社会主义的消费，是联合劳动者以公有制为基础，在按劳分配

---

[1] "在每次证券投机中，每个人都知道暴风雨总有一天会到来，但是每个人都希望暴风雨在自己发了大财并把钱藏好以后，落到邻人的头上。我死后哪怕洪水滔天！"（《马克思恩格斯全集》第23卷，人民出版社，1972年，第299页。）

的原则和机制下对社会共同创造的人民财富，实行共同占有和共同享用。因而，这种消费体现了社会主义集体主义精神，体现了消费中的社会公正与平等原则，从而与历史上的一切阶级社会中的生活消费中的贫富两极的对立，"朱门酒肉臭，路有冻死骨"的社会不公正，存在着最为鲜明的对比。另一方面，社会主义消费表现为在生产不断增长的基础上，消费品的数量不断增多，质量不断提高，消费方式和生活方式不断进步、充实和更加健康和文明。这种内容和质量不断提高的消费，其前提是积累的增长和社会主义扩大再生产的持续健康的发展，因此，社会主义消费是有其合理界限的，消费基金的增长必须适应国民收入的增长，保证积累基金的不断增长和不受侵蚀。特别是对于生产水平还较落后的经济不发达的国家，保证有较多的积累，乃是使生产获得迅速扩大，以保证从长期看的消费得到更快、更大增长的先决条件。因而，这种积累消费关系要求和必然产生节约为美，崇尚勤俭的观念，要确立适度的消费观，即满足于合理的、适当的消费增长，反对和鄙视奢侈浪费与耽于物欲的消费主义。

与社会主义商品经济相适应的新观念的形成有一个过程，它赖有社会主义经济基础的形成和巩固，赖有社会主义经济体制的在实践中逐步完善，赖有社会主义商品经济的各种制度与经济秩序的确立和完善，更赖有党和政府对群众进行卓有成效的坚持不懈的社会主义的政治思想教育。特别是社会主义商品经济中，上述新观念是不可能自发地产生和确立的。它需要党和国家高度重视和大力抓好意识形态的工作，要求人们以极大的努力，花几代人的时间，在全国范围内进行坚持不懈的、以马克思列宁主义为核心的社会主义精神文明建设，这样才能使上述观念不仅仅只是先进分子的思想，而且在广大群众的思想中发芽和扎根，成为占支配地位的意识形态。

总之，以公有制为基础的新型的社会主义商品经济，要求和必然要产生公有观念，公益观念，互助合作观念，满足人民需要的观念，按劳取酬、承认差别和共同富裕的观念，勤俭节约和合理、适度消费的观念，等等。这种观念的基础是公有观，而其核心是社会主义的集体主义，即无论在生产、经营、分配、交换和消费的行为中，都贯穿着对联合劳动者集体利益的关心，当然，也包含有对组成集体的个人利益的关心。因而，上述观念和新经济意识，是一种贯穿着集体主义精神的社会主义意识形态。上述新的观念一旦形成，就会成为一种积极的力量，它会促使社会主义经济基础巩固，社会主义经济体制日益完善，社会主义商品经济健康运行，从而使这一商品经济更鲜明地显示出新的社会主义的特征。

第二节　社会主义历史阶段意识形态领域的矛盾与斗争

在社会主义初级阶段的现实条件下，在发展社会主义商品经济的条件下，意识形态领域中存在着复杂的矛盾：不仅有新旧思想、习惯、风俗的矛盾，而且有各种资产阶级意识与社会主义意识的矛盾；不仅有形形色色资产阶级的学术思想与马克思主义学术思想的矛盾，而且还有反社会主义的资产阶级自由化与坚持四项基本原则的政治矛盾与斗争。可见，即使社会主义经济制度基本确立后，意识形态领域中仍然存在着复杂的矛盾，资产阶级意识形态产生的条件也尚未完全被消除，具体说，资产阶级意识形态的产生有其国际和国内的因素。

一、国际方面的因素

就国际方面的因素来说，这就是：

（一）国外资产阶级思想的输入

当今世界，是经济日益国际化的世界，资金、商品、技术、信息、文化的交流早已超越了国界，世界各国都在适应经济国际化的趋势在开放中发展本国的经济。我国是一个地域广阔的大国，闭关锁国，隔断与国际交往，将使我国故步自封，停滞不前，日益落后。因而在整个社会主义建设中，必须既坚持自力更生，又要实行对外开放，引进国外先进的科学技术与科学管理方法，要进行广泛的国际文化学术交流，批判地汲取人类文明的一切优秀成果。显然地，在对外开放条件下进行社会主义建设，西方各种政治观、学术观、人生观，乃至生活方式就会趁此向国内输入。

（二）国际反动势力的颠覆与渗透

自从社会主义国家诞生后，社会主义就在世界资本主义的包围、封锁和国际反动势力各种形式的扼杀、破坏和渗透、颠覆中艰难地发展和成长。帝国主义反动势力颠覆社会主义之心不死，在社会主义成为世界体系和社会主义建设获得巨大发展条件下，他们仍然顽固地推行敌视和破坏社会主义的长期计划，特别是采用"和平演变"的方针，对社会主义国家进行有计划、有组织的文化思想渗透，宣传西方政治制度和"人权"，宣传资产阶级腐朽的生活方式和人生观、价值观，千方百计寻找、培植和支持反对社会主义的政治势力，企图从内部突破，"不战而胜"，如他们所说，"打一场没有硝烟的战争"，国际敌对势力的反社会主义阴谋活动即使在遭到挫败后，他们也绝不会甘心于自己的失败，时时刻刻都图谋东山再起。因而，来自国际的渗透与反渗透，颠覆与反颠覆，"和平演变"与"反和平演变"的斗争，将是长期的。

必须看到，世界社会主义发展中出现的新曲折也会在社会主义国家的思想意识领域带来反响。世界历史的向前发展，也是从属于辩证法的规律，从来不可能是直线向前，而是充满曲折的，在前进中也往往要经历某些暂时的、局部的"逆退"。1989年国际风云变幻，一些国家社会主义在发展中出现曲折，世界社会主义面临严重挑战。另一方面，世界主要资本主义国家出现了1982~1990年间的较长期的相对的稳定发展，这种国际环境与世界历史进步中展示出来的复杂的、曲折发展的形势，不能不引起国际共产主义运动内部一些人的思想混乱，使一些人产生困惑迷惘，使那些社会主义信念淡薄和革命意志薄弱的人发生动摇，这种情况也将为自由化思潮的发展以可乘之机。

二、国内方面的因素

资产阶级意识形态的存在和滋生，还有其国内的原因，这就是：

（一）非社会主义商品经济形式的存在

我国现阶段还存在着个体经济，一定范围内还存在国家资本主义经济（主要是中外合资企业），某些领域内还存在雇工经营的私人经济（包括国外资本家独资企业）。这些与私有制相关联的非社会主义的商品经济，决定了以个人利益的追求为核心的资产阶级的商品经济意识产生的必然性。可见，我国现阶段社会主义，客观存在着滋生资产阶级意识的一定的经济土壤。

（二）资产阶级意识形态在一些人头脑中的残存

历史唯物主义原理业已指明，意识形态既决定于经济基础，又具有相对独立性。例如，某种意识形态一旦形成，它就通常地要以一种独立的精神力量不断地延续下去，即使是在旧的经济基础业已崩解，新的经济基础业已形成的条件下，它还要残存下去，从而表现为一种十分顽固的惰性的精神力量。实践证明，在社会主义经济基础确立后，资产阶级的以及其他的陈旧的思想意识形态，也不可能自动地退出社会精神舞台，它还要在某些人的头脑中继续残存下去。再加之社会主义初级阶段的经济条件以及社会主义国家所面临的复杂的国际环境，也为国内资产阶级意识的滋生提供了触发剂与强化剂，使那些意志薄弱、思想不健康、经不起发展商品经济和发展国际交往关系的考验的人，成为资产阶级糖衣炮弹的俘虏。

（三）社会主义有计划商品经济的体制还在形成中，还存在体制上的不完善

社会主义意识形态在广大群众心目中的扎根，成为社会支配的和共同的思维方式，是以社会主义生产关系和社会主义经济体制的完善为经济条件的。社会主义有计划商品经济体制的形成和完善，不可能一蹴而就，而需要经历一个长过程。特别是当前，我国正处在向有计划的社会主义商品经济转换的改革过程中，我们正在通过探索来形成符合社会主义有计划商品经济的性质，能体现国家、集体、个人利益关系的正确处理的经济体制与制度。例如，上缴税利与企业留利的分配，超额利得（包括级差收入）的集中于国家的比例的确定，经营

者和一般职工之间，以及职工之间的劳动报酬的合理差距的制定，部门之间、地区之间的收入差别，以及个人工资收入与其他财产（金融资产、房产）的关系的正确调节等。这些社会主义的利益关系与分配关系的形成与健全，还需要不断探索，不断总结经验。另外，用以管理、规制和引导企业、个人从事合理的商品生产与交换的各种规章制度与行为规范——包括职业道德——的形成，还需要更长的时间。因而在构建有计划商品经济的新体制和新经济行为秩序的过程中，特别是在体制改革的初始阶段，体制的不完善与制度的不健全所造成的种种漏洞，就为不恰当地追求本位利益和个人利益提供条件，这是造成资产阶级的意识滋长和泛滥的另一原因。

（四）政治思想工作的缺陷

即使是社会主义历史阶段，意识形态领域中的无产阶级思想和资产阶级思想，正确的思想和错误的思想，也表现为一生一灭，此涨彼消，"不是东风压倒西风，就是西风压倒东风"的矛盾和斗争关系。因而，如果党和国家高度重视意识形态领域的工作，坚持不懈地和有效地对广大群众进行以社会主义集体主义为核心的政治思想教育，大力宣传共产主义的思想，就会使先进的革命思想在群众中发芽、生长和普遍化，就会使社会主义正气上升，资产阶级歪风邪气下降，就会在人们所从事的商品生产与经济活动中以及在其他社会生活中，形成和表现出良好的精神风貌和社会主义道德风尚。但是如果人们忽视了意识形态领域工作的重要性，放弃了马克思列宁主义的政治思想教育，放弃了对社会主义思想的宣传与灌输和共产主义思想的提倡，如"一手硬，一手软"的时候，就会出现腐朽的利己主义的人生观、价值观滋生和发展。在经济生活中，一切向钱看和唯私利是图的劳动、生产与经营观，消费第一，享乐至上，甚至对腐朽的资产阶级生产方式的追求，就会蔓延起来，无孔不入地实行侵袭和腐蚀人心，由此就会使社会主义正气难以发扬，资产阶级的邪气上升，从而造成资产阶级意识形态和自由化思潮泛滥的局面。

总之，在社会主义历史阶段，资产阶级意识形态的产生和泛起，在于：旧资本主义商品关系的存在，旧的资产阶级思想的残存，来自国际的资产阶级思想的输入，而社会主义商品经济体制的不完善和政治思想工作的削弱，则进一步为资产阶级意识的发展和泛滥提供了条件。

第三节　我国经济体制改革和意识形态领域的矛盾

一、旧的经济意识和社会主义商品经济的矛盾

十年改革开放，我国在改革传统体制发展社会主义有计划商品经济的道路上，走出了宽阔的步子。微观基础的改革，正在使企业成为拥有责、权、利，自主经营，自行发展的相对独立的商品生产者；市场的构建和发展，使竞争和市场机制开始起调节作用；国家调控方式的改革，经济手段的被利用，指令性的直接计划调控方式的逐步被间接调控方式取代。以上一系列的经济关系、经营方式和经济运行方式的变化，也引起人们的经济意识的变化。具体地说，使交换、市场、交换价值、盈利、竞争等商品观念，成为广大经营者的新的观念和思维方式。从来缺乏比较成本，计算盈亏的观念，日出而作、日落而息的农民，现在也被卷入商品经济的大潮，拎着公事包，使用计算器和开始按照市场法则进行生产和经营。社会主义商品经济的等价交换的

机制——包括市场机制的额外利润的驱动——大大激发了经营者和生产者的积极性和进取开拓精神，严峻的竞争激发了人们的经营意识和创新观念，市场——包括国际市场——交换，打破了因循守旧、故步自封的心态，发展了人们的社会交往与协作意识。总之，商品意识的萌发和兴起，可以说，是十年改革在我国意识形态领域中出现的新变化，从总体上看这种商品意识是适应城乡商品经济的发展的需要的，它表明劳动者的思想开始从产品经济和自然经济的桎梏中得到解放。广大经营者和生产者，由于获得了新的思维方式，从而更加积极和自觉地投身于社会主义的商品生产与经营活动，因而，这种经济意识的新变化和新发展，是具有积极意义的。

由于经济体制改革和新旧体制的转换不可能一蹴而就，必须经历一个发展过程，在这一体制转换时期，在社会经济生活中，不仅存在着新旧两种体制的矛盾和摩擦，而且存在着传统的社会主义产品经济和自然经济的意识、思维方式与新的社会主义商品经济体制和运行机制之间的不相适应，甚至是尖锐的冲突。

我国多年来实行的高度集中的社会主义产品经济体制在人们头脑中形成了一种与商品经济不相符合的经济观念。例如：（1）在计划工作中重视实物指标，实行产品调拨的统购包销，"皇帝的女儿不愁嫁"，造成人们交换价值概念的淡薄。（2）对国营企业的产品实行集中分配，价值只是作为核算工具，产品定价并不依据价值，这种体制造成人们交换观念的淡薄。（3）由于实行高度集中的计划管理，企业和生产与交换，决定于国家计划，不存在真正的市场和市场机制，其结果必然是市场观念的普遍缺乏。（4）对国营企业实行统负盈亏，利润由国家收，资金由国家拨，亏损由财政补，吃国家大锅饭，赢利不和职工个人的物质利益挂钩，盈亏一个样，因而使人们的赢利观念十分薄弱。

（5）企业单纯按照上级下达的指令进行生产，没有自主权，没有自身利益，也不承担经济责任，从而缺乏内在的动力。市场竞争和破产机制的缺乏又使企业没有外在的压力，这就导致生产当事人的经营观念淡薄。（6）实行资金统收统支，企业不可能关心资金的有效使用和资金效益的提高，造成资金观念（包括资金周转观念和资金增殖观念）淡薄。吃"大锅饭"，端"铁饭碗"排斥了优胜劣汰，干好干坏、是盈是亏一个样，因此人们不知竞争为何物，也没有风险观念。总之，在国营企业的干部和职工头脑中存在的上述种种观念是我国多年来实行的旧的经济体制的必然产物。由于意识形态所固有的惰性，即使是在人们业已开始向社会主义商品经济的模式转换的条件下，上述经济意识还是会继续存在。除此而外，我国农村生产力水平低，分工不发达，自然经济的传统仍然严重地存在。上述观念与自然经济观念互相交织，形成了我国人们商品经济观念缺乏和淡薄的局面。

在我国改革传统经济体制，建立社会主义有计划的商品经济的新旧模式的转换时期，鲜明地表现出人们的经济意识与新经济体制的矛盾，这就是：整个社会经济越来越转上商品经济的轨道，但是一些同志却仍然固守着自然经济和产品经济的陈旧观念，并用这种过时的、落后的思维方式来观察、评判事物和指导自己的经济活动。其表现是：（1）在一部分产品实行价格放开和减少指令性计划后，国营企业实际上已被推入市场，产品的销售状况，甚至企业的兴衰成败，业已密切地依赖市场，但是一些企业领导人，由于市场观念淡薄，他们不是把整个企业活动聚集于市场这个焦点之上，不是根据市场的变化而及时地进行产品结构的调整，而是按照老一套常规，只是埋头生产，追求产值，甚至尽管市场业已饱和，却仍然在继续扩大生产和盲目上项目。（2）由于营销观念不强，人们不善于千方百计地挖掘企业内部潜力，扩大生产与经营的范围，发展多种经营，开拓新的产品系列，使产品适销对路，同时讲求推销方法，注意广告宣传，改善包装，加强服务，维护企业信誉，而往往是按部就班，照章办事，生产与经营方式僵化，"官工""官商"作风盛行。（3）一些人不习惯于竞争，害怕冒风险，在优胜劣汰的市场机制已经开始起作用的条件下，不是反求诸己，持积极的态度，大力革新生产工艺，加强质量管理，努力从事产品升级换代，力争产品价廉物美，增强产品的市场竞争能力，而往往是墨守成规，缺乏创新精神，产品更新缓慢，甚至是"多年一贯"制。一旦缺乏销路和发生亏损，就等待国家的财政资助和银行的贷款扶持。（4）由于赢利观念淡薄，人们不是把服从国家的指令性计划和遵守国家的方针政策前提下的盈利最大化作为直接目标，并为此在技术上大力革新，狠抓经营管理，严格劳动纪律，精打细算，厉行节约，降低成本，而往往是管理不严，企业内部纪律松弛，秩序混乱，浪费严重，效益低下；一些人往往以完成产值计划为满足，而不注重经济效益的提高，甚至还存在全民所有制企业无须追求盈利的糊涂观念。以上只是举出少许例子。显然，国营企业的当事人，如果囿于上述传统观念，他们就不可能对社会主义商品经济的新型关系和新的运行机制做出正确的评价，也不可能自觉地使自己的行为适应新经济机制的要求，甚至会对新的体制在思想上格格不入，在行动上消极被动。

如果我们将视野转到广大的农村，那么，我们更会看见不少农民头脑中的自给自足，轻易满足，安土重迁，不求进取，重视消费，忽视积累等自然经济观念还是根深蒂固的，这些观念已经成为农村商品经济进一步蓬勃发展的障碍。如果将视野转到某些边远少数民族地区，我们更可以看到，还有不少人为千百年来的原始自然经济观念所束缚，缺乏交换价值概念，鄙薄交换活动，因而不能进行商品生产与经营。

为了顺利地建立起有计划的社会主义商品经济的新体制，我们需要有经济意识的变革作为先导。目前的情况是：尽管新的社会主义商品意识已经迅速地和普遍地兴起，但是发展极不平衡，在我国长期的社会主义商品经济以及前资本主义的自然经济的地基上形成的经济观念仍然在不少人的头脑中残存，这些传统观念已经成为阻碍社会主义商品经济发展的惰性精神力量。及时清除这些传统观念，确立新的社会主义商品经济观念，就成为减轻新的经济体制产生的"阵痛"的一个重要条件。

二、资本主义经济意识和社会主义商品经济的矛盾

在当前社会主义发展阶段，经济意识的不适合，除了表现为商品经济观念薄弱而外，更重要的表现是一些人身上旧的资产阶级的商品经济意识的顽固的存在。

我国是社会主义国家，指导我国社会主义建设的理论基础是马克思列宁主义。我们从事的商品生产与经营是社会主义的商品生产与经营，它的根本目的是满足人民的需要，它的基础是生产资料公有制，这种新的商品生产关系体现的是作为主人的生产者之间的互助与合作，这种商品经济的基本利益关系是国家、企业、个人根本利益的一致。这样的新型的社会主义商品经济，需要有社会主义的经济意识。如上所述，这就是：公有观念，公益观念，满足人民需要观念，互助合作观念，共同富裕观念，以及社会主义的赢利观、营销观、竞争观，等等。

　　由于我国社会主义制度的优越性，由于中国共产党在改革开放过程中，明确提出既要抓好物质文明的建设，又要抓好社会主义精神文明的建设，因而在十年改革中，随着我国有计划商品经济的新体制的产生和发展，在人们思想中也经历着意义深远的更新，社会主义的经济意识，特别是显示了社会主义的鲜明特色的商品意识不断发展。人们看到，在我国广大的国营和集体企业中，一支具有浓厚的商品观念和开拓精神的社会主义企业家队伍正走上经济舞台，他们已经开始用社会主义新商品经济意识来指导生产与经营活动。一些个体户和专业户中的先进分子，在党的方针政策指引下，也能够在发展有利于社会主义的商品生产与经营中，正确处理国家和个人的利益关系。特别是在党的十三届四中、五中全会后，由于党中央进一步贯彻"一个中心、两个基本点"的方针，在建设社会主义物质文明的同时，切实地把建设社会主义精神文明放在重要地位，用大力气抓全民的政治思想教育，在企业中加强了政治思想工作，因而，人们看见，意识形态领域出现了崭新的现象，关心国家、关心集体的先进思想和振兴社会主义祖国的爱国主义精神在各个领域中进一步得到发扬，在经济工作中能够把社会主义精神贯注于商品生产与经营活动之中的新型社会主义企业家，正在越来越多地涌现出来。但是也要看到，在现阶段社会主义，这种新的经济意识的发展是与某些领域和某些人身上的旧的资本主义商品经济意识的滋生和蔓延同时并存的，而且，这种旧商品经济意识还在一定领域中滋生和蔓延。它的表现是：（1）不顾整体利益的企业赢利观念。在这种观念支配下，一些人热衷于追求企业本位利益，不顾国家利益，上有政策，下有对策，损国家，利企业。（2）不顾消费者利益的营销观。一些人不是依靠科学管理、技术革新和开发新产品，通过提高产品质量，降低成本来增强竞争力，而是挖空心思走"捷径"，钻政策法律的空子，搞华而不实的宣传广告，"一锤子买卖"，甚至采用降低质量、掺假、乱涨价等方式，不惜损害消费者的利益来谋取自身利益。（3）不顾社会主义原则的竞争观。一些人大搞以邻为壑，甚至采取不正当的手段，如假冒商标，欺行霸市，败坏对方信誉，等等。（4）一些人思想上的个人利益至上和拜金主义。随着我国商品经济的发展和对外开放，我们也看见某些人身上的资产阶级唯利是图思想的滋长，一些人经不起发展商品经济中所固有的"利益陷阱"的考验，受到资产阶级腐朽思想的侵蚀，丧失了社会主义信念和远大的革命理想，拜倒在"金钱"脚下。个人主义极端化，在商品经营中的表现是：损人利己，损公肥私，损害消费者，甚至以权谋私，违法乱纪，欺诈勒索，行贿受贿，贪污盗窃；在生活上的表现是：贪图享受，消费至上，追求物质刺激，羡慕、模仿腐朽的资产阶级生活方式，甚至欣赏"黄色"文化，丢掉了勤俭朴素、艰苦创业的优良民族精神。

下列现象特别值得注意：在某些领域内，在发展商品经济中，一度出现了资产阶级利己主义的迅速蔓延和腐朽资产阶级文化思想的迅速传播，不仅仅对尚未确立坚定正确的政治方向的年青一代起着毒害作用，而且对广大职工也发生腐蚀作用，并且造成社会风气和党风的败坏，甚至出现了个别人为了追逐金钱不惜抛弃人格、国格的丑恶现象。

总之，资产阶级的商品意识的滋生和恶性发展，造成商品经营者和当事人的健康的意识的削弱，使那些意志薄弱的人迷失方向，使他们的行为背离了社会主义商品生产与经营的轨道。特别是如果人们听任这种资产阶级的经济意识自由泛滥，使等价交换、金钱至上原则扩大到社会的、政治的和家庭生活的领域，就会造成健康的道德原则的破坏和人们思想情操的庸俗化，阻碍和破坏社会主义的社会政治生活和社会主义的人际关系的发展，并且还会引起和滋生各种社会矛盾，成为影响社会稳定的消极精神因素。如果把这种以极端个人主义为核心的资产阶级经济意识的消极作用与危害，放在坚持四项基本原则和资产阶级自由化的对立的背景之下，再考虑到国际反动势力对社会主义进行和平演变的长期图谋，人们就能对这种资产阶级的经济意识与社会政治意识的严重消极作用，有更加清楚的认识。

可见，在我国当前实行构建有计划的社会主义商品经济的改革进程中，一方面有起积极作用的社会主义经济意识的兴起，另一方面又有起消极作用的非社会主义商品意识的出现和滋生。这种社会主义的和资产阶级的新旧经济意识的共存和矛盾，不仅成为我国新旧经济体制转换时期意识形态领域中引人注目的现象，而且可以说，它还将是社会主义发展的很长历史阶段内难以避免的现象。

第四节　加强社会主义精神文明建设，
把社会主义思想贯注于发展商品经济的整个过程之中

资产阶级的商品经济意识只会对社会主义的经营者和劳动者起腐蚀作用，它妨碍人们在商品经济中去正确处理国家、企业和个人的关系，引起不合理的企业行为的产生，阻碍商品经济沿着正确的方向顺利健康地发展。特别是自私自利、唯利是图的资产阶级经济观念，它削弱与瓦解用来巩固和发展社会主义的强大精神力量——为公之心，即社会主义集体主义观念。因此，在当前大力发展社会主义商品经济的新时期，我们面临着一项重要的思想建设任务，这就是：要大力地

把社会主义的精神贯注于商品生产与经营之中，特别是贯注于社会主义全民所有制企业（以及集体所有制企业）的经济活动之中，要在新一代的经营者和生产者头脑中培育和发展文明、健康的社会主义经济意识，逐步确立起一种明确的、服务于人民和造福于社会的经济观念与经营观念。

为了有利于培育和发展健康的社会主义的经济意识，需要进一步改革和调整生产关系，健全经济体制和完善经济机制，健全规章制度，健全和强化法制，建立起社会主义的经济秩序，这种生产关系、经济秩序与经济行为的合理化是健康的社会主义经济意识得以发展的经济条件。

大力进行以马克思列宁主义、毛泽东思想为核心的社会主义精神文明建设，大力强化社会主义、共产主义的政治思想教育，从根本上改变"一手硬，一手软"的状况，这是培育社会主义经济意识，塑造新一代的经营者、企业家和社会主义劳动者的根本前提。

我们必须深刻认识，在当前我国具体条件下，商品经济的发展，并不可能自发地产生新的社会主义的经济观念。随着改革的深化，经济商品化、市场化的发展，以及企业向着自主经营和自负盈亏的方向转变，企业的经营方式与经济运行方式的这种发展和变化，必然会使商品经济所固有的交换价值观念、等价观念、市场观念、竞争观念、成本核算和讲求赢利的观念等更加深入人心，越来越成为广大经营者与生产当事人的经营观念和思维方式。但是社会主义企业以独立的和相对独立的商品生产者的身份通过等价交换形式，通过市场、竞争来和其他企业、消费者，甚至与国家打交道，这种经营活动方式，并不能够使生产当事人一目了然地看清生产与经营的社会主义的性质。

企业自身利益的动机，企业自留利润、自行发展、自主分配、自负盈亏与"破产"，往往也会使一些人囿于事物的表象，滋生本位主义观念和狭隘的利益动机，看不见国营企业为满足社会需要而生产的本质和造福于消费者，为人民服务的根本目的。因而，在社会主义商品经济条件下，更加迫切需要进行社会主义经济理论的教育，要使人们透过商品经营的种种现象和表层性的运行机制，认清社会主义商品经济的公有制本质，懂得企业的等价交换是组织社会主义活动交换和社会主义协作的形式；企业的赢利动机是为了实现有效的经营以更好地满足人民的需要；企业的自主经营和自负盈亏是为了调动公有制企业的经营积极性，搞活企业的一种组织形式；企业活动的从属于市场机制的调节，是实现国家宏观调控和更有效地发挥计划调节作用的方式和机制；而所有这一切组织形式、经营方式和经济运行方式，尽管贯穿着生产者对企业利益与自身利益的关心，体现了较充分的物质利益鼓励，但是这是一种兼顾整体和个人利益的社会主义的利益关系，是以整体利益——即国家利益和社会利益——为核心、本位和出发点，而绝不是以个人利益为核心，以局部利益为本位。上述深层次社会主义生产关系，必须借助理论思维，才可能得到明确的认识。可见，社会主义商品经济中，人们相互之间的社会主义生产关系还不是"简单明了"地呈现出来①，客观上还存在社会主义商品经济表象与本质的矛盾。因而，需要通过马克思主义的社会主义经济理论来揭示其深层本质，而不能停留于局部利益与个人利益的表象上。

综上所述，为了最顺利、最健康地发展社会主义有计划商品经

---

① 马克思在假定社会主义消灭了商品生产的理论前提下，认为人与人的社会关系"都是简单明了的"。（参见《马克思恩格斯全集》第23卷，人民出版社，1972年，第96页。）

济，不仅需要构建一个完善的经济体制，而且需要加强社会主义精神文明建设，大力培育和形成先进的社会主义经济意识。因此要通过大力地进行以集体主义为核心的社会主义思想教育，提倡和宣传无私奉献、公而忘私、不计报酬的共产主义劳动态度，用先进思想来启发群众的觉悟，坚定群众的社会主义信念，开拓人民群众的政治视野，树立起良好的社会风尚和高尚的道德情操，加强社会主义的职业道德培育。这样，将有利于在人民群众的头脑中确立起社会主义的经济观念，也将有利于人们自觉遵守国家有关发展商品经济的各种方针、政策和措施，自觉遵守与维护社会主义商品经济的秩序，从而保证社会主义商品经济健康地发展和运行，并且使商品生产、交换、分配和消费等等关系中更充分地和更完善地体现出社会主义的性质。

归根到底，大力进行社会主义精神文明建设，在人民群众中大力培育和树立先进的社会主义的思想意识和发展社会主义的商品经济是互相配合、互相促进的。我们应该根据历史唯物主义的经济基础和上层建筑的辩证关系的基本原理，基于异己的资产阶级上层建筑必然要破坏社会主义的经济基础的原理，深刻地认识到培育和发展社会主义的集体主义精神，培育和确立社会主义的新经济观念，对于建立有计划的社会主义商品经济新体制的重要性。并且要切实地发挥党的政治优势，采取切实有效的政策措施，大力加强和改善全民的政治思想教育，来改善和提高全民族的思想水平、道德素质，从而使我国商品生产与经营活动能够越来越体现出鲜明的社会主义精神，并由此使这种新的意识形态转化为推动社会主义建设的强大物质力量。

总之，大力地发展生产力，建立社会主义的强大的物质基础；深入地进行体制改革，确立社会主义有计划的商品经济的新体制；大力地进行社会主义精神文明建设，提高全民的文化水平，确立社会主义的新思想、高尚的道德、良好的风尚。以上三个方面，三大任务，在建设具有中国特色的社会主义和进一步振兴中国社会主义经济中，都是互相关联，相互促进的，都需要全面抓好，而不能厚此薄彼。